基于国土空间规划体系的建设用地跨区域利用

马智利　马敏达　著

科学出版社
北　京

内容简介

将主体功能区规划、土地利用规划、城乡规划等空间规划融合为统一的国土空间规划，是党中央作出的重大决策部署。国土空间规划体系建设中，国土空间规划正在逐步形成城市化地区、农产品主产区、生态功能区三大空间格局。本书在国土空间规划体系下，立足于宅基地使用权、资格权和所有权“三权分置”理论，从深化农村宅基地制度改革着手，建立农产品主产区、生态功能区农村建设用地成本价格测算机制；通过政策工具创新设计，完善全域性城乡建设用地增减挂钩政策；通过构建建设用地指标跨区域交易的一级市场和二级市场，设计全国性的建设用地、补充耕地指标跨区域交易机制，从而实现我国建设用地跨区域利用。

本书可供高等院校房地产开发与管理、城乡规划等领域的科研和工程技术人员参考。

图书在版编目(CIP)数据

基于国土空间规划体系的建设用地跨区域利用 / 马智利，马敏达著. —北京：科学出版社，2022.11

ISBN 978-7-03-070692-8

Ⅰ.①基…　Ⅱ.①马…　②马…　Ⅲ.①基本建设-土地利用-国土规划-中国　Ⅳ.①F321.1②F129.9

中国版本图书馆 CIP 数据核字（2021）第 238251 号

责任编辑：陈　杰 / 责任校对：彭　映
责任印制：罗　科 / 封面设计：墨创文化

科学出版社出版
北京东黄城根北街16号
邮政编码：100717
http://www.sciencep.com

成都锦瑞印刷有限责任公司印刷

科学出版社发行　各地新华书店经销

*

2022年11月第　一　版　开本：787×1092　1/16
2022年11月第一次印刷　印张：11 1/2
字数：267 000

定价：129.00 元

（如有印装质量问题，我社负责调换）

前　言

根据中共中央、国务院2020年3月《关于构建更加完善的要素市场化配置体制机制的意见》，土地要素市场化改革主要涉及四个方面的内容：建立健全城乡统一的建设用地市场(农村土地征收制度改革、集体经营性建设用地入市、扩大国有土地有偿使用范围)，产业用地市场化配置(健全长期租赁、先租后让、弹性年期供应、作价出资(入股)等工业用地市场供应体系)，盘活存量建设用地(以多种方式推进国有企业存量用地盘活利用、深化农村宅基地制度改革试点、完善城乡建设用地增减挂钩政策)，完善土地管理体制(实施年度建设用地总量调控制度，城乡建设用地指标使用更多由省级政府负责，建立全国性的建设用地、补充耕地指标跨区域交易机制)。

在“建立健全城乡统一的建设用地市场”市场化改革方面：农村集体经营性建设用地改革与农村征地制度改革自2015年启动以来已取得成效，2020年1月1日，新修订的《中华人民共和国土地管理法》的施行，割破了城乡土地二元体制的口子，新《中华人民共和国土地管理法》通过缩小征地范围、提高征地补偿标准、完善征地程序，缚住了地方政府征收土地的旧做法，农村集体经营性建设用地转变为与国有土地同权，可以直接入市。新《中华人民共和国土地管理法》集中体现了农村集体经营建设用地改革和征地制度改革的成果。扩大国有土地有偿使用范围的工作，在政府职能部门主导下正稳步推进。

在“产业用地市场化配置”市场化改革方面：目标是健全长期租赁、先租后让、弹性年期供应、作价出资等工业用地市场供应体系。由于大部分的工业用地属于国有土地，农村集体经营建设用地转变为与国有土地同权，可以直接入市。2021年9月1日实施的新的《中华人民共和国土地管理法实施条例》首次从行政法规层面确立了挂牌出让方式的法律地位，未来工业用地的市场化配置基本采用挂牌出让方式，长期租赁、先租后让、弹性年期供应、作价出资等工业用地市场供应体系将会在很短时间内形成。

在“盘活存量建设用地”市场化改革方面：目标之一的“以多种方式推进国有企业存量用地盘活利用”，由于国有企业存量用地本身是国有的，伴随着新《中华人民共和国土地管理法实施条例》的实施，挂牌成为国有建设用地使用权出让的主要方式，随着“放管服”改革的推进，国有企业存量用地市场化配置的步伐日益加快。

在“完善土地管理体制”改革方面：2020年1月1日实行的新《中华人民共和国土地管理法》和2021年9月1日实施的新《中华人民共和国土地管理法实施条例》，确立了耕地保护的责任主体是省级人民政府，也确立了年度建设用地总量调控制度，落实了城乡建设用地指标使用更多由省级政府负责的管理体制。

土地要素市场化改革进入了“深水区”，在上述已有土地要素市场化改革的基础上，国土空间规划体系下土地要素市场化改革下一步的重点内容是“盘活存量建设用地”中的“深化农村宅基地制度改革、完善城乡建设用地增减挂钩政策”和“完善土地管理体制”

中的“建立全国性的建设用地、补充耕地指标跨区域交易机制”。

本书在国土空间规划体系下，立足于宅基地使用权、资格权和所有权“三权分置”理论，从深化农村宅基地制度改革着手，建立农村宅基地成本价格测算机制；通过“宅基地复垦票”政策工具设计，完善城乡建设用地增减挂钩政策；通过构建“宅基地复垦票”跨区域交易的一级市场和二级市场，建立全国性的建设用地、补充耕地指标跨区域交易机制。从而实现我国土地要素市场化改革，以及实现建设用地跨区域利用。

本书是依托国家社科基金项目“农业转移人口退出宅基地获得更多财产性权益的体制机制创新研究”(18BJL034)和中央高校社会科学基础性原创项目“进城农村村民有偿退出宅基地研究”(2020CDJSK03YJ07)进行多年系统研究和撰写而成。研究团队成员主要有马智利、马敏达、韩冰洋、孙兆会、雷吉烽、高丽、汪婷、张树帆、陈敏霞。

本书是研究团队关于建设用地跨区域利用和城市建设用地供给改革的最新研究成果，研究的目的在于在国土空间规划体系下实现土地要素市场化改革。由于作者水平有限，书中难免存在不足之处，敬请读者批评指正。

目　　录

第 1 章　城市化发展趋势对建设用地空间转换提出了新的要求 …… 1
1.1　我国城市化现状及未来土地需求 …… 1
1.1.1　我国城市化发展现状 …… 1
1.1.2　城市化未来发展趋势 …… 5
1.1.3　未来城市化带来土地压力 …… 6
1.1.4　我国城市化道路选择及其对土地的影响 …… 7
1.1.5　我国城市化进程中土地问题的特色 …… 8
1.2　城市化过程中土地利用分析 …… 9
1.2.1　全国城市建设用地现状 …… 10
1.2.2　城市化进程中耕地保护问题 …… 11
1.3　城市化进程中宅基地发展趋势 …… 13
1.3.1　城乡建设用地增减挂钩 …… 13
1.3.2　宅基地改革 …… 14
第 2 章　农村建设用地中宅基地使用的历史演进 …… 18
2.1　改革开放前的农村宅基地制度演变 …… 19
2.1.1　土地(含宅基地)私人所有时期(1949 ~ 1953 年) …… 19
2.1.2　农业合作社时期(1953 ~ 1956 年) …… 21
2.1.3　人民公社时期(1956 ~ 1978 年) …… 22
2.2　改革开放后农村宅基地制度的演变 …… 25
2.2.1　改革开放初期(1978 ~ 1985 年) …… 25
2.2.2　城乡土地统管时期(1986 ~ 1996 年) …… 28
2.2.3　城乡土地管理体制转轨时期(1997 年至今) …… 33
2.3　结论 …… 39
第 3 章　国内外主要土地理论研究回顾 …… 41
3.1　国外土地理论回顾 …… 41
3.1.1　土地制度 …… 41
3.1.2　土地权利 …… 42
3.1.3　土地分配 …… 43
3.1.4　土地政策 …… 44
3.1.5　土地金融 …… 45
3.1.6　土地利用规划 …… 46
3.1.7　土地发展权 …… 48

3.2 国内学术史综述 …… 50
3.2.1 土地制度 …… 50
3.2.2 土地权利 …… 52
3.2.3 土地分类 …… 53
3.2.4 土地流转 …… 54
3.2.5 土地利用规划 …… 55
3.2.6 土地发展权 …… 56
3.2.7 宅基地权利 …… 58
3.2.8 宅基地流转 …… 59
第 4 章 宅基地使用权研究回顾 …… 61
4.1 现有研究基本特征 …… 61
4.1.1 年度发文量统计分析 …… 62
4.1.2 研究作者及合作关系分析 …… 63
4.1.3 研究机构分析 …… 64
4.2 研究热点分析——文献关键词的共现图谱 …… 65
4.2.1 宅基地使用权相关制度和政策 …… 67
4.2.2 宅基地使用权主客体内容 …… 68
4.2.3 宅基地使用权的权利内容和其他相关权利 …… 69
4.3 研究前沿分析 …… 70
4.4 国内已有的宅基地发展权配置与转移模式归纳和剖析 …… 72
4.4.1 郑州“宅基地复垦票” …… 72
4.4.2 重庆“地票”模式 …… 74
4.4.3 天津宅基地换房模式 …… 75
4.4.4 浙江嘉兴“两分两换”模式 …… 78
4.4.5 深圳宅基地入股模式 …… 80
4.4.6 现有的宅基地退出模式分析 …… 81
第 5 章 进城农村村民有偿退出宅基地的政策工具设计 …… 84
5.1 所有权、使用权、资格权“三权分置”下闲置宅基地和房屋价格评估研究 …… 84
5.1.1 宅基地“三权分置”理论 …… 84
5.1.2 宅基地发展权配置与转移机理 …… 85
5.1.3 闲置宅基地价值测算 …… 89
5.1.4 测算实例 …… 94
5.2 宅基地发展权配置与转移政策工具——“宅基地复垦票”制度 …… 96
5.2.1 宅基地发展权配置与转移与国土空间规划相适应 …… 96
5.2.2 国内外住(租)房券机制发展状况 …… 97
5.2.3 “宅基地复垦票”制度设计遵循的原则 …… 100
5.2.4 闲置宅基地退出的必要性及可行性 …… 100

5.3 进城农村村民有偿退出宅基地使用权、资格权的政策工具——“宅基地复垦票”制度设计 ··· 103
5.3.1 宅基地发展权配置主体 ··· 103
5.3.2 退出宅基地使用权、资格权产生的建设用地指标转移政策工具——“宅基地复垦票” ··· 105
5.3.3 宅基地发展权配置模式 ··· 106
5.3.4 “宅基地复垦票”用地指标交易流程 ··· 109
5.3.5 “宅基地复垦票”兑换机制(进城农村村民) ··· 111
5.3.6 “宅基地复垦票”流通机制(土地竞买人) ··· 116
5.3.7 “宅基地复垦票”资金运作机制 ··· 116
5.3.8 闲置宅基地退出复垦机制 ··· 118
5.3.9 配套保障机制 ··· 119
5.4 小结 ··· 123
第 6 章 全域性的建设用地、补充耕地指标跨区域交易机制设计 ··· 124
6.1 “宅基地复垦票”跨区域交易供需主体分析 ··· 124
6.1.1 建设用地供给及人口流动现状 ··· 124
6.1.2 “宅基地复垦票”的需求主体 ··· 125
6.1.3 “宅基地复垦票”的供给主体 ··· 126
6.2 “宅基地复垦票”跨区域交易机制构建 ··· 126
6.2.1 民主机制 ··· 126
6.2.2 配套机制 ··· 127
6.3 “宅基地复垦票”跨区域交易模式设计 ··· 128
6.3.1 进城农村村民主导的“宅基地复垦票”跨区域交易模式 ··· 129
6.3.2 政府主导的“宅基地复垦票”跨区域交易模式 ··· 132
6.3.3 “宅基地复垦票”跨区域交易平台的构建 ··· 134
6.3.4 “宅基地复垦票”跨区域交易模式比较 ··· 135
6.4 “宅基地复垦票”二级交易市场设计 ··· 138
第 7 章 新增建设用地指标的跨区域落地政策研究 ··· 142
7.1 宅基地复垦后新增建设用地指标落地区域的国土空间规划政策研究 ··· 142
7.1.1 城市人口流动现状和问题 ··· 142
7.1.2 区域国土空间规划政策 ··· 146
7.2 进城农村村民退出宅基地复垦后产生的新增建设用地指标落地的区域土地利用政策研究 ··· 150
7.2.1 城市土地利用现状和问题 ··· 150
7.2.2 城市化地区的土地利用政策需要突出主体、区别对待 ··· 151
7.2.3 城市化地区的土地利用政策需要统筹规划、一体化利用 ··· 152
7.2.4 人口和土地错配在速度及空间上的表现 ··· 155
7.2.5 注重农业、生态空间，保证国家粮食安全 ··· 156

第 8 章　基于国土空间规划体系的建设用地跨区域利用的应用价值和社会意义……158
8.1　研究内容总结……158
8.2　研究价值……161
8.3　应用价值……162
8.4　社会意义……164
参考文献……168

第1章　城市化发展趋势对建设用地空间转换提出了新的要求

1.1　我国城市化现状及未来土地需求

中华人民共和国成立以来，我国的城市化建设取得了巨大突破，经历了从曲折发展到高速发展的过程，积累了丰富的经验。由2021年《中国统计年鉴》可知，1949年，我国城市化率只有10.64%；1960年上升到19.75%；1960～1975年城市化率有所降低，基本维持在17%左右[1]，改革开放则加速了我国城市化进程，在此期间，我国城市化迅速发展，城市化率逐步提高，1978年城市化率为17.92%，2000年城市化率为36.22%，到2020年达到63.89%，而欧美发达国家的城镇化率大多在80%以上。随着我国城市化进程加快，常住人口城市化率也大幅度提高。可以预见，未来我国城市化进程中，城市化率仍将快速增长，且将进行高质量城市化建设发展。

1.1.1　我国城市化发展现状

中华人民共和国成立以来，我国城市化迅速发展，突出表现为城市数量的迅速增加、城市群形态出现、城市人口的快速增长及城市土地面积的不断扩大。

1. 城市数量增加和城市群人口聚集

中华人民共和国成立之初只有132个城市，到1980年改革开放之初有223个城市，2000年增加至663个城市，截至2020年我国城市数量已达到687个，随着城市数量的迅速增加，我国的城市化水平不断提高。同时，我国大城市数量也在增加，地级及以上城市由1978年的111个增加到2019年的297个。其中，人口100万人以上的城市在1949年仅有10个，而到2005年增加至113个，截至2019年达到162个。截至2019年末人口为400万人以上的地级及以上城市由2005年的13个增加至20个。以上数据可以很好地阐述我国城市规模不断扩大，城市实力不断提升的现状。城市对一个国家的高速发展承担至关重要的角色，作为经济的主要产出对象，城市规模越大，能级越高，代表的国家实力越强。

与此同时，我国还有着数量庞大的小城镇，2016年共有城镇20883个，其中有56个镇区人口在20万人以上，267个镇区人口为10万～20万人，1128个镇区人口在5万人以上，这些小城镇以国外的一些标准来看，也可以称为小城市。例如，美国伊利诺伊州规定人口须至少有1000人，面积须不小于4mile^{2}①，才可以申请设立城市；印第安纳州规定

① 1mile^2＝2.589988km^2。

了最低的五等城市至少要2000人，才可以申请设立城市，2000人以下为小城镇。加拿大的设市标准在不同省份不同地区有所不同，如安大略省的设市人数最低为1000人，而艾伯塔省最低仅为100人。

城市群是城市发展到成熟阶段的一项重要特征，一般指的是在特定的范围内，以一个特大城市为核心，三个及以上城市为构成单位，共同构成一个相对完整的城市集合体。随着经济全球化的发展，城市群成为国家参与经济全球化的主要竞争力，从独立的城市个体转变为以核心城市为中心的城市群之间的竞争。国家在“十一五”“十二五”两个五年规划中提出要把城市群作为推进新型城镇化的主体形态，《国家新型城镇化规划(2014—2020年)》提出要以人的城镇化为核心，以城市群为主体形态，推动大中小城市和小城镇发展[2]。可以说在我国未来的城市化进程中，城市群占据至关重要的位置，19个城市群地区以1/4的土地面积集聚了全国约3/4的人口。按照“十三五”规划中定义的城市群的范围计算，目前我国规划的19个城市群城镇人口占全国总人口的78%，从1982年19个城市群7.1亿的常住人口上升至2018年10.5亿的常住人口，可以看出城市群已经成为我国人口聚集的主要形式，城市群成为我国发展模式中的主要形态。在人口数量上，有5个城市群人口数量过亿，其中长三角人口数为1.5亿人，京津冀为1.1亿人，成渝为1.0亿人，长江中游为1.3亿人，山东半岛为1.0亿人，其余城市群具体人口数量见表1-1。

表1-1 城市群的人口数量

人口数量/人	城市群
＞1亿	长三角、京津冀、成渝、长江中游、山东半岛
4000万～7000万	中原、海峡西岸、珠三角、哈长、北部湾、关中平原
2000万～4000万	辽中南、黔中、滇中
1000万～2000万	晋中、兰州—西宁、呼包鄂榆
＜700万	宁夏沿黄、天山北坡

城市群的新增人口数从南方和北方均衡转变为南方加速北方降速，表现出“南进北退”的形势。2010～2015年，城市群之间的人口增长表现为南方和北方均衡的形势，南方8个城市群和北方11个城市群年均增长人口数相差不多，分别为418.4万人和335.5万人。2015～2017年，南方城市群年均新增人口为578.5万人，占全国城市新增人口近66.1%，尤其是珠三角城市群，新增人口比重为15.8%，相较于2010～2015年提高了9.5个百分点；北方城市群人口增长速度较慢，年均新增人口为138.7万人，南北新增人口之比由4∶3骤变为4∶1。

我国人口增长模式呈现非线性发展：从20世纪80年代到处都是小镇到90年代人口向东南沿海地区聚集，再到21世纪人口回流至中西部区域性大城市。近两年来表现为“中间涨两头落”。

城市群是高度一体化和同城化的城市集群，在国内外学者的探讨下，将城市群划分为雏形发育期、快速发育期、趋于成熟期、成熟发展期四个阶段。在雏形发育期，各城市之间的联系薄弱，中心城市对于周边城市经济发展的带动能力不足，分工不够明确，基础设施不够完善；在快速发育期，中心城市的产业和功能开始延伸到周边城市，带动周边城市经济发展，初步形成分工体系，建设基础设施；在趋于成熟阶段，都市圈的建设较为成熟，形成较为合理的分工体系，基础设施建设趋于完善；在成熟发展阶段，中心城市与周边城市联系紧密，分工明确协调，基础设施相互联通，形成城市群。

由《中国城市发展潜力排名：2019》报告可知，目前我国较有发展潜力的城市群为长三角、珠三角、京津冀、成渝、长江中游。长三角、珠三角、京津冀的经济发展较好，基础设施较完善，创新能力强；从人口上来看，珠三角、长三角、长江中游、成渝、京津冀2016～2019 年的人口增量在各大城市群内处于领先位置，分别年均增长 142.4 万人、100.9 万人、87.3 万人、63.8 万人、42.7 万人。从城市群发展阶段来看，我国目前没有城市群进入第四阶段，长三角和珠三角城市群进入第三阶段，京津冀、成渝、海峡西岸等 11 个城市群处于第二阶段，黔中、滇中等 6 个城市群处于第一阶段。

在各大城市群中，长三角城市群新增人口规模最大，对比 2010～2015 年及 2015～2017 年两个时期各个城市群的年均新增人口，滇中和珠三角城市群新增人口增速最快，其中滇中作为重要的边疆城市群，从 9.6 万人（2010～2015 年）年均新增人口增长至 35.2 万人（2015～2017 年）年均新增人口，增速之快体现了门户优势；珠三角城市群年均新增人口从 52.5 万人（2010～2015 年）增长至 138.1 万人（2015～2017 年），呈现出稳步增长的态势，成为全国人才流入最多的城市群。

2. 城市人口数量和地理分布

我国城市化发展十分迅速，是世界上城市化进程中规模最大的。1978 年我国城市人口为 17245 万人，我国城市化进程中城市人口比重随着改革开放发展逐步上升。到 2000 年我国城市人口达到 45906 万人，2010 年达到 66978 万人，2020 年约为 90220 万人。根据 1990 年以来历次人口普查结果，我国城镇化率不断加速提升：第五次人口普查(1990～2000 年)结果显示，在该期间城镇化率每年提高 0.98%，城镇人口平均每年增长 1587.3 万人；第六次人口普查(2000～2010 年)结果显示，城镇化率每年提高 1.35%，城镇人口平均每年增长 2071.3 万人；第七次人口普查(2010～2020 年)结果显示，城镇化率每年提高 1.42%，城镇人口平均每年增长 2364.2 万人。

在统计城市化数据时，通常有户籍人口城镇化率及常住人口城镇化率两种。2020 年末全国人口(不含港澳台)为 141178 万人，其中城镇常住人口为 90199 万人，占总人口的比重为 63.89%，即常住人口城镇化率为 63.89%，但是户籍人口城镇化率只有 45.4%，即 64095 万城镇户籍人口，两者之间相差 18.49 个百分点。这将近 2.61 亿住在城镇的农村户籍人口，由于没有城镇户口，难以享受与城镇户籍人口相等的福利待遇。

从 2020 年开展的第七次人口普查数据来看，我国人口流动依旧活跃，流动人口数量不断增长。数据显示，我国流动人口为 3.76 亿人，比 2010 年增长了将近 70%。人口流向仍呈现从农村向城市流动，从内陆向东部沿海地区流动的形势。我国的城镇化水平在人口流动的现状下依旧提高，2020 年与 2010 年第六次全国人口普查相比，城镇人口增加 23642 万人，乡村人口减少 16436 万人，城镇人口比重上升 14.21 个百分点[3]。

目前国家已经规划了 9 个中心城市，其中包括了北京、天津、上海、广州、重庆、成都、武汉、郑州、西安，围绕这 9 个城市将形成 7 个城市群。可以预见的是，到 2035 年，我国城市化率将达到 75%以上，2020 年末我国城市化率为 63.89%，距离 75%还有十几个百分点的提高空间[4]。每年上千万的农村人口流向城市，带来了劳动生产力，扩大了城镇公共服务和基础设施投资，增加了居民收入和居民消费，促进了国家经济长期平稳发展，有利于加快构建新发展格局。

随着生产力布局的变化，人口的地理分布快速变化。从不同的地区来看人口分布，根据第七次全国人口普查数据东部地区人口为 5.64 亿人，占 39.93%；中部地区人口为 3.65 亿人，占 25.83%；西部地区人口为 3.83 亿人，占 27.12%；东北地区人口为 0.99 亿人，占 6.98%。2010 年以来我国人口在地理分布上呈现出以下两种变化趋势：一是人口从单个核心大城市向城市群中心城市聚集，尤其是向长三角、珠三角、成渝地区集中；二是跨区域的城乡二元流动开始向本区域的城乡二元流动转换，东部地区尤为明显。其中，城市群发展水平差异较大，发展水平较高的城市群主要位于东部沿海人口较为稠密地区，这些城市群对人口有较强吸引力，出现人口集聚现象；而人口较为稀疏的中西部地区，总体发展水平较低，对人口吸引力较弱，人口出现核心集聚边缘扩散现象。生产力的提高、产业集聚及城市群的发展，都造成了我国人口地理分布的变化。目前，我国已经进入以中心城市带动经济发展的阶段，经济中心集中分布于中心城市和城市群，城市经济占比不断提高；过去我国大多以省为单位发展，现在我国正在逐步进入城市化时代，一、二线城市发展迅速，人口和产业高度集中，城市间相互竞争借鉴，促进了我国经济发展。

2019 年 3 月国家发展改革委印发的《2019 年新型城镇化建设重点任务》中对城乡结构进行了政策上的调整，要求城区常住人口为 100 万～300 万人的大城市要全面取消落户限制；城区常住人口为 300 万～500 万人的大城市要全面开放或放宽落户限制，并全面取消重点群体落户限制。

预计到 2030 年，将会有 1.7 亿新增城镇人口，其中 80%将分布于建立的 19 个城市群，约 60%将分布在长三角、珠三角、京津冀、长江中游、成渝、中原、哈长、关中八大国家城市群，目前已形成北京、上海、天津、广州、重庆、成都、武汉、郑州、西安 9 个国家中心城市。2020 年末常住人口城镇化率提高到 63.89%，与 2019 年相比提高了 3 个百分点，人口向大城市、核心城市集中的态势比较明显。

3. 城市土地面积不断扩张

在城市数量和城市人口不断增加的形势下，为了容纳更多的人口，布局更多的产业，土地城市化也发展迅速，主要表现为扩大城市化区域和扩展城市建成空间。改革开放以来，我国的城市建设用地面积不断增加。1981 年我国城市建设用地面积为 6720km^2，1990 年增加至 11608.3km^2；到了 21 世纪，城市建设用地面积增速加快，2000 年，我国城市建设用地面积为 22113.7km^2，2010 年为 39758.4km^2，到 2020 年达到 58355.3km^2。近 40 年间我国城市建设用地面积迅速增长，1981～1990 年增长了 72.74%，1990～2000 年增长了 90.50%，2000～2010 年增长了 79.79%，2010～2020 年增长了 46.77%。单纯从增长速度来看，20 世纪 90 年代以来，我国城市建设用地面积的增长就已经进入快速发展时期，有些年份的增长速度超过 10%。但是，从城市建设用地的面积来看，2000～2020 年全国城市建设用地增加了 36241km^2，占 2020 年全部城市建设用地面积的 62.10%，可见，2000 年以来我国城市扩张的速度非常快。

从国际上城市化发展的经验来看，城市在城市化率达到 30%以上后就进入高速发展阶段，而 2010 年我国城市化率就已经达到 47.5%，说明我国城市化已经处于高速发展时期，城市发展对于土地的需求进一步提高，城市化带来的土地聚集效应逐步加强，因此应该给予城市足够的土地资源，加速城市发展的进程，提升城市聚集效应的发挥。同时，我国部分城市已经处在由城市化中级阶段向高级阶段转变的过程中，这就要求它们在积极扩张的同时，要加强土地的集约利用，不断提高城市综合质量。总的来说，未来很长一段时期内，努力增加城市建设用地的供给将是我国城市发展面临的一个重要任务。

1.1.2　城市化未来发展趋势

城市化发展空间仍然较大。未来农村人口仍将保持向城市转移的趋势，城乡收入差距居高不下。在生产结构上，第三产业成为主导产业，劳动生产力提高，人们日益增长的物质文化需要，促进社会分工细化，从根本上促进了第三产业的发展，社会生产力的发展，带来了人们生活水平的提高，居民由基本的物质消费过渡到精神消费乃至享受消费。城市化对经济增长速度的要求降低，城市化速度相对减缓。

城市化仍是拉动经济增长的持续动力。在城市化快速发展的阶段，农村人口进入城市长期居住，收入的增长、消费结构的变化都增加了其对各类工业产品的需求，其中最大的变化就是人们对住房的需求增加，进而增加了与住房相关的产品的需求。流动性就业人口和农业待转移人口在进入城镇定居后，会带来城市基础设施建设需求，需要解决此类人口的公共服务问题，城镇内部的基础设施和公共服务设施，城镇间的交通、管线等设施建设，带来了投资需求的增长，进而直接影响我国能源市场和原材料市场的发展。

区域间城市化发展将逐步趋于均衡。从 2011 年开始，中西部的发展开始超过东部沿海地区。随着出口主导型经济发展的不确定性持续增加，国家经济空间格局进行了相应调整。在中西部部分中心城市间，由于政策扶持，带来人口流入，人口吸引力不断增强，中西部相关产业支持力度加大、快速发展。地区间人口流动造成各地区城市化差距减小，城市化发展趋于平衡。

城乡要素双向流动将成为城市化的新趋势。近年来，人口从农村向城市转移的速度减慢，外出务工的农民规模增速在逐步下降。2001～2002 年我国外出务工农民平均每年增加 1311 万人，2003～2012 年我国外出务工农民平均每年增加 587 万人，2013～2015 年我国外出务工农民平均每年增加 183 万人，随着资本、技术、人才下乡速度的增快，城乡要素双向流动已成为城市化的新趋势，不仅有农村向城市流动，还有城市向农村流动，可以预见，未来城乡一体化是双向的。

以都市圈和城市群为主体形态的城市化格局形成。从 20 世纪 80 年代，农民进城“离土不离乡”，回到家乡发展企业，到十五届三中全会小城镇大战略的提出，再到城镇化的发展、城市群的形成，随着时间的演变，城市发展战略不断进步。随着经济不断发展，城市群成为全球竞争与合作的主要载体。城市群的建立让城市与城市之间不再是独立存在的个体，而是彼此相互联系，在资金流、信息流、物流方面进行资源共享，取长补短，互通合作，让各城市之间联系更加紧密；城市群的建设改善了交通基础设施条件，改善了交通拥挤，降低了交通成本，拉近了城市之间的距离；城市群带来了更先进的生产力，促进了地区间人口和物资等相关要素的流通。从人口在地区间的流动来看，部分中心城市对人口的吸引力在不断加强，形成以中心城市为核心，发展成熟的都市圈，连接形成城市群，进而使城市吸纳人口的能力进一步提高。未来我国交通基础设施建设规模和质量将显著提升，多层次的城镇交通网络建设加速，城市综合交通运输体系逐渐完善，促进生成更加安全、高速、一体化的交通体系产生。这有效促进了城市之间的联系，引导城市空间拓展，带动沿线周边地区城镇化和工业化发展，使不同交通方式充分发挥经济技术优势，促进了城市可持续发展和城市化质量提升，将空间运行效率和经济效益最大化。十九大报告提出“以城市群为主体构建大中小城市和小城镇协调发展的城市格局”的发展战略[5]，未来最值得期待的五大城市群将是粤港澳大湾区、长三角城市群、京津冀城市群、成渝城市群和长江中游城市群。

新型城市发展机会增多。新型城市化将面临城市发展的转型，新型城市化将面临向高质量高发展的模式转变，摒弃不断扩张的城市扩展模式，要求城市向注重品质提升和可持续发展的模式转变，融合进历史人文理念、环保理念，打造更加有品质、注重服务和市场、有人文情怀的便利城市街区。随着人们对居住环境要求的不断提升，人们从传统的物质需求转变为对人文精神的追求，更加注重精神文化需求，将城市建筑设计与当地的人文历史相融合，形成精神文化交流环境，提升人们的生活品质。在生活品质提升的同时，居民对生态环保的要求也在提升，融合环保理念，公共建筑建设以绿色无公害为主题，更加倾向于生态环保建设。将新兴技术与城市相结合，打造绿色节能，与自然生态有机融合的健康城市。此外，在城市管理中应用物联网、互联网等新兴技术，使城市管理更加智能、高效、便民，居民生活更加便利，提高城市的智能化和绿色化程度，发展新型绿色低碳城市，吸引更多的投资和消费机会。

1.1.3 未来城市化带来土地压力

从国际上发达国家的城市化经验来看，城市化率达到30%以上，城市的土地需求量、耕地占用面积快速上升。目前，我国已经处于城市化发展中后期，2010 年城市化率已经达到 47.5%，2020 年城市化率更是达到了 63.89%，随着我国城市化发展，对土地的需求进一步上升，耕地占用面积也逐步增加。

2020 年末我国城市化率达到 63.89%，户籍城镇化率已经达到 45.4%。从我国未来经济增长、农民工数量变化等角度出发，摩根士丹利发布了“蓝皮书”报告——《中国城市化 2.0：超级都市圈》，其中指出到 2030 年，预计我国城镇化率将达到 75%，这就意味着，到 2030 年之前我国城镇化率要保持每年增长 1 个百分点左右，全国每年要新增城市人口约 1500 万人。按照城市用地每人 $100m^2$ 计算，则全国每年需要新增城市用地约 225 万亩①，而实际上，从近年来各地城镇建设的情况来看，城市发展人均用地远远超过 $100m^2$ 的标准

① 1 亩≈$666.67m^2$。

和要求。其中，转化为城市建设用地的土地大部分是耕地。尤其是我国大部分城市都集中于东部和中部地区，我国的优质耕地也主要集中于这些地区，随着这些地区城市的进一步发展，占用周边优质耕地必然难以避免。因此，未来我国城市发展的用地矛盾会进一步突出。

《全国国土规划纲要(2016—2030 年)》提出，到 2030 年我国国土开发强度要控制在 4.62%以内，城镇空间控制在 11.67 万 km^2 以内[6]。2015 年，我国城市空间指标为 8.90 万 km^2，按照纲要规划内容，在近 15 年间，我国新增城市空间要限制在 2.77 万 km^2 以内，平均每年只有 0.18 万 km^2，即 277 万亩左右。这一数字相对于新增城镇人口所需的 225 万亩城市用地来说，几乎差不多，可见，我国的土地资源极度紧张。

1.1.4　我国城市化道路选择及其对土地的影响

我国在 20 世纪 80 年代实行的是“控制大城市规模，合理发展中等城市，积极发展小城市”的发展战略，当时通过发展中小城市，有力调动了全国各种生产要素的流动，使得生产要素从农村流向城市，从西部地区流向东部地区。“十二五”规划中提出了我国未来城市发展应按照统筹规划、合理布局、完善功能的原则，实现以大带小，顺应城市发展规律，以大城市为依托，中小城市为核心，形成可以带动周边经济增长的城市群，以大带小，促进中小城市快速发展，优化城市化战略布局，提高建成区可容纳人口密度，规划合理的开发界线，防止城市面积不断扩张。《国家新型城镇化规划(2014—2020 年)》提出要“优化城镇规模结构，增强中心城市辐射带动功能，加快发展中小城市，有重点地发展小城镇”。中央城镇化工作会议提出“根据资源环境承载能力构建科学合理的城镇化宏观布局，把城市群作为主体形态，促进大中小城市和小城镇合理分工、功能互补、协同发展”。从“积极发展小城市”到“大中小城市和小城镇协调发展”，这种城市化道路的转变，反映了我国城市发展的不同阶段的要求。

城市化道路的转变——以大城市为依托发展城市群，也就是优先发展我国东部地区的城市圈和中西部地区的中心城市。这样的发展模式是符合城市发展规律的，是符合聚集效应和规模效应的。东部地区的城市带和中西部地区的中心城市已经形成了较为庞大的人口和完整的工业体系。而城市化的优势就在于人口、资本、技术等生产要素的集中所产生的聚集效应。因此，当前阶段下，重点发展我国已经比较成熟的大城市，可以通过其本身完整的经济结构、成熟的市场体系、强大的技术力量，使各种生产要素继续向大城市聚集，从而产生更大的聚集效应。城市化过程是产业结构优化、要素配置优化和集聚效应发展的过程[7]。

而大城市中各种生产要素的进一步聚集，将会带来对土地需求的增加，从而带来城市规模的扩张。所以东部发达地区的城市和中西部中心城市对于建设用地指标的需求将会更大。因此，随着我国城市化道路的转变，我国大城市的发展速度会进一步加快，这意味着大城市建设用地的需求规模将会更加巨大。这就要求未来 10 年甚至更长时间内，我国不仅要努力保障全国城市化发展对于土地的需求，还要努力保证大城市加速发展对于土地进一步的需求。

1.1.5 我国城市化进程中土地问题的特色

随着我国城市化的不断发展，社会、经济生活中出现的很多问题是与城市化的发展密切相关的，而且其中一些问题关系到未来我国城市化的进一步发展。因此，在当前阶段下，需要认真地分析我国城市化进程中出现的一些新情况、新问题，并且结合我国的基本国情，实现经济、社会和谐发展，加快我国城市化的进程，提高我国城市化发展的质量。

我国当前的城市化发展面临以下两个矛盾。

第一个矛盾：不断增加的用地需求与日益严格的耕地保护之间的矛盾。

我国人口占世界人口的 22%，而耕地仅占世界耕地的 7%。耕地与人口的数量严重不匹配，是我国目前面临的十分严峻的问题。我国一直以来都十分注重粮食安全，并将其制定为一项基本国策，由此制定了“十分珍惜、合理利用土地和切实保护耕地”的基本政策。为了保障我国的粮食安全，国家要求必须保证耕地的面积，国家“十一五”规划中提出 2010 年我国要守住“18 亿亩耕地的红线”。《全国土地利用总体规划纲要(2006—2020年)》在“十一五”规划的 18 亿亩耕地红线的基础上，进一步明确：“全国耕地保有量到 2010 年和 2020 年分别保持在 12120 万公顷(18.18 亿亩)和 12033.33 万公顷(18.05 亿亩)。规划期内，确保 10400 万公顷(15.6 亿亩)的基本农田数量不减少”。根据《全国国土规划纲要(2016—2030 年)》的要求，到 2020 年我国耕地保有量的目标为 18.65 亿亩，到 2030 年我国耕地保有量的目标为 18.25 亿亩。

但是，随着我国城市化进程的不断加快，以及城市人口的增加、经济的增长，我国用地需求不断增加，这就导致耕地占用面积持续增加，客观上造成了耕地总量的持续减少。根据第二次全国土地调查的数据，2009 年全国耕地总量为 13538.46 万 hm^2，到 2015 年底减少为 13499.87 万 hm^2，6 年时间减少了 38.59 万 hm^2，平均每年减少约 6.43 万 hm^2。如果不考虑每年新增耕地数量，2009～2015 年共占用耕地 251 万亩，平均每年占用约 41.9 万亩。第三次全国土地调查数据显示，2019 年末全国耕地总量为 19.18 亿亩，在非农建设占用耕地严格落实了占补平衡的情况下，从第二次全国土地调查到第三次全国土地调查以来的 10 年间，全国耕地面积减少了 1.13 亿亩，可见，耕地的保护任务还是非常艰巨的。

为了保护耕地数量，我国实行了严格的耕地保护制度，实行基本农田区划分、耕地占补平衡和耕地指标分配等政策，对于建设用地实行建设用地指标分配政策。这些制度构成了“世界上最严厉的耕地保护政策”。同时，近些年随着我国城市土地的快速扩张、土地价格的快速上涨，我国对于土地的供给限制越来越严格，供给的数量和额度都在受到控制。这制约着我国城市化建设用地的使用规模。

城市化的发展，必然要求大量人群离开农村进入城市。《国家新型城镇化规划(2014—2020 年)》提出，到 2020 年，全国常住人口城镇化率达到 60%左右，户籍人口城镇化率达到 45%左右。同时，基于对未来的预测，到 2030 年我国城镇化率将达到 75%左右。按照这样的趋势，平均每年要新增城镇人口 1500 万。这意味着未来需要新增大量的城市建设用地，这就与耕地保护政策产生冲突。在我国非常严格的耕地保护政策下，城市化发展可以利用的作为新增建设用地的土地资源十分有限，操作空间也受到很大的限制。因此，如何在保护耕地与促进城市化发展之间取得平衡，是一个非常重要而且复杂的问题。

第二个矛盾：城市发展质量提升与城乡土地利用不均衡之间的矛盾。

从世界城市发展规律来看，随着城市发展水平的提升，城市化发展的质量也不断提升，城市土地利用效率越来越高。《国家新型城镇化规划(2014—2020 年)》中也提出“城镇化水平和质量稳步提升……人均城市建设用地严格控制在 100m^2 以内，建成区人口密度逐步提高”等目标。但是，从实际情况来看，目前，我国城镇建设用地利用效率低下，存在大量闲置和低效用地。具体表现为以下几个方面。

一是城乡两头挤占耕地问题日益严重。随着城市化进程的发展，大量农业转移人口进入城市和小城镇，势必带来各级城镇建设用地需求的增加，城镇建成区范围扩大。与此同时，在现有土地制度下，进城农民的土地(特别是宅基地和村庄用地)并没有随着农村人口的减少而减少，这就导致城市和农村“两头占地”的问题越来越严重。根据原国土资源部(现自然资源部)数据，2000～2010 年，全国城镇工矿用地从 0.89 亿亩增长到 1.4 亿亩，累计增加 5100 万亩；农村居民点用地由 2.47 亿亩扩大到 2.81 亿亩，累计增加了 3400 万亩。“两头占地”的现象只有通过城乡要素的空间转换才能解决。如果农村土地政策不改，农民还要继续占地，用地效益也不高，城镇还要解决城镇化人口的居住和就业用地问题，无论是土地利用效益，还是土地资源配置，都不可能达到理想的效果。

二是城镇土地利用粗放。在我国城市化发展过程中，土地的粗放利用现象一直长期存在。数据显示，2000～2010 年全国人均城镇工矿用地从 130m^2 增至 142m^2，城镇工矿人口密度从每平方千米 7700 人降至 7000 人。根据国家统计局及住房和城乡建设部(简称住建部)的最新数据，1990～2016 年，全国城市建成区的人口密度从 2.53 万人/km^2 下降到 0.88 万人/km^2，2016 年只有 1990 年的 1/3 左右；1990 年全国城市建成区的人口密度是县镇建成区的 3.5 倍，而到了 2016 年则下降到 1.5 倍左右，城市和县镇建成区的人口密度差距缩小了很多，这意味着全国范围内城市的土地利用效率在降低。从第三次全国国土调查数据看，城镇建设用地总规模达到 1.55 亿亩，而全国村庄用地规模达 3.29 亿亩，总量较大，布局不尽合理。

1.2　城市化过程中土地利用分析

在城市化不断发展的过程中，我国城市建成区面积不断增加，城市规模不断扩大。城市建成区面积是指在城市行政区内实际已成片开发建设、市政公用设施和公共设施基本具备的区域。对于核心城市来说，包括集中连片的部分及分散的若干个已经成片建设起来，市政公用设施和公共设施基本具备的区域；对于一城多镇来说，由几个连片开发建设起来的，市政公用设施和公共设施基本具备的地区组成。

1.2.1 全国城市建设用地现状

1. 全国城市建成区面积快速增长

随着我国经济和城市化发展，城市范围越来越大，城市建成区面积不断扩大。改革开放以来，我国经济快速发展，人才流动、产业结构变更、科技创新等在我国城市化进程中快速集中，城市面积不断扩大。进入 21 世纪以来，我国城市化速度加快，城市建成区面积不断扩张，快速增长。

从全国范围来看，2000 年我国城市建成区面积约为 2.24 万 km^2，2019 年我国城市建成区面积约为 6.03 万 km^2，较 2000 年增加了约 3.79 万 km^2。2010 年我国城市建成区面积约为 4 万 km^2，相较 2000 年增加了约 1.76 万 km^2。2010～2019 年全国城市建成区面积增加了约 2.03 万 km^2，2010 年后全国城市建成区面积增速有所放缓，但是新增面积数量仍然较大，城市建成区面积仍处于快速扩张状态。

总体来看，改革开放以来，我国城市建设用地在全国范围内呈现扩张的趋势。20 世纪 80 年代开始，我国农民建房和乡镇企业快速增加，带来了建设用地扩张；20 世纪 90 年代，随着开发区的建设和房地产的发展，又产生了一次建设用地扩张；21 世纪以来，我国城市化、基础设施建设、新农村建设、产业转移、企业扩张等各类建设用地全面扩张。从空间上来看，从西部大开发、振兴东北老工业基地，到中部崛起，再到以大城市为依托发展城市群和城市带，我国城市发展的区域从东部沿海地区逐渐向内地展开，同时随着“十三五”规划开始实施，我国东部沿海地区的城市发展会迎来第二次高潮。

2. 城市化建设用地指标匮乏

由于我国对新增建设用地的限制，出现了明显的建设用地供需矛盾，尤其存在于中心城市和城市群等人口与产业高度集聚、经济发展迅速的地区，典型的如京津冀、长三角、珠三角三大城市群，以 2.8%的国土面积集聚了 18%的人口，创造了 36%的国内生产总值。对于建设用地供需矛盾，以北上广城市发展规划为例：2016 年北京建设用地指标为 2800km^2，建设用地规模为 2921km^2，剩余建设用地为-121km^2；2015 年上海建设用地指标为 3185km^2，建设用地规模为 3145km^2，剩余建设用地为 40km^2；2015 年广州建设用地指标为 1581km^2，建设用地规模为 1433km^2，剩余建设用地为 148km^2。可以看到，在现有的规划方案中，北上广深的城乡建设用地普遍太少，北京甚至需要实现负增长。

由于人口迁移、户籍制度和资源配置方式，我国城市化地区建设用地指标严重不足。以 2017 年为例，全国建设用地面积为 3957.41 万 hm^2，总人口为 139008 万人，人均建设用地面积为 284.69m^2；位于我国东部地区的北京、上海该指标分别为 165.91m^2、127.71m^2，低于全国平均水平；位于我国西部地区的青海、新疆该指标分别为 600.33m^2、671.21m^2，远高于全国平均水平。一些学者也构建模型证实了该问题，如张俊峰和张安录通过边际分析法和拓展的 C-D 生产函数构建土地资源错配效率损失测度模型测算出，2000～2016 年东部地区错配指数大于 1，表现为建设用地短缺错配，中部和西部地区则为过度错配[8]。

我国建设用地指标日益收紧。在这种情况下，城市化地区住房建设用地指标甚至更加匮乏。以 2017 年为例，由国土资源部下达的 600 万亩用地指标，用途主要分成四个方面。下达的用地指标理论上是城市建设用地，但是农村也有建设性用地的需求，农村修建水库、农村基础设施建设，城市和城市之间修高速铁路，途中经过农村的地变成建设性用地，600 万亩用地指标有 35%左右实际上是用在农村里的建设用地。600 万亩的用地指标真正用到城市里的只剩下 2/3，大约有 400 万亩的用地指标。城市里的 400 万亩用地指标又一分为三：第一部分用于城市的基础设施建设，占比约为 50%，如城市的道路、绿化、市政建设；第二部分是工业，过去几十年中，城市用地指标中工业用地所占比例约为 30%，2017 年国土资源部下达的600 万亩用地指标中工业用地的比例为22%；第三部分是住宅建设用地，2017 年国土资源部下达的 600 万亩用地指标中只有 10%的用地指标用于城市房地产开发。上述比例明显是不平衡的，城市居民的住房用地理论上一般应该占这个城市所有用地指标的 25%，目前实际只占 10%左右。因此，在我国进城农村村民涌入的城市化地区中住房建设用地存在严重的供求失衡。

由于人口迁移、户籍制度和资源配置方式，城市间存在建设用地指标分配失衡的问题，住房建设用地指标分配也是如此，尤其是中心城市和城市群住房建设用地指标很少，但其人口集中多，人口流入多，住房建设用地供求严重失衡，城市化地区在这种“缺地”状态下，由于供求关系失衡，住房土地价格迅速上涨。2018 年 9 月 25 日，中国社会科学院世界经济与政治研究所研究员张斌在博智宏观论坛第三十二次月度例会上指出，2009～2015 年，我国一线城市的住宅土地供应从 2009 年的超过 2000 万 m^2 下降到 2015 年的 1455 万 m^2；而与此相对应的住宅土地楼面均价从不足 6000 元上升到 11000 元。地价的上涨迅速带动了房价的快速上涨，以上海市为例，其房价从 2010 年的 14213 元/m^2 上涨到 2017 年的 24866 元/m^2，年均增长率为 10.71%，而其城市人均可支配收入从 2010 年的 31838 元/a 上涨到 2017 年的 62596 元/a，年均增长率为 13.8%，房价上涨快于收入上涨速度，在 2010 年上海房价收入比已达到 12.56 的情况下，买房变得越来越难，并且这种高房价状态由于住房建设用地供需问题没有得到解决将会是一种长期持续的状态。对于进城农村村民来说，由于他们中的大多数文化水平不高，只能从事一些中低收入的工作，在城市租房、购房都存在巨大的压力。

由于我国城市化地区保障性住房制度尚不完善，大多数城市保障政策的保障对象都是具有城市户籍的中低收入家庭，属于常住人口户籍管理的进城农村村民在大多数城市比较难获得住房保障。

综上所述，由于人口迁移、户籍制度和资源配置方式，我国城市化地区建设用地指标匮乏，供不应求。

1.2.2　城市化进程中耕地保护问题

随着城市化的发展，我国人口数量不断增加，对粮食的需求量也不断上升，这就要求我们要保护有限的耕地资源。土地是人类赖以生存和社会发展的物质基础，耕地是农业生产最基本的、不可替代的生产资料，保护耕地资源有利于为我国粮食安全提供保障[9]。

1. 大量耕地被占用

目前我国正处于城市化快速发展时期，随着城市化发展，我国的耕地资源被占用，在我国人均耕地资源不足的情况下，城市化发展为我国耕地资源保护带来了压力。目前，我国大部分地区在扩大城市规模的过程中，坚持控制大城市发展规模，积极发展中小型城市，但在非一、二线大型城市扩展的过程中，由于需要修建大量的基础设施而占用一定数量的耕地。根据相关资料显示，城镇化率每提高 1 个百分点，城市地区的建设面积会扩大 150 万亩左右，而耕地资源则减少 600 万亩左右。《中华人民共和国土地管理法》规定，国家可以根据公共利益将农民集体所有土地依法征为国有，但地方政府借由我国公共利益界定过于宽泛的缺口，大量征用农村集体土地，造成我国在城市化进程中大量耕地被占用，征地范围宽泛的问题。另外，由于我国相关法律体系不完整，对于农村村民土地归属权、继承权、支配权权利，法律上没有给出明确的说明与解释，随着城市化发展，种地所带来的经济效益已不足以对农民形成吸引力，农民对土地的依赖有所淡化。在农民对土地依赖下降的情况下，政府提出将耕地用来进行城市建设，并给予愿意上交耕地的农民补偿和农转非等福利待遇条件，部分农民在短期利益的驱动下，更愿意耕地被征收，在一定程度上对大量占用耕地面积现象起了推动作用。另外，农村村民回乡自建房和以国家投资为主的建设也占用了大量的耕地，城市边界在不断向外延伸。由此，在我国城市化进程中，耕地被大量占用，在今后的发展中，我们要注重城市化发展和耕地保护之间的协调性。

2. 土地浪费现象严重

虽然从整体来看，我国耕地资源总量较多，但由于我国人口基数较大，人均耕地拥有量较少，在城市化背景下，大部分地区存在土地浪费现象。土地资源利用率在城市化过程中较低，在宅基地管理不够规范的农村地区，“一户多地”现象层出不穷；在工业化发展过程中，部分企业由于产出效率低下，工厂内部存在大量闲置土地，导致土地资源浪费。城市人均用地面积偏高，但总体土地利用效率却很低，说明城市用地增长的速度明显快于城市人口的增长速度。另外，我国城市建筑的容积率偏低也体现了我国土地利用效率低下的现状。由于我国城市土地利用分配不均衡、土地浪费制约手段不够强力、政策指引不到位等因素的影响，目前我国土地资源利用粗放、大量土地被浪费的现象层出不穷。例如，一些地方为追求经济增长、政绩，以牺牲耕地资源为代价，盲目招商，扩大城市规模，无视国家土地规划政策，违规建设各类开发园区等，造成耕地资源严重浪费。

3. 土地污染严重

随着我国城市化发展，居民收入水平提高，大量的垃圾和污染物产生，垃圾处理不当将导致土地资源的占用。在对垃圾进行分化分解的过程中，产生大量的有害物质，对土地资源造成污染。在城市化发展过程中，一般民营企业规模较小、技术不健全、设施简陋，普遍缺乏防治污染的意识与相关措施，使得工业生产过程中产生的废气、废水、废渣在未经处理的情况下大量排放，造成严重的环境污染，城镇土地环境污染日益严峻。另外，部分城镇为追求经济增长，在建设过程中采用了不合理的空间布局，大规模兴建工业开发区，形成混乱的空间布局，在造成土地资源浪费和资金滥用的同时，给生活污水、工业污水的排放和处理带来困难，产生了一系列(如水土流失、水环境污染严重等)问题。随着我国工业化发展，工厂生产过程中产生了大量固体污染物，固体污染物若被排放至土壤中，就会造成土地污染，导致耕地减产，其中产生的废气和废水都会间接对耕地资源造成影响，废气排放至空气中，废水随雨水排放到农田中，对农作物的生产不利。

4. 耕地后备资源少

我国耕地后备资源比较少，根据第三次全国国土调查统计，全国共有 8700 多万亩可马上恢复为耕地的农用地，还有 1.66 亿亩可以通过工程措施恢复为耕地的农用地。全国耕地后备资源大多都是零散分布的耕地，零散分布的耕地占了耕地后备资源总量的64.7%；而集中连片的部分仅占耕地后备资源总量的 35.3%。我国的耕地后备资源在空间分布上呈现分布不均的现状，其中耕地后备资源主要分布在中西部地区。新疆、河南、甘肃、云南、黑龙江 5 个省份的耕地后备资源就占全国耕地后备资源的约 50%，而经济较发达的东部 11 个省份耕地后备资源之和只占到全国的不到 1/6[10]。集中连片的耕地后备资源集中在新疆(不含南疆)、吉林、河南、黑龙江和甘肃 5 个省份，占近 70%，而东部 11 个省份集中连片耕地后备资源之和仅占全国集中连片面积的 11.0%。以上数据说明目前我国的土地经过多年的开采，耕地后备资源大多是零散的，零散土地资源的开发利用成本较高，不能进行较大规模的开发利用。另外，在经济较发达地区，耕地后备资源十分稀少，在省份层面实行“占补平衡”的难度提升。

在过去的几年中，许多地方沿着城市中心慢慢向外扩张，形成“摊大饼式”的城市建设，占用了大量的土地和耕地后备资源。东部由于气候良好，优质耕地较多，随着东部优质耕地不断被占用造成东部减少西部增加的现状，虽然西部耕地有所增加，但由于西部生态环境的变化，可开发利用的耕地也在持续减少。

研究显示，1985～1999 年，我国耕地面积重心向西北移动 28km，生态背景质量下降 2.52%[11]。水土资源配置形势趋于恶化。随着绿水青山就是金山银山的生态环境理念的提出与推进，退耕还林，建立自然保护区，舍弃损害环境的耕地补给方式，虽然提高了环境的质量，但却减少了耕地后备资源。针对当前耕地后备资源的形势与开发利用现状，应该坚持耕地保护的基本国策，确保国家的耕地红线和粮食安全底线，坚持遵守最严格的耕地保护制度，因地制宜，提高耕地后备资源的开发利用效率。

1.3　城市化进程中宅基地发展趋势

1.3.1　城乡建设用地增减挂钩

城乡建设用地增减挂钩政策(简称挂钩政策)的提出是我国政府针对土地改革做出的一次突破性尝试。挂钩政策的目的是增加耕地有效面积、提高耕地质量、节约集约利用建设用地，使城乡布局更合理等。简单地说是将土地财产收益空间转换的政策，城市建设用地增加与农村集体建设用地减少相挂钩，首先，依据土地利用总体规划，将拆旧地块和建新地块用于建新拆旧项目区[12]。其中，拆旧地块和建新地块分别是指复耕的农村建设用地与城市建设用地。为了最终实现建设用地的城乡置换，在各个项目区内，需要保证各类土地面积的平衡。要通过增减挂钩来换取城市建设用地指标，就必须减少农村建设用地，可以将农村的宅基地复垦为耕地，置换建设用地指标[13]。

1997 年，《中共中央国务院关于进一步加强土地管理切实保护耕地的通知》中就首次提出“实行耕地总量动态平衡”。1998 年修订的《中华人民共和国土地管理法》，增订了第 31 条，明确指出“国家实行耕地补偿制度”。城乡建设用地增减挂钩，保护了耕地，控制了建设用地总量，是一种结构性的调整。非农业建设耕地占用后，占用多少就需要开垦多少。如果没有条件进行开垦，则需要交纳相关费用，如开垦费，这笔费用专门用于开垦新耕地。从此我国便开始实施了耕地占有补偿的平衡政策。

随着社会的进步，经济的发展，我国对土地指标的需求越来越大，大部分地区土地开垦受到各种条件的制约，不是这么容易完成的，如沿海等经济发达城市。随着农村的青壮年都去城里谋生后，农村人口流失，对于占有大量建设面积的农村，少有年轻人居住，“空心村”现象越来越普遍。由此大家开始关注农村建设用地有效利用的问题。

2004 年国务院 28 号文首次开始明确提出“鼓励农村建设用地整理，城镇建设用地增加要与农村建设用地减少相挂钩”。2005 年 10 月国土资源部出台了《关于规范城镇建设用地增加与农村建设用地减少相挂钩试点工作的意见》，决定在天津、江苏、山东等 8 省市开展挂钩试点工作。挂钩试点工作进行的同时，全国推动了新农村建设运动，这无疑促进了挂钩试点工作的顺利进行。2008 年国土资源部出台了《城乡建设用地增减挂钩试点管理办法》，规定如果想要增加城镇建设用地的指标，可以把农村建设用地复垦为耕地，城乡建设用地增减挂钩慢慢地在全国范围普遍运用。

2010 年中央一号文件中提出：城乡建设用地挂钩要严格限定在试点范围内。在挂钩试点试验中，为城镇建设用地指标的增加，产生了一些问题，如擅自开展增减挂钩试点和扩大试点范围、突破周转指标、违背农民意愿强拆强建等。于是将周转指标纳入年度土地利用计划统一管理，确保城乡建设用地总规模不突破。同年，国务院出台《国务院关于严格规范城乡建设用地增减挂钩试点切实做好农村土地整治工作的通知》，强调了复垦后应该要优先满足农村各种发展建设用地，给城镇使用的建设指标需要控制一定的量，并经过批准。土地收益也得返还给农村，不得在农村胡乱建设高楼，逼迫农民集中居住在所修建的高楼里。

城乡建设用地增减挂钩政策具有其积极意义。过去农村的集体建设用地不能流转，而现在可以通过指标转换转化为城镇建设用地，过去城乡建设用地之间存在天然的屏障，而增减挂钩促进了城乡建设用地市场的活跃，为统一城乡建设用地市场提供了融合发展之路。不仅如此，还极大地解决了耕地后备资源不足的问题。

1.3.2 宅基地改革

农村集体经营性建设用地改革与农村征地制度改革、宅基地管理制度改革，并称为农村土地制度三项改革。农村集体经营性建设用地改革与农村征地制度改革自 2015 年启动以来已取得阶段性成效，2020 年 1 月 1 日实行的新修订的《中华人民共和国土地管理法》

和 2021 年 9 月 1 日实施的新修订的《中华人民共和国土地管理法实施条例》，集中体现了农村集体经营建设用地改革和征地制度改革的成果。农村宅基地制度改革是农村土地制度改革的“短板”。

根据《农村绿皮书：中国农村经济形势分析与预测(2018～2019)》报告统计的数据显示，2018 年，我国空置的农村宅基地平均数量高达 10.7%，样本村庄房屋最高空置率超过七成[14]。根据不完全统计结果，目前我国存在大量闲置宅基地，闲置面积高达 24 万 hm^2。对于民众而言，土地资源稀缺、不可再生而十分珍贵，但是大量的闲置宅基地却没有发挥土地资源的价值造成土地资源的无故浪费。

随着城镇化的发展，农村人口向城市持续转移，大量的农房因无人居住而闲置。“空心村”现象越来越普遍，村里基本只剩下老人和小孩，未来农村人口依然会继续流失，涌入城市。城镇化是一种新趋势，为了避免土地浪费的情况越来越严重，如今更应该采取相应的措施盘活农村闲置土地资源。

根据党的十九届五中全会的精神，探索宅基地所有权、资格权、使用权分置的实现形式，为农产品主产区、生态功能区的进城农村村民有偿退出宅基地使用权、资格权提供了政策前提。

2018 年，农村空置宅基地有 3000 万亩，相当于城市建成区总面积的 37%，因为我国城市中居住用地一般占城市建成区的 30%左右，而农村宅基地闲置面积比现有城市中所有的住宅用地总量都要多，大量浪费了土地资源。宅基地复垦解决了农村缺少充分的耕地复垦后备资源的问题，这是一种集约节约。西方在城市化进程中没有减少耕地，耕地反而有所增加。这是因为人在农村居住的时候比较分散，城市比较节约和集约。由于中国的进城农村村民在农村和城市两头占用住宅土地，所以才会出现过去 40 年中国减少 3 亿多亩耕地的现象。宅基地退出制度的缺失致使闲置宅基地找不到合法的退出途径，进城农村村民财产性权利无法表达，进城农村村民在农村和城市两头占地，导致快速城镇化进程中农村宅基地面积不减反增。

为了应对农村资源不被浪费的问题，国家提出“四个允许”来盘活农村闲置资源，让农民受益。国家推进了新的一轮宅基地改革试点工作。一是允许继承后的多宅确权，先前农村地区村民由于继承了父辈的房屋，出现了“一户多宅”的现象。如今随着宅基地工作的进行，我国提出村民退出宅基地的可给予相应补偿，村民通过继承父辈的房子多占了宅基地的情况，也可以登记备注为由于继承而形成的“一户多宅”。二是允许闲置的宅基地入市，在农村地区，宅基地空置率极高，2018 年平均水平已经超过 10%。随着大量的农村劳动力流失，农村房子大量空置。还有一部分村民是因为在农村种地的收益过低，为盖新房或盖了新房后因为资金不足，离开农村进城务工。为了盘活农村闲置宅基地和农房，我国现在也提出了一项新举措。将农村闲置的大量宅基地和房屋，进行入市工作。鼓励多宅的村民有偿退出宅基地，让村民自愿退出宅基地，将退出的宅基地纳入集团经营性建设用地，也让村民获得收益。三是允许村民依法有偿退出宅基地，有许多村民由于进城务工后便在城镇落户了，即使农村有继承的房屋，但由于工作性质等常年不回去居住。虽说户口已经迁出农村，没有了宅基地使用权，但是建造的房屋依然是村民的私有财产，只要房子还在一天，村集体就不能将这块土地的宅基地使用权回收，这样对于村集体来说也是一种土地资源的浪费。为了解决这一问题，我国部分地区做出试点工作，探寻合理的有偿退出农村宅基地的机制，让在城镇落户的村民依法退出宅基地和农房，并给予一定的补偿，而对于退回到村集体的宅基地可以进行重新分配利用。四是允许资本下乡合作改造农房，近年来，我国在部分地区实施了宅基地“三权分置”措施，通过“三权分置”的方式将村民自家的无人居住的房屋进行出租或者进行自营项目等，以此来盘活闲置的农村资产，让农民可以利用出租闲置的农房或进行自营项目来实现经济增收。现如今，为了让闲置宅基地利益最大化，我国允许在城中居住人员进入乡村和农民合作对闲置宅基地进行改造。例如，在城中居住人员有去农村改造自建房的需求，可以通过下乡与村民合作改造农房的方法，改造自建房养老，也可以和当地村民合作展开自营项目，如农家乐、旅游小镇、民宿等。

通过创新宅基地所有权、资格权、使用权分置的实现形式，让农产品主产区、生态功能区的进城农村村民有偿退出宅基地使用权、资格权，复垦进城农村村民退出的宅基地为耕地，产生新的建设用地指标，实现全国性的建设用地补充耕地指标跨区域交易，实现由于复垦宅基地产生的新的建设用地指标由县域内、省域内向跨省域三个层次的跨区域交易。有助于进城农村村民退出宅基地使用权、资格权获得财产性收益，助力他们获得落户城市租购并举的住房权；有助于农村集体组织凭借宅基地所有权获得城市反哺农村的资金，助力乡村振兴；有助于我国城市化进程中现有规模耕地的保护，实现城市发展耕地不再减少的目标；有助于城市化地区获得新增加的建设用地指标，使产业和人口向城市化地区集中，形成以城市群为主要形态的增长动力源；有助于立足于国内大循环的“双循环”格局形成。

我国经济发展的空间结构正在发生深刻变化，在城市化进程中确保现有耕地面积不再减少和城市化地区建设用地指标严重匮乏，是两个影响我国经济发展全局的关键性问题。

党的十九届五中全会《中共中央关于制定国民经济和社会发展第十四个五年规划和二〇三五年远景目标的建议》提出城市化空间结构的变化。要形成三大空间格局：城市化地区、农产品主产区、生态功能区。随着城市化的不断进行，我国的经济发展空间结构已经发生变化，发展成了承载发展要素的主要空间形式。

城市化地区聚集着产业，产业布局也会偏向城市化地区，人口向城市化地区聚集。形成以城市群为核心的新的增长动力。目前，城市化地区普遍存在耕地保护与保障经济社会发展用地矛盾的难题，随着城市化进程的发展，今后这一矛盾将更加尖锐。我国耕地处于紧平衡状态，2020 年全国人均粮食只有 480 公斤。习近平总书记强调：“保障国家粮食安全是一个永恒的课题，任何时候这根弦都不能松。”耕地关系到国家安全，基本保护农田不能动，耕地保护红线不能突破。

在国土空间规划体系下，我国逐步形成城市化地区、农产品主产区、生态功能区三大空间格局，顺应市场经济的发展规律，形成三大空间的区域发展格局，以土地财政谋城市发展的传统路径已经走到尽头，牺牲农业来反哺工业的发展方式难以维系。在非农建设占用耕地严格落实了占补平衡的情况下，城市化地区未来所需要的建设用地指标不可能再占用现有的耕地，所需的新增建设用地指标的来源应该是农产品主产区、生态功能区闲置宅基地的复垦。

在一个地区一个国家可以实现按比较优势分工。中心城市和城市群整体上讲发展条件比较好，能够实现制造业和服务业的比较优势，充分发挥人口集聚地的规模经济效益。当中心城市和城市群集聚制造业和服务业时，其他地区相应来讲就更多地承担农业功能、生态保护区功能，在经济上更多地承载农业、旅游、自然资源等行业。

2019 年 12 月习近平总书记在《求是》杂志上发表《推动形成优势互补高质量发展的区域经济布局》，指出："我国经济发展的空间结构正在发生深刻变化，中心城市和城市群正在成为承载发展要素的主要空间形式。"

习近平总书记明确提出了新形势下区域协调发展的总思路："增强中心城市和城市群等经济发展优势区域的经济和人口承载能力，增强其他地区在保障粮食安全、生态安全、边疆安全等方面的功能。"

习近平总书记深刻指出："产业和人口向优势区域集中，形成以城市群为主要形态的增长动力源，进而带动经济总体效率提升，这是经济规律。"

将主体功能区规划、土地利用规划、城乡规划等空间规划融合为统一的国土空间规划，是党中央做出的重大决策部署。2020 年 1 月 1 日施行的《中华人民共和国土地管理法》对国土空间规划体系的编制提出了明确的要求，2021 年 9 月 1 日施行的《中华人民共和国土地管理法实施条例》用"国土空间规划"取代原来的"土地利用总体规划"，明确了国土空间规划的效力和内容，规定国土空间规划应当统筹布局农业、生态、城镇等功能空间，划定落实永久基本农田、生态保护红线和城镇开发边界。国土空间规划应当包括国土空间开发保护格局和规划用地布局、结构、用途管制要求等内容，明确建设用地规模、耕地保有量、永久基本农田保护面积和生态保护红线等要求，提高土地节约集约利用水平，保障土地的可持续利用。在国土空间规划体系下，对我国土地制度与规划、土地利用规划，特别是建设用地的利用都提出了全新的要求。

第2章　农村建设用地中宅基地使用的历史演进

农村土地主要分为农用地、农村经营性建设用地、宅基地。农用地中的耕地主要用于粮食和棉、油、糖、蔬菜等农产品生产，永久基本农田按粮田管理。国家对耕地特别是永久基本农田实行特殊保护，严格用途管制，坚决遏制耕地“非农化”、严格管控“非粮化”，从严控制耕地转为其他农用地。第三次全国国土调查数据显示我国现有耕地约19.18亿亩。2020年1月1日，新修订的《中华人民共和国土地管理法》施行，通过缩小征地范围、提高征地补偿标准、完善征地程序，缚住了地方政府征收土地的旧做法；农村集体经营性建设用地转变为与国有土地同权，可以直接入市。农村集体经营性建设用地改革与农村征地制度改革、宅基地管理制度改革，并称为农村土地制度三项改革。农村土地制度三项改革中，深化农村宅基地改革是土地要素市场化未来改革的主要突击方向，深化农村宅基地制度改革可以撬动整个土地要素市场化的改革。

宅基地是一个约定俗成的概念，指家庭户用作住宅基地而占有的土地。全国约有4亿亩宅基地，包括农村宅基地和城市中遗留的少量宅基地(如四合院的老屋)[15]。鉴于当前城镇住宅大多是房地产开发商建造的楼房，一般住户不涉及宅基地的概念，所以宅基地通常指农村宅基地。农村宅基地是农村村民用于建造住宅及其附属设施的集体建设用地，包括住房、附属用房和庭院等用地，不包括与宅基地相连的农业生产性用地、农户超出宅基地范围占用的空闲地等土地。

农村宅基地包括已建房屋的土地、建过房屋但已无上盖物而不能居住的土地及准备用于建房的规划地三种类型[16]。农村宅基地是农村土地的重要组成部分，作为村民重要的生活资料，是农民的安身立命之所。因此，农村宅基地相关权利制度与农民切身利益息息相关，是关系农村经济发展和社会稳定的重要制度。我国农村宅基地没有专门立法，长期以来农村宅基地由法律和政策共同规范、调整[16]。

中华人民共和国成立至今，宅基地制度经历了土地私有制到公有再到集体所有的大变化，逐步演变形成一套具有中国特色的土地制度体系。其基本特征是集体所有、成员使用，一户一宅、限定面积，无偿取得、长期占有，规划管控、内部流转。这一制度安排在保障农村“户有所居、民不失所”等方面发挥了极为重要的作用，促进了农村经济发展和社会稳定。

我国农村宅基地制度发展完善过程，基本以1978年为分水岭，分为改革开放前和改革开放后两大阶段：根据土地制度与土地管理制度的演变，按照时间顺序又可以进一步细分为土地(含宅基地)私人所有时期(1949～1953年)、农业合作社时期(1953～1956年)、人民公社时期(1956～1978年)、改革开放初期(1978～1985年)、城乡土地统管时期

(1986～1996 年)和城乡土地管理体制转轨时期(1997 年至今)六个时期[17]。

随着我国经济的高速增长、城镇化的迅速扩张，土地管理制度的不断变革，农村宅基地管理重点与方向也必将呈现出新的发展趋势和变化。2018 年，中央一号文件做出改革部署，提出探索宅基地所有权、资格权、使用权的“三权分置”。其中，所有权要求落实宅基地集体所有制，资格权保障农户拥有宅基地的资格权和房屋财产权，使用权指向对宅基地和农民房屋使用权的适当放活。

通过文献研究发现，我国不乏对农村宅基地管理制度变迁、法律属性、宅基地管理面临的困境等问题的相关研究，但研究中就其演变过程中的法规制度变化及时代特征的探究不够清晰。据此，本章将按照时间顺序对农村宅基地法律制度、农村宅基地政策制度的演化脉络与时代特征进行梳理阐述。

2.1　改革开放前的农村宅基地制度演变

2.1.1　土地(含宅基地)私人所有时期(1949～1953 年)

旧中国的土地制度极不合理，占农村人口总数不到 10%的地主、富农约占有农村 70%～80%的耕地，而占农村人口总数 90%以上的贫农、雇农和中农，却只占有 20%～30%的耕地。地主阶级依靠占有的大量土地，对广大劳苦农民群众进行残酷的封建剥削和压迫，导致贫农、雇农和中农终年辛勤劳动，却不得温饱。这种极不合理的生产关系，严重地束缚着生产力的发展，阻碍着中国社会的进步，成为旧中国贫穷落后的主要根源之一。

抗日战争胜利后，党中央为适应广大农民的土地要求，消灭封建土地所有制，实现“耕者有其田”，于 1946 年 5 月 4 日发出《关于土地问题的指示》，简称《五四指示》[18]。该指示决定将减租减息的政策改为没收地主土地分配给农民，这一决定为土地革命指明了方向。《五四指示》发出后，各解放区根据指示精神，迅速开展土地改革运动。至 1947 年 2 月，各解放区已解决 2/3 地区的土地问题，这一举措极大地巩固了解放区、加强了人民对解放战争的支援。与抗日战争期间的减租减息政策相比，明确没收地主土地分配给农民，保障了农民对土地的所有权是《五四指示》的最大变化[19]。

1947 年 7～9 月，由毛泽东主持，中国共产党在河北省平山县西柏坡村召开全国土地会议。这次会议总结了《五四指示》以来土地改革的经验，制定和通过彻底实行土地改革的《中国土地法大纲》，并于 10 月 10 日经中共中央批准正式公布[20]。其中规定：废除封建半封建剥削的土地制度，实行“耕者有其田”的土地制度；乡村农会接收地主的牲畜、农具、房屋、粮食及其他财产，并征收富农上述财产的多余部分；乡村中一切地主的土地及公地，由乡村农会接收，连同乡村中其他一切土地，按乡村全部人口，不分男女老幼，统一平均分配。在这一大纲的指引下，土地改革运动在解放区广大农村迅速掀起[21]。

中华人民共和国成立前夕通过的《中国人民政治协商会议共同纲领》，是一部起临时宪法作用的文件。其中第 27 条规定：“凡已实行土地改革的地区，必须保护农民已得土地的所有权。凡尚未实行土地改革的地区，必须发动农民群众，建立农民团体，经过清除土匪恶霸、减租减息和分配土地等步骤，实现‘耕者有其田’。”按照《中国人民政治协商会议共同纲领》的规定，国家要“有步骤地将封建半封建的土地所有制改变为农民的土地所有制。”

土地改革运动改变了旧社会大量土地掌握在少数地主、富农手中所造成的土地分配不均现象。1950 年 6 月颁布实施的《中华人民共和国土地改革法》是一部标志性的法律文件，文件明确了土地所有制度、没收地主财富类型、征收工商业家农村房屋、土地和生产资料的分配问题等相关制度，其相关条文内容见表 2-1。

表 2-1 《中华人民共和国土地改革法》相关土地条文(节选)

条文	相关条文内容
第一条	废除地主阶级封建剥削的土地所有制，实行农民的土地所有制
第二条	没收地主的土地、耕畜、农具、多余的粮食及其在农村中多余的房屋
第四条	工商业家在农村中的土地和原由农民居住的房屋，应予征收
第十条	所有没收和征收得来的土地和其他生产资料，除本法规定收归国家所有者外，均由乡农民协会接收，统一地、公平合理地分配给无地、少地及缺乏其他生产资料的贫苦农民所有
第三十条	土地改革完成后，由人民政府发给土地所有证，并承认一切土地所有者自由经营、买卖及出租其土地的权利

1950 年 11 月 25 日《中央人民政府内务部关于填发土地房产所有证的指示》规定，凡土地改革已经完成的地区，一律颁发土地房产所有证，农村宅基地房产农民私有得到确认。其后，按照《农村人民公社工作条例(修正草案)》和《中共中央关于各地对社员宅基地问题作一些补充规定的通知》，形成事实上的农民凭借其在集体经济组织中的地位无偿取得宅基地的法律传统，并延续下来[22]。

《中华人民共和国土地改革法》的面世确定了土地所有权的私人所有制度，由政府发布的《中华人民共和国房地权证书》被大部分地区农民所领取。通过土地改革，新中国政府把封建土地地主所有制转变为农民个体土地所有制，农民获得了较为完全的土地权利，真正实现了“耕者有其田、居者有其屋”的目标[22]。

在党的正确领导下，到 1953 年春，除部分少数民族地区外，我国大陆普遍实行了土地改革[23]。土地改革运动，从经济基础上彻底摧毁了地主阶级，同时也削弱了富农阶级。没收或征收的土地、财产全部分给了贫雇农和部分下中农，使全国无地和少地的 3 亿多贫苦农民无偿分得了约 7 亿亩土地和大批生产资料，基本上满足了农民对土地的要求。同时，农民无偿取得了宅基地，享有宅基地的所有权，国家通过发放土地房产所有证保证农民切实拥有上述权益。

1954 年 9 月 20 日第一届全国人民代表大会通过《中华人民共和国宪法》(简称五四宪法)，首次以宪法的形式明确了国家应保护农民土地等生产资料所有权、房屋等生活资料所有权和私有财产继承权，具体内容见表 2-2。

表 2-2 《中华人民共和国宪法》相关土地条文

条文	相关条文内容
第八条	国家依照法律保护农民的土地所有权和其他生产资料所有权
第十一条	国家保护公民的合法收入、储蓄、房屋和各种生活资料等的所有权
第十二条	国家依照法律保护公民的私有财产的继承权

据此，1949 年 9 月至 1953 年，可称为“宅基地私人所有”时期。从 1946 年发出《五四指示》到 1953 年的土地改革实质上完成了土地所有制的改变——完全实现农村土地制度由封建地主土地所有制向农民土地所有制的转变。这一时期宅基地法律制度体现的是保障农民居住权的理念，农民以个人为单位、平均分配为标准，无偿取得宅基地，并且获得政府颁布的房地权证书，实现了“居者有其屋”的目标[22]。这一阶段，宅基地所有权与房屋所有权两权主体合一，即确定了农民对宅基地和房屋的所有权人地位，宅基地可以根据私人意愿买卖、出租、继承，其他方式流转也都不受法律限制[22]。

2.1.2 农业合作社时期(1953～1956 年)

解放战争时期，各解放区的农民经过土地改革，生产积极性空前高涨，大大促进了农业的发展。与此同时，土地改革运动后农民虽然摆脱了几千年的封建剥削，分得土地、房屋和生产工具，但广大农村仍然是一家一户一个生产单位，这种小农经济在发展生产上有很大的局限性，不能合理使用劳动力、土地、工具，也不能利用新技术，劳动生产率还是很低，农民还无法彻底摆脱贫困。特别是随着解放战争的发展，战争的规模越来越大，需要的战勤人员也越来越多，这就产生了农业劳动力大量减少、战勤人员家中土地耕种困难及支付战争的合理费用等问题[24]。因此，一些革命根据地就已出现由农民创办的合作社。1949 年后，随着合作运动的不断发展，一些合作社制定了自己的社章，有些省则根据本地区农业合作发展情况制定了合作社试行章程。1954 年 1 月，中央农村工作部部长邓子恢建议制定一个全国性的农业合作社章程，以避免地方上乱定规则而影响合作运动。随后，农村工作部组织力量，总结办社经验，草拟《农业生产合作社示范章程》草案，准备以此来规范各地合作化行为[25]。

1955 年 11 月 9 日，第一届全国人民代表大会常务委员会第二十四次会议通过了《农业生产合作社示范章程》，根据该章程第三条规定，农业生产合作化分为初级阶段和高级阶段，前者属于半社会主义性质，在该阶段中，合作社已经有一部分公有的生产资料，对于社员交来的统一使用的土地和其他生产资料，合作社不仅保留社员的所有权，还对社员给予相应的报酬。这表明，在初级生产合作社阶段，社员上交的土地和其他生产资料所有权仍归社员私人所有，合作社只具有有偿使用权。该章程还规定，社员们原有的坟地和房屋地基不上交合作社，而且社员新修房屋时所需的地基和坟地由合作社协商解决，必要时，合作社可以向乡人民委员会请示解决。

在初级农业生产合作社的基础上，高级农业生产合作社逐步建立起来，与之相配套的《高级农业生产合作社示范章程》于 1956 年应运而生，该章程对土地和宅基地的所有权问题做了进一步规定，具体条文内容见表 2-3。从第十三条可以看出，高级农业生产合作社阶段确立了农村土地集体所有制，土地等主要生产资料的所有权从农民私人变为合作社集体。第十六条表明，与生产资料不同的是，农民宅基地仍归私人所有，农民抵押、租赁和买卖房屋的权利仍然受法律保护。

表 2-3 《高级农业生产合作社示范章程》相关土地条文

条文	相关条文内容
第十三条	入社的农民必须把私有的土地和耕畜、大型农具等主要生产资料转为合作社集体所有
第十六条	社员原有的坟地和房屋地基不必入社。社员新修房屋需用的地基和无坟地的社员需用的坟地，由合作社统筹解决，在必要的时候，合作社可以申请乡人民委员会协助解决

1953～1957 年的农业生产合作社包含初级、高级两个阶段，我们称之为互助农业合作社时期。在农业合作化过程中，初级阶段农民土地和其他生产资料仍归社员所有，同时随着土地等生产资料入股合作社经营，会获得一定报酬，高级阶段土地等主要生产资料的所有权从农民私人所有变为合作社集体所有。从两阶段的合作社示范章程来看，农民宅基地和房产仍归农民个人所有，农民抵押、租赁和买卖房屋的权利仍然受到法律保护，而且农民可以根据需求向合作社进行申请，无偿获得宅基地所有权。

2.1.3 人民公社时期（1956～1978 年）

早在农业合作化运动的鼎盛时期，在我国农村建立“大社”的思想就已经崭露头角。为了更好地迎接第二个五年计划，实现进一步发展农业生产，中共中央、国务院于 1957 年 9 月 24 日发出了《关于今冬明春大规模地开展兴修农田水利和积肥运动的决定》，于是，1957 年冬至 1958 年春出现了农田水利建设高潮，一些地方出现了大型的联队、联社。毛泽东认为，办“大社”符合以大兴水利为特点的农业生产建设的发展需要，应当大力提倡[26]。

1958 年 3 月，中共中央政治局成都会议通过了《关于把小型的农业合作社适当地合并为大社的意见》，指出：“为了适应农业生产和文化革命的需要，在有条件的地方，把小型的农业合作社有计划地适当地合并为大型的合作社是必要的。”由此可以看出，人民公社由最初的迅速发展农田水利化，逐步结合了文化革命。1958 年 7 月 1 日《红旗》杂志第 3 期《全新的社会，全新的人》一文，关于人民公社的论述中首次提出“人民公社”的名字，且明确地提出人民公社要农业和工业相结合。此时人民公社成立的目的已不只是为了满足农业大生产，还旨在更好地发展工业。

1958 年 7 月《红旗》杂志发表《嵖岈山卫星人民公社试行简章（草稿）》，规定不仅各农业合作社随着合并为大公社应交出一切公有财产，而且社员转入公社，也应交出全部自留地，并将私有的房基地及其他生产资料转为公社公有。在农业合作社时期，农民宅基地及其他生活资料，未纳入改造范畴，从《嵖岈山卫星人民公社试行简章（草稿）》可见，新建立的人民公社基本上都实行公社所有制，农村宅基地等部分生活资料也开始实行公社统一核算。

1958 年 8 月，中共中央政治局北戴河会议通过了《关于在农村建立人民公社问题的决议》(简称《决议》)，推行人民公社化运动，撤乡、镇并大社，以政社合一的人民公社行使乡镇政权职权，农业生产合作社改称生产大队。《决议》下达后，人民公社化运动的热潮迅速在全国范围内形成。短短几个月，参加人民公社的农户的人数占全国总农户的99%以上，全国农村基本上实现了人民公社化。针对“大跃进”和人民公社化运动带来的问题，从 1958 年 11 月郑州会议起，中央针对有关政策进行多次调整，在维持公社、生产大队和生产队“三级所有”的基础上，农村土地所有制的基本形式经历了从“社为基础”到“大队为基础”再到“生产队为基础”的过程[27]。于 1962 年 2 月 13 日，中共中央正式通过了以生产队作为人民公社的基本核算单位，并将其作为长期不变的根本制度来实行。至此，原本归各农业合作社集体所有土地等生产资料、公共财产和社员所有坟地、宅基地等部分生活资料所有权和使用权都无偿收归人民公社三级所有。

1962 年 9 月 27 日党的八届十中全会正式通过并颁布了《农村人民公社工作条例(修正草案)》(简称《人民公社六十条》)，该草案重申了“三级所有，队为基础”的管理体制，在人民公社，生产队作为最基本的核算单位；社员对于个人所有的房屋等生活资料享受永久的所有权，并且可以对房屋进行合理的买卖、租赁；如社员房屋被征用应给予补偿；此时社员新修住宅依然可以无偿申请宅基地使用权，与合作社时期相比，增加了符合统一规划的限定。具体内容见表 2-4。

表 2-4　《人民公社六十条》相关条文

条文	相关条文内容节选
第二十条	生产队是人民公社中的基本核算单位
第二十一条	生产队范围内的土地，都归生产队所有。生产队所有的土地，包括社员的自留地、自留山、宅基地等等，一律不准出租和买卖 生产队所有的土地，不经过县级以上人民委员会的审查和批准，任何单位和个人都不得占用。要爱惜耕地。基本建设必须尽可能地不占用或者少占用耕地
第四十四条	要保障社员个人所有的一切生活资料，包括房屋、家具、衣被、自行车、缝纫机等，以及在银行、信用社的存款永远归社员所有，任何人不得侵犯
第四十三条	社员的房屋，永远归社员所有 社员有买卖或者租赁房屋的权利。社员出租或者出卖房屋，可以经过中间人评议公平合理的租金或者房价，由买卖或者租赁的双方订立契约 任何单位、任何人，都不准强迫社员搬家。任何机关、团体和单位，都不能占用社员的房屋。如果因为建设或者其他的需要，必须征用社员的房屋，应该严格执行国务院有关征用民房的规定，给以补偿，并且对迁移户作妥善的安置 国家和人民公社的各级组织，应该在人力、物力等方面，对于社员修建住宅，给以可能的帮助。社员新建房屋的地点，要由生产队统一规划，尽可能不占用耕地

从上述条款可见，首次出现了宅基地所有权与宅基地使用权相分离管理制度，所有权归生产队所有，使用权归社员所有，并且允许出租和买卖房屋。由人民公社化的进程可以看出，农村宅基地所有权的变更并不是通过等价交换原则建立的，而是通过无偿平调完成的，这种土地权利制度于 1975 年出台的《中华人民共和国宪法》中再次得以确认[22]。

针对贯彻执行《人民公社六十条》中对社员宅基地所有权归生产队所有，宣传解释不一，导致有些地方发生乱伐宅基地内树木和出卖房屋的过激行为现象。1963 年 3 月 20 日中共中央出台《关于各地对社员宅基地问题作一些补充规定的通知》，提出四条补救措施。①社员的宅基地，包括有建筑物和没有建筑物的空白宅基地，都归生产队集体所有，一律不准出租和买卖。但仍归各户长期使用，长期不变，生产队应保护社员的使用权，不能想收就收，想调剂就调剂。②宅基地上的附着物，如房屋、树木、厂棚、猪圈、厕所等永远归社员所有，社员有买卖或租赁房屋的权利。房屋出卖以后，宅基地的使用权即随之转移给新房主，但宅基地的所有权仍归生产队所有。③社员需新建房又没有宅基地时，由本户申请，经社员大会讨论同意，由生产队统一规划，帮助解决，但尽可能利用一些闲散地，不占用耕地，必须占用耕地时，应根据《人民公社六十条》规定，报县人民委员会批准，社员新建住宅占地无论是否耕地，一律不收地价。④社员不能借口修建房屋，随便扩大墙院，扩大宅基地，来侵占集体耕地，已经扩大侵占的必须退出。相比《人民公社六十条》，《关于各地对社员宅基地问题作一些补充规定的通知》第一次明确提出了宅基地所有权与使用权相分离、宅基地所有权与其上的房屋所有权相分离；确定了宅基地使用权无偿取得制度；并且明确农村宅基地使用权的长期性，确认了农村宅基地使用权随房屋所有权的转移而转移；对于新建房屋宅基地使用权取得审批程序也做出了相应规定。

1963 年 8 月 28 日《最高人民法院关于贯彻执行民事政策几个问题的意见(修正稿)》进一步明确了《关于各地对社员宅基地问题作一些补充规定的通知》中四条补救措施所确定的宅基地无偿取得和房地分离、宅基地上房屋可以出租的制度等内容。1975 年和 1978 年分别颁布的《中华人民共和国宪法》从宪法层面确认了人民公社“三级所有，队为基础”的经济体制，否认个体经济的存在。其第六条规定：“国家可以依照法律规定的条件，对城乡土地和其他生产资料实行征购、征用或者收归国有。”第九条规定：“国家保护公民的劳动收入、储蓄、房屋和各种生活资料的所有权。”第二十八条规定：“公民的住宅不受侵犯。”

从 1956 年农村基本上实现了农业合作化开始，经过 1958 年全国推行大规模的人民公社化运动和 1961 年确立“三级所有，队为基础”的人民公社体制，到 1978 年人民公社的历史使命基本结束，农村宅基地私人所有制度逐渐变为合作社、生产队所有制，即集体所有[17]。在人民公社这一阶段，确立了农村宅基地所有权与宅基地使用权相分离。

至此，我国农村宅基地制度框架基本形成，从农村宅基地所有权方面出发，可简洁概括为生产队(即集体)拥有农村宅基地的所有权；从农村宅基地使用权角度出发可总结出以下特点：一是生产队社员可通过申请无偿获得宅基地的使用权，这一使用权具有长效性且长期不变，二是生产队所有的农村宅基地严禁出租、买卖；从利用宅基地新建房角度出发来看，这一阶段社员建新房须由本户申请，经社员大会(生产队)讨论同意，统一规划新建房屋地点，保证社员修建房屋不侵占集体耕地；明确房屋买卖与宅基地所有关系，需要遵守三个要求：一是房屋所有权与宅基地使用权自然状态不可分割，即社员房屋出卖后，宅基地的使用权即随之转移给新房主，二是不准单独出租、买卖及擅自转让宅基地的使用权，三是宅基地上的房屋(附着物)财产权归社员私人所有，社员有买卖或租赁房屋的权利；从宅基地保护及宅基地使用权保护角度出发，宅基地制度相关规定受法律保护，社员的房屋被征用，妥善安置迁移户的同时需给以相应补偿。

虽然这一阶段的宅基地相关政策较为清晰，农民具有使用宅基地的权利，但由于农民宅基地使用权不予登记，并且没有获得新建房屋产权证书，宅基地使用权性质不明，导致了房屋所有权与宅基地使用权法律规则的矛盾[22]。

2.2　改革开放后农村宅基地制度的演变

2.2.1　改革开放初期(1978～1985 年)

我国农村土地制度变迁发端于农用地，1978 年安徽凤阳县小岗村 18 户农民分田单干，包产到户，是我国最早的农业生产责任制(家庭联产承包责任制)，揭开了中国农村改革的序幕。此后，“土地集体所有、家庭承包经营、长期稳定承包权、鼓励合法流转”的新型农村土地制度开始登上历史舞台。推行土地承包责任制，在实现农业生产力极大解放的同时，农村经济迅速恢复，农民收入明显提高。

1979 年 2 月 2 日《最高人民法院关于贯彻执行民事政策法律的意见》(简称《意见》)(后由《中华人民共和国民法通则》等法律所代替)为解决宅基地问题明确规定：当社员宅基地存在使用权纠纷等问题时，需要根据一个所有权(即土地归国家或集体所有)、一个原则(即一律不准出租和买卖)、保护两个利益(即国家和集体利益)，同时照顾两个实际需要(即历史情况和群众实际需要)，来处理使用权的纠纷问题。《意见》中对具体问题处理办法的说明见表 2-5。

表 2-5　《意见》关于宅基地使用权纠纷问题的处理办法

宅基地纠纷问题	处理办法
凡是当地仍按土地改革时所确定的宅基地的所有权，改变为使用权的	宅基地的使用权不变
凡是当地宅基地已经统一规划过的	按规划后确定的社员宅基地的使用权处理
凡是经过合法手续已进行调整的	按调整的决定处理（如宅基地使用权确有必要变更的，人民法院应根据党和国家的政策法律规定，与有关部门共同研究，妥善处理）
社员在宅基地上种植的果树和竹木等	均归社员所有

在农村经济快速恢复的背景下，农民提高住房质量的需求日益迫切，大部分农村地区涌现建房热潮。为了遏制农村建房中的不良风气，如滥用耕地、违法占地等，不断强化宅基地管理，改革体制、完善机制，国家相继出台一系列法律和指导文件，以逐步形成较为独特的宅基地管理制度。

1981 年 4 月 17 日出台《国务院关于制止农村建房侵占耕地的紧急通知》(简称《通知》)，《通知》严肃规定农村建房必须统一规划、合理布局、节约用地，并进一步强调相关土地的所有权问题，指出社员对相关土地的使用权，要求政府严格检查占地情况。具体条例见表 2-6。

表 2-6 《通知》对农村建房占地的要求

相关问题	具体条例
建房用地	农村建房用地，必须统一规划、合理布局、节约用地。农村社队要因地制宜，搞好建房规划，充分利用山坡、荒地和闲置宅基地，尽量不占用耕地
土地所有	必须重申，农村社队的土地都归集体所有
社员相关土地使用权利	分配给社员的宅基地、自留地(自留山)和承包的耕地，社员只有使用权，既不准出租、买卖和擅自转让，也不准在承包地和自留地上建房、葬坟、开矿、烧砖瓦等
占地情况	各级政府对农民建房和社队企业占地情况，要进行一次检查。对于任意侵占耕地建房、不经批准强行占地及建房占地过多的，要严肃处理。对社队企业占而不用的土地，要责令退出

1982 年 2 月 13 日国务院发布《村镇建房用地管理条例》(但该条例于 1986 年被《中华人民共和国土地管理法》明令废止)，作为改革开放后首个农村用地建设管理的法规，其含有不少创新性规定：首次提出农村用地用途管制，如农村人民公社的土地归公社所有；首次明确城乡用地分治原则，如严禁买卖、出租和违法转让建房用地；首次界定城镇规划与土地利用规划的关系，如位于城市规划范围内的村镇，应根据城市规划的要求制定村镇规划；首次提出农村宅基地限额要求，并给非农业户口人员回乡建房留下了一定空间，如农村社员或返乡定居需要宅基地建房的人员，可通过上级组织讨论、批准获得宅基地使用证明；首次提出宅基地的退出办法，如未经批准擅自占用集体土地建房或进行建设的，限期将土地退回集体，并处以罚款。具体规定见表 2-7。

表 2-7 《村镇建房用地管理条例》的创新性规定

创新	规定条例
首次提出农村用地用途管制	农村人民公社、生产大队、生产队的土地，分别归公社、大队、生产队集体所有。社员对宅基地、自留地、自留山、饲料地和承包的土地，只有按照规定用途使用的使用权，没有所有权。不得在自留地、自留山、饲料地和承包的土地上建房、葬坟、开矿和毁田打坯、烧砖瓦等(第 4 条)
首次明确城乡用地分治原则	严禁买卖、出租和违法转让建房用地(第 4 条) “任何机关、企业、事业单位和个人不准擅自占地建房、进行建设或越权批准占用土地”，“全民所有制单位，包括同社队联营的企业在内，其建设用地，应按国家建设征用土地的规定办理。非农业人口兴办的集体所有制企业建设用地，参照国家建设征用土地的规定办理”（第 5 条)
首次界定村镇规划与土地利用规划的关系	“应充分利用农业区划和土地利用规划的成果，在确定的村镇用地范围内，按照因地制宜、节约用地、有利生产、方便生活、合乎卫生、绿化环境的要求，合理安排社员的宅基地和公共建筑、生产建筑、公用设施、场院、道路、绿化等用地”，“位于城市规划范围内的村镇，应根据城市规划的要求制订村镇规划”（第 7 条)
首次提出了农村宅基地限额要求	社员建房用地，由省级人民政府根据山区、丘陵、平原、牧区、城郊、集镇等不同情况，分别规定用地限额，县级人民政府根据省级人民政府规定的用地限额，结合当地的人均耕地、家庭副业、民族习俗、计划生育等情况，规定宅基地面积标准（第 9 条) 集镇内非农业户建房用地的面积标准，由县级人民政府参照当地城镇居民的平均居住水平做出规定（第 12 条) 农村社员，回乡落户的离休、退休、退职职工和军人，回乡定居的华侨，建房需要宅基地的，应向所在生产队申请，经社员大会讨论通过，生产大队审核同意，报公社管理委员会批准；确实需要占用耕地、园地的，必须报经县级人民政府批准。批准后，由批准机关发给宅基地使用证明（第 14 条)
首次提出宅基地的退出办法	由于买卖房屋而转移宅基地使用权的，应按第 14 条的规定办理申请、审查、批准手续（第 15 条第 1 款) 出卖、出租房屋的，不得再申请宅基地（第 15 条第 2 款) 社员迁居并拆除房屋后腾出的宅基地，由生产队收回，统一安排使用（第 15 条第 3 款) 未经批准擅自占用集体土地建房或进行建设的，限期将土地退回集体，并处以罚款。造成经济损失的，责令赔偿。对于社队干部和国家工作人员，还应根据情节给予行政处分。建房或建设用地超出批准数量的，批准后占而不用的，限期将土地退回集体（第 20 条) 出卖或出租建房田地的，限期将土地退回集体，没收全部所得款项，并处以罚款。对于社队干部和国家工作人员还应根据情节给予行政处分（第 21 条)

以上规定，在农村宅基地所有权和使用权分离的基础上进一步进行了农村用地用途管制、城乡用地分治、界定村镇规划与土地利用规划关系、农村宅基地限额要求、非农业户口回乡建房、农村宅基地退出等方面的制度细化，对当时宅基地管理制度的形成具有奠基意义。

紧接着，1982 年 10 月 29 日《中共中央办公厅国务院办公厅转发书记处农村政策研究室城乡建设环境保护部〈关于切实解决滥占耕地建房问题的报告〉的通知》提出两个要求。一是必须控制占用耕地建房。当前的农村建房只能建在现有的宅基地空地面积上。要以节约土地为本，将村、镇作为基本单位，做出村、镇建设的全面规划，后经人民政府批准才可实施建房计划。二是坚决制止干部带头占地建房。各地要立即展开对滥占耕地建房问题的检查，严打典型案件并登报公开。在宣传报道农村改善居住条件时，宣传重点应放在规划合理、用地节约、居住条件改善良好的先进事例上，杜绝宣传不利于节约土地的案例，如庭院宽敞、农民富裕后盖房多等案件。同年，1982 年《中华人民共和国宪法》修改颁布并在第 10 条再一次规定宅基地的所有权归属、利用方式并明确国家依法保护相应权利，这在我国土地制度发展史上是一件具有里程碑意义的事件。1982 年《中华人民共和国宪法》相关规定见表 2-8。

表 2-8　1982 年《中华人民共和国宪法》对宅基地使用规定及权利保护相关条例

条例	具体内容
第 10 条第 3 款	城市的土地属于国家所有，农村和城市郊区的土地，除由法律规定属于国家所有的以外，属于集体所有；宅基地和自留地、自留山，也属于集体所有 国家为了公共利益的需要，可以依照法律规定对土地实行征用
第 10 条第 4 款	任何组织或者个人不得侵占、买卖、出租或者以其他形式非法转让土地
第 13 条第 1 款	国家依照法律规定保护公民的私有财产的继承权

包括宅基地在内的农村土地实行集体所有制度，既是对前 30 多年以集体化为取向的农村土地制度改革实践成果的肯定，也为改革开放后农村土地管理改革发展确立了行动方向。

此后，国家为加强对城镇个人自建住宅的管理，于 1983 年 5 月 25 日出台了《城镇个人建造住宅管理办法》(简称《办法》)。《办法》明确了如何处理夫妻双方户口不同、如何申请建房的问题，并规范了建房手续及如何处理建房占地面积的问题。具体条例要求见表 2-9。

表 2-9　《办法》对城镇个人自建住宅的管理条例

条例	具体内容
第 3 条第 1 款	凡在城镇有正式户口、住房确有困难的居民或职工，都可以申请建造住宅；但夫妇一方户口在农村的，一般不得申请在城镇建造住宅
第 4 条第 2 款	城镇个人建造住宅需要征用土地的，必须按照国家有关规定，办理征地手续，禁止任何单位和个人未经批准擅自占地建造住宅
第 5 条	城镇个人建造住宅的建筑面积，由各省、自治区、直辖市人民政府根据实际情况确定，但按城镇正式户口平均，每人建筑面积一般不得超过 $20m^2$(包括在本城的异地住宅)。禁止用围墙筑院的方式扩大宅基地

上述法规、意见等从解决宅基地归属、房屋建造等问题出发，提供了解决个人与集体可能存在的宅基地所有权争端、宅基地使用权问题的政策性解决办法。为解决宅基地使用中可能存在的民事争端问题，1984 年 8 月 30 日最高人民法院出台《关于贯彻执行民事政策法律若干问题的意见》，规定了个人的宅基地使用权利，房屋买卖中涉及的宅基地归属争端及地界争端等相关民事问题，进一步补充和完善对宅基地使用、宅基地保护等相关问题的有关政策与法律法规。该意见中相关内容见表 2-10。

表 2-10 《关于贯彻执行民事政策法律若干问题的意见》中处理宅基地相关问题的办法

问题	解决办法
人民法院处理公民宅基地使用权的案件	应根据土地归国家或集体所有，一律不准出租、转让和买卖的原则，参照新中国成立以来宅基地的演变和现实使用情况，照顾群众生活的实际需要，依法保护国家、集体和个人的权益
村镇公民之间由于买卖房屋转移宅基地使用权而发生的纠纷	应根据国务院《村镇建房用地管理条例》中规定的审查、批准手续处理
经过统一规划的宅基地，使用权发生纠纷的	应以规划后确定的使用权为准。经过合法手续个别调整了的，一般以调整后的使用权为准
共同使用的宅基地，未经共同使用人的同意，一方已占用建房而发生的纠纷	如果建房时对方明知而未提出异议，又不妨碍他人和公共利益的，可继续使用
经过规划的宅基地，对地界有争执的，四至明确	应以四至为准；四至不明确的，应参照长期以来的使用情况，本着有利生产、生活的原则，合法解决
公民在乡镇依法买卖房屋时，房屋宅基地归属	该房屋宅基地的使用权应随房屋所有权一起转归新房主使用
城市房屋所有人在原宅基地的基础上翻建、改建自己的房屋时，未按规定办理合法手续的	新建房屋依法不给予保护
行使宅基地的使用权而妨碍公共利益和他人利益	应依法予以制止

这一阶段宅基地立法的特点是，出现了“准专门立法”，立法相对分散。尽管如此，从保护宅基地角度出发，该阶段的立法仍具有极大的共性，主要可总结为下述内容：社员对宅基地只有使用权，没有所有权；严禁买卖、出租和违法转让建房用地；社员出卖、出租房屋的，不得再申请宅基地；农村建房用地，必须统一规划，合理布局，节约用地；城镇个人建造住宅的建筑面积，由各省、自治区、直辖市人民政府根据实际情况确定：村镇居民新建、改建、扩建住宅，必须履行申请审批手续；宅基地受法律保护[17]。

但宅基地立法的同时也明确了宅基地的归属问题，这一阶段的宅基地所有权特征明显且突出，即城市宅基地属国家所有，与之相对的农村宅基地属农民集体所有。

2.2.2 城乡土地统管时期(1986～1996 年)

为了加强村镇建设的管理，适应农村经济发展的需要，1985 年 10 月 29 日城乡建设环境保护部颁布了《村镇建设管理暂行规定》，该规定不仅对农村宅基地使用权的取得做出了更加严格的限制，而且对宅基地的用途也做出了更加明确的规定，具体条文内容见表 2-11。

表 2-11　《村镇建设管理暂行规定》相关条文

条文	相关条文内容节选
第十一条	村镇居民使用宅基地和建设单位使用规划区范围内的土地，应遵照国家《村镇建房用地管理条例》《城市规划条例》的有关规定，严格审批制度
第十二条	村镇居民使用宅基地和建设单位使用规划区范围内的土地，必须经建设主管部门核定建设项目的建址和用地范围，并办理用地手续 严禁任何部门、单位和个人在村镇规划区范围内擅自占地建设，或直接购买、租赁和变相购买、租赁集体土地用于建设，或将自留地用于建设
第十六条	村镇建设要有计划地进行；公共建筑、生产建筑和公用设施，由当地建设主管部门根据建设单位的申请，报镇(乡)人民政府审查同意后，报县或县以上人民政府批准
第十七条	村镇居民新建、改建、扩建住宅，必须履行申请审批手续，由本人向所在村(居)民委员会提出申请，报镇(乡)人民政府审批，建设主管部门核发准建证件，领证后方可进行建设
第十九条	村镇居民新建、改建、扩建住宅，要适用、安全、卫生、美观。各级建设主管部门应根据当地宅基地用地限额和建筑材料供应等情况，规定住宅的准建面积标准，报县以上人民政府批准后施行
第二十五条	村镇居民自建二层或二层以上楼房，必须有设计图纸，或采用村镇住宅的通用设计和标准设计。村镇住宅及其构配件的通用图或标准图，须经省级主管部门审查批准方得使用。严禁任何单位和个人向村镇居民出售、转让未经审查合格的设计图纸

1986 年 4 月 12 日，《中华人民共和国民法通则》对公民的个人财产的范围及继承权利做出规定：根据第七十五条，公民的个人财产，包括公民的合法收入、房屋、储蓄、生活用品、文物、图书资料、林木、牲畜和法律允许范围内的生产资料及其他合法财产。公民的合法财产受法律保护，禁止任何组织或者个人侵占、哄抢、破坏或者非法查封、扣押、冻结、没收。此外，公民依法享有财产继承权(第七十六条)。

为了加强土地管理，维护土地的社会主义公有制，促进社会经济的可持续发展，国家依据《中华人民共和国宪法》，制定并颁布了《中华人民共和国土地管理法》，该部法律既沿用了 1982 年《村镇建房用地管理条例》的部分规定，如依规划用地原则，节约用地、少占耕地原则，依标准用地原则，也对宅基地适用对象做出了进一步调整。《中华人民共和国土地管理法》第四十一条规定，城镇非农业户口居民建造住宅需要使用集体土地时，必须经县级人民政府批准，且用地面积不得超过省、自治区、直辖市规定的标准，同时应参照国家建设征用土地的标准支付补偿费和安置补助费。1988 年，《中华人民共和国土地管理法》进一步修订，其中最重要的是明确国有土地和集体所有土地的使用权可以依法转让，国家土地实行有偿使用制度。具体内容见表 2-12。

表 2-12　《中华人民共和国土地管理法》相关条文

条文	相关条文内容节选	体现原则
第三十七条	农村居民住宅建设，乡(镇)村企业建设，乡(镇)村公共设施、公益事业建设等乡(镇)村建设，应当按照乡(镇)村建设规划进行	依规划用地
第三十八条	农村居民建住宅，应当使用原有的宅基地和村内空闲地。使用耕地的，经乡级人民政府审核后，报县级人民政府批准；使用原有的宅基地、村内空闲地和其他土地的，由乡级人民政府批准	节约用地、少占耕地
	农村居民建住宅使用土地，不得超过省、自治区、直辖市规定的标准。出卖、出租住房后再申请宅基地的，不予批准	依标准用地

为了贯彻执行《中华人民共和国土地管理法》，在土地登记中妥善处理土地权属问题，1989 年 7 月 5 日国家土地管理局下发了《国家土地管理局关于确定土地权属问题的若干意见》，提出了确定土地所有权和使用权的意见，具体见表 2-13。

表 2-13 《国家土地管理局关于确定土地权属问题的若干意见》

序号	具体内容
1	1982 年 2 月国务院公布《村镇建房用地管理条例》之前农村居民建房占用的宅基地，在《村镇建房用地管理条例》施行后未经拆迁、改建、翻建的，原则上按现有实际使用面积确定集体土地建设用地使用权
2	1982 年 2 月《村镇建房用地管理条例》公布时起至 1987 年 1 月《土地管理法》开始实施时止，农村居民建房占用的宅基地，其面积超过当地政府规定标准的，超过部分按 1986 年 6 月中共中央、国务院《关于加强土地管理、制止乱占耕地的通知》及地方人民政府的有关规定处理后，按处理后的实际使用面积确定集体土地建设用地使用权
3	凡符合当地政府分户建房规定而尚未分户的农村居民，其现有宅基地在没有超过分户建房用地合计面积标准的，可按现有宅基地面积确定集体土地建设用地使用权
4	非农业户口居民原在农村的宅基地，凡房屋产权没有变化的，可依法确定其集体土地建设用地使用权
5	通过房屋继承取得的宅基地，继承者拥有使用权。若继承者已有宅基地，合计面积超过规定标准的，可以暂时按实际使用面积确定其集体土地建设用地使用权
6	接受转让或购买房屋取得的宅基地，与原有宅基地合计面积超过当地政府规定标准的，按有关规定处理后再予确定集体土地建设用地使用权
7	按照上述意见确定的农村居民宅基地的集体土地建设用地使用权，凡超过当地政府规定面积标准的，以后房屋拆迁、改建、翻建时，按当地政府规定的面积标准重新确定使用权，其超过部分退还集体

尽管国家出台了一系列规定，但在改革开放的时代背景下，农村经济持续多年的稳定增长，基础设施建设愈发完善，导致宅基用地需求量不断增加，大量耕地被占。据公开资料显示，1985～1988 年，全国农村建造住宅共占用耕地 415 万亩，占据同期全国各项建设占用耕地的 1/3。此外，部分地区农民更新住房的年限越来越短，面积越来越大，标准越来越高，再加上少数干部以权谋私，违法占用耕地建造私房，在群众间造成了不良影响，宅基地纠纷不断。为了加强对农村宅基地的管理，正确引导农民节约、合理利用土地兴建住房，严格控制占用耕地，1990 年 1 月 3 日，国务院批转了国家土地管理局《关于加强农村宅基地管理工作的请示》的通知，具体内容见表 2-14。其中，第十条是国家首次做出宅基地有偿使用的规定，于 1993 年连同其他收费项目一起被取消。

表 2-14 国家土地管理局《关于加强农村宅基地管理工作的请示》

序号	具体内容
1	农村住宅的改建、扩建和选址新建，要充分利用原有宅基地、村内空闲地、荒地和坡地
2	严格控制占用耕地，不允许占用基本农田保护区的土地
3	对一些用地分散的小村庄和零散住户，应鼓励迁并，并将原址复耕
4	城市郊区和人多地少经济发达的地区，应鼓励有条件的农户建多层住宅
5	各地区要制定农村宅基用地规划、计划和标准，严格实行计划指标和用地标准管理
6	各地应根据实际情况对农村建房的对象、条件、用地标准、审批手续做出明细规定。要建立严格的申请、审核、批准和验收制度
7	凡是要求建房的，事先必须向所在的乡（镇）政府或县（市）土地管理部门提出用地申请。经审核，对符合申请宅基地兴建自用住宅的，由土地管理部门确定宅基地使用权，丈量用地面积，并依法批准后，方可动工。竣工后，由土地管理部门负责组织验收

续表

序号	具体内容
8	对不合理分户超前建房、不符合法定结婚年龄和非农业户口的，不批准宅基用地；对现有住宅有出租、出卖或改为经营场所的，除不再批准新的宅基用地外，还应按其实际占用土地面积，从经营之日起，核收土地使用费；对已经“农转非”的人员，要适时核减宅基地面积
9	为便于群众监督，各地应对用地指标、申请宅基地的户数、审批条件和结果等，张榜公告，实行公开办事制度
10	确立农村宅基地有偿使用试点。宅基地使用费要本着“取之于户，收费适度；用之于村，使用得当”的原则，实行村有、乡管、银行立户制度

1991 年 1 月 4 日，国务院颁布了《中华人民共和国土地管理法实施条例》，具体条文内容见表 2-15。

表 2-15　《中华人民共和国土地管理法实施条例》相关条文

条文	相关条文内容节选
第十五条	单位和个人承包经营的土地和依法确定给个人使用的自留地、自留山，应当按照规定用途使用，不得擅自建房、建窑、建坟、采矿、采石、挖砂、取土 在前款所指的土地上从事采矿、采石、挖砂、取土等经营活动的单位和个人，必须向县级以上地方人民政府土地管理部门提出用地申请，经县级以上人民政府批准，法律、法规另有规定的，依照有关法律、法规办理
第二十五条	农村村民建住宅需要使用土地的，应当先向村农业集体经济组织或者村民委员会提出用地申请，经村民代表会或者村民大会讨论通过后，报人民政府批准。其中需要使用耕地的，由乡级人民政府审核，经县级人民政府土地管理部门审查同意后，报县级人民政府批准；需要使用原有宅基地、村内空闲地和其他土地的，报乡级人民政府批准
第二十六条	城镇非农业户口居民建住宅需要使用集体所有的土地的，应当经其所在单位或者居民委员会同意后，向土地所在的村农业集体经济组织或者村民委员会或者乡(镇)农民集体经济组织提出用地申请。使用的土地属于村农民集体所有的，由村民代表会或者村民大会讨论通过，经乡(镇)人民政府审查同意后，报县级人民政府批准；使用的土地属于乡(镇)农民集体所有的，由乡(镇)农民集体经济组织讨论通过，经乡(镇)人民政府审查同意后，报县级人民政府批准
第二十七条	回原籍乡村落户的职工、退伍军人和离、退休干部以及回乡定居的华侨、港澳台同胞，需要使用集体所有的土地建住宅的，依照《土地管理法》第三十八条和本条例第二十五条的规定办理

为加强村庄、集镇的规划建设管理，改善村庄、集镇的生产、生活环境，同时促进农村经济和社会的发展，1993 年 6 月 29 日国务院颁布了《村庄和集镇规划建设管理条例》，农民对村庄和集镇的使用事项见表 2-16。

表 2-16　《村庄和集镇规划建设管理条例》相关条文

条文	相关条文内容节选
第十八条 第一款	农村村民在村庄，集镇规划区内建住宅的，应当先向村集体经济组织或者村民委员会提出建房申请，经村民会议讨论通过后，按照下列审批程序办理：(一)需要使用耕地的，经乡镇人民政府审核、县级人民政府建设行政主管部门审查同意并出具选址意见书后，方可依照《土地管理法》向县级人民政府土地管理部门申请用地，经县级人民政府批准后，由县级人民政府土地管理部门划拨土地；(二)使用原有宅基地、村内空闲地和其他土地的，由乡级人民政府根据村庄、集镇规划和土地利用规划批准
第十八条 第二款	城镇非农业户口居民在村庄、集镇规划区内需要使用集体所有的土地建住宅的，应当经其所在单位或者居民委员会同意后，依照前款第(一)项规定的审批程序办理
第十八条 第三款	回原籍村庄、集镇落户的职工、退伍军人和离休、退休干部以及回乡定居的华侨、港澳台同胞，在村庄、集镇规划区内需要使用集体所有的土地建住宅的，依照本条第一款第(一)项规定的审批程序办理

为了确定土地所有权和使用权，依法进行土地登记，根据有关法律、法规和政策，原国家土地管理局制定并发布了《确定土地所有权和使用权的若干规定》，该规定于 1995 年 5 月 1 日生效，具体条文内容见表 2-17。

表 2-17 《确定土地所有权和使用权的若干规定》相关条文

条文	相关条文内容节选
第四十五条	一九八二年二月国务院发布《村镇建房用地管理条例》之前农村居民建房中用的宅基地，超过当地政府规定的面积，在《村镇建房用地管理条例》施行后未经拆迁、改建、翻建的，可以暂按现有实际使用面积确定集体土地建设用地使用权
第四十六条	一九八二年二月《村镇建房用地管理条例》发布时起至一九八七年一月《土地管理法》开始施行时止，农村居民建房占用的宅基地，其面积超过当地政府规定标准的，超过部分按一九八六年三月中共中央、国务院《关于加强土地管理、制止乱占耕地的通知》及地方人民政府的有关规定处理后，按处理后实际使用面积确定集体土地建设用地使用权
第四十七条	符合当地政府分户建房规定而尚未分户的农村居民，其现有的宅基地没有超过分户建房用地合计面积标准的，可按现有宅基地面积确定集体土地建设用地使用权
第四十八条	非农业户口居民(含华侨)原在农村的宅基地，房屋产权没有变化的，可依法确定其集体土地建设用地使用权。房屋拆除后没有批准重建的，土地使用权由集体收回
第四十九条	接受转让、购买房屋取得的宅基地，与原有宅基地合计面积超过当地政府规定标准，按照有关规定处理后允许继续使用的，可暂确定其集体土地建设用地使用权。继承房屋取得的宅基地，可确定集体土地建设用地使用权
第五十条	农村专业户宅基地以外的非农业建设用地与宅基地分别确定集体土地建设用地使用权
第五十一条	按照本规定第四十五条至第四十九条的规定确定农村居民宅基地集体土地建设用地使用权时，其面积超过当地政府规定标准的，可在土地登记卡和土地证书内注明超过标准面积的数量。以后分户建房或现有房屋拆迁、改建、翻建或政府依法实施规划重新建设时，按当地政府规定的面积标准重新确定使用权，其超过部分退还集体
第五十二条	空闲或房屋坍塌、拆除两年以上未恢复使用的宅基地，不确定土地使用权。已经确定使用权的，由集体报经县级人民政府批准，注销其土地登记，土地由集体收回
第五十三条	一宗地由两个以上单位或个人共同使用的，可确定为共有土地使用权。共有土地使用权面积可以在共有使用人之间分摊
第五十四条第一款	地面与空中、地面与地下立体交叉使用土地的(楼房除外)，土地使用权确定给地面使用者，空中和地下可确定为他项权利
第五十四条第二款	平面交叉使用土地的，可以确定为共有土地使用权；也可以将土地使用权确定给主要用途或优先使用单位，次要和服从使用单位可确定为他项权利
第五十四条第三款	上述两款中的交叉用地，如属合法批准征用、划拨的，可按批准文件确定使用权，其他用地单位确定为他项权利

此后一段时间，国家进一步加紧了农村土地流转管理。1999 年 5 月，国务院办公厅下发的《关于加强土地转让管理严禁炒卖土地的通知》对农村土地流转做出了进一步指示，该通知强调要加强对农民集体土地的转让管理，严禁非法占用农民集体土地进行房地产开发；同时规定农村居民不得向城市居民出售住宅，也不得批准城市居民占用农民集体土地建造住宅，针对违法建造和购买的住宅，有关部门禁止发放土地使用证和房产证；有关部门同样不得以征用方式取得农民集体土地进行“果园”“庄园”等农林开发。该通知下发后，土地管理特别是耕地保护工作得到了加强，取得了一定成效。

1995 年 6 月 30 日，第八届全国人民代表大会常务委员会第十四次会议通过了《中华人民共和国担保法》，该法第三十七条规定：耕地、宅基地、自留地、自留山等集体所有的土地使用权不得抵押。

1986～1996 年称为农村宅基地的城乡土地统管时期，这一阶段的特点是利用法律法规体现农民居住权保障功能；农村宅基地实行以农民个人为单位进行平均分配的分配方式。由于农村宅基地属于农民集体所有，而城市宅基地属于国家所有，因此农民可以无偿取得对农村宅基地的使用权，但城镇非农业户口居民需通过低价有偿的方式取得。农村宅基地制度内容可以总结为 15 点，见表 2-18。从实施效果来看，在这一时期，农村宅基地使用权不予登记，新建房屋缺少产权证书，土地制度存在宅基地使用权性质不明、房屋所有权与宅基地使用权法律规则矛盾的弊端，农村宅基地制度有进一步改革的必要，改革进入下一个阶段——城乡土地管理体制转轨时期。

表 2-18　农村宅基地制度内容

序号	具体内容
1	农村宅基地属于农民集体所有
2	农民无偿取得宅基地使用权
3	农村居民建住宅，应当使用原有的宅基地和村内空闲地，也可以使用耕地
4	使用耕地(包括园地)的，经乡级人民政府审核后，报县级人民政府批准
5	使用原有的宅基地、村内空闲地和其他土地的，由乡级人民政府批准
6	城镇非农业户口居民建住宅，需要使用集体所有的土地的，必须经县级人民政府批准
7	农村居民建住宅使用土地，不得超过省、自治区、直辖市规定的标准
8	禁止建房用地的直接买卖
9	出卖、出租住房后再申请宅基地的，不予批准
10	宅基地使用权不得抵押
11	宅基地使用权可以继承
12	单位和个人承包经营的土地和依法确定给个人使用的自留地、自留山，应当按照规定用途使用，不得擅自建房
13	农村居民宅基地使用权，凡超过当地政府规定面积标准的，以后房屋拆迁、改建、翻建时，按当地政府规定的面积标准重新确定使用权，其超过部分退还集体
14	继承房屋取得的宅基地，可确定集体土地建设用地使用权
15	接受转让、购买房屋取得的宅基地，与原有宅基地合计面积超过当地政府规定标准，按照有关规定处理后允许继续使用的，可暂确定其集体土地建设用地使用权

2.2.3　城乡土地管理体制转轨时期(1997 年至今)

改革开放以来，随着农村经济的迅猛发展，农村乱占耕地、违法批地、浪费土地的现象屡禁不止，这不仅导致耕地面积锐减，土地资产流失，严重影响了粮食生产和农业发展，也影响了整个国民经济的发展和社会的稳定。为从根本上解决这些问题，1997 年 5 月 18 日出台《中共中央国务院关于进一步加强土地管理切实保护耕地的通知》(中发〔1997〕11 号)，从建设用地审批管理、农地和非农地用途管制方面做了更加严格的要求，并且冻结非农业建设项目占用耕地一年，确需占用耕地的，审批权限上升到国务院。除要求加强农村土地的管理外，对农村居民住宅建设也做出了需符合村镇建设规划的要求，提倡集中建设公寓式楼房。同时，规定农村居民获取宅基地的使用权需严格按照省、自治区、直辖市规定的标准。对于不符合一户一宅或者超过标准的宅基地，做出依法收归集体所有的规定。

在 1998 年新修订的《中华人民共和国土地管理法》颁布之前，各地出现大量的“小产权房”，这主要是因为非农业户口居民到农村建设住宅的大门没有关死，在城乡接合部和城郊地区，一些村干部借机大肆谋私利带领集体经济组织非法出租、出让宅基地，大量宅基地隐形流转。针对这一情况，1998 年《中华人民共和国土地管理法》修订时，删除了 1986 年《中华人民共和国土地管理法》关于城镇非农业户口居民使用集体土地建住宅的规定(第四十一条)，同时以法律形式确立了“农村村民一户只能拥有一处宅基地，其宅基地面积不得超过省、自治区、直辖市规定的标准”的制度(第六十二条第一款)。

1998 年《中华人民共和国土地管理法》，内容较 1988 年版本变化非常大。从章节条目上来看，1988 年的版本有 7 章 57 条，1998 年的版本增加 1 章，条目数增加了 50%达到 86 条。作为比较，2004 年版《中华人民共和国土地管理法》则变化很小，只在土地征收和补偿上改动了个别字句。除去删除 1988 年版本第四十一条内容，在其他宅基地相关条文方面，1998 年版《中华人民共和国土地管理法》第六十二条规定与 1988 年版《中华人民共和国土地管理法》第三十八条相比，增加或修改的规定主要有：第一，实行一户一宅制；第二，农村村民建住宅用地应当符合乡(镇)土地利用总体规划和土地利用年度计划；第三，涉及占用农用地的必须先行办理农用地转用的审批手续；第四，将宅基地的审批权限统一定为县级人民政府；第五，首次规定以户为单位分配宅基地的原则。

以上内容具体条文见表 2-19。

表 2-19 1998 年《中华人民共和国土地管理法》相关条文

条文	相关条文内容节选
第二条	中华人民共和国实行土地的社会主义公有制，即全民所有制和劳动群众集体所有制 全民所有，即国家所有土地的所有权由国务院代表国家行使 任何单位和个人不得侵占、买卖或者以其他形式非法转让土地。土地使用权可以依法转让
第八条	城市市区的土地属于国家所有 农村和城市郊区的土地，除由法律规定属于国家所有的以外，属于农民集体所有；宅基地和自留地、自留山，属于农民集体所有
第三十六条	非农业建设必须节约使用土地，可以利用荒地的，不得占用耕地；可以利用劣地的，不得占用好地 禁止占用耕地建窑、建坟或者擅自在耕地上建房、挖砂、采石、采矿、取土等 禁止占用基本农田发展林果业和挖塘养鱼
第四十三条	任何单位和个人进行建设，需要使用土地的，必须依法申请使用国有土地；但是，兴办乡镇企业和村民建设住宅经依法批准使用本集体经济组织农民集体所有的土地的，或者乡(镇)村公共设施和公益事业建设经依法批准使用农民集体所有的土地的除外 前款所称依法申请使用的国有土地包括国家所有的土地和国家征用的原属于农民集体所有的土地
第五十九条	乡镇企业、乡(镇)村公共设施、公益事业、农村村民住宅等乡(镇)村建设，应当按照村庄和集镇规划，合理布局，综合开发，配套建设；建设用地，应当符合乡(镇)土地利用总体规划和土地利用年度计划，并依照本法第四十四条、第六十条、第六十一条、第六十二条的规定办理审批手续
第六十二条	农村村民一户只能拥有一处宅基地，其宅基地的面积不得超过省、自治区、直辖市规定的标准 农村村民建住宅，应当符合乡(镇)土地利用总体规划，并尽量使用原有的宅基地和村内空闲地 农村村民住宅用地，经乡(镇)人民政府审核，由县级人民政府批准；其中涉及占用农用地的，依照本法第四十四条的规定办理审批手续 农村村民出卖、出租住房后，再申请宅基地的，不予批准

续表

条文	相关条文内容节选
第六十四条	在土地利用总体规划制定前已建的不符合土地利用总体规划确定的用途的建筑物、构筑物，不得重建、扩建
第七十四条	违反本法规定，占用耕地建窑、建坟或者擅自在耕地上建房、挖砂、采石、采矿、取土等，破坏种植条件的，或者因开发土地造成土地荒漠化、盐渍化的，由县级以上人民政府土地行政主管部门责令限期改正或者治理，可以并处罚款；构成犯罪的，依法追究刑事责任
第七十七条	农村村民未经批准或者采取欺骗手段骗取批准，非法占用土地建住宅的，由县级以上人民政府土地行政主管部门责令退还非法占用的土地，限期拆除在非法占用的土地上新建的房屋

1998 年 12 月 24 日国务院发布修订的《中华人民共和国土地管理法实施条例》(1991 年 1 月 4 日国务院发布的《中华人民共和国土地管理法实施条例》同时废止)，第六条规定：“依法改变土地所有权、使用权的，因依法转让地上建筑物、构筑物等附着物导致土地使用权转移的，必须向土地所在地的县级以上人民政府土地行政主管部门提出土地变更登记申请，由原土地登记机关依法进行土地所有权、使用权变更登记。土地所有权、使用权的变更，自变更登记之日起生效。”

1997 年《中共中央国务院关于进一步加强土地管理切实保护耕地的通知》下发以来，土地管理特别是耕地保护工作取得了一定成效，但是，仍然有一些地区存在用地秩序混乱、非法转让土地使用权等问题，特别是非法交易农民集体土地的现象依然比较严重，出现了以开发“果园”“庄园”为名炒卖土地、非法集资的情况。于是在 1999 年 5 月 6 日国务院办公厅发布《关于加强土地转让管理严禁炒卖土地的通知》，做了如下规定：①农村居民点要严格控制规模和范围，新建房屋要按照规划审批用地，逐步向中心村和小城镇集中。中心村和小城镇建设要合理布局，统一规划，不得随意征、占农用地。小城镇建设要明确供地方式和土地产权关系，防止发生土地权属纠纷。②农民的住宅不得向城市居民出售，也不得批准城市居民占用农民集体土地建住宅，有关部门不得为违法建造和购买的住宅发放土地使用证和房产证[28]。

2000 年 6 月 13 日国务院发布《中共中央国务院关于小城镇建设有关政策》，规定：“鼓励农民进镇购房或按规划集中建房，节约的宅基地可用于城镇建设用地。”“为鼓励农民进入小城镇，从 2000 年起，凡在县级市市区、县人民政府驻地镇及县以下小城镇有合法固定住所、稳定职业或生活来源的农民，均可根据本人意愿转为城镇户口，并在子女入学、参军、就业等方面享受与城镇居民同等待遇，不得实行歧视性政策。”“对进镇落户的宅基地，要适时转换出来，防止闲置浪费。”这一政策成为开展“城乡建设用地增减挂钩”试点的最早依据。

进入 21 世纪以后，城乡建设用地扩张势头再次加剧，农村土地非法流转问题尤其突出。基于我国人多地少的国情，贯彻落实科学发展观，保证经济社会可持续发展，2004 年 10 月 28 日国务院发布《国务院关于深化改革严格土地管理的决定》(国发〔2004〕28 号)，规定：“要按照控制总量、合理布局、节约用地、保护耕地的原则，编制乡(镇)土地利用总体规划、村庄和集镇规划，明确小城镇和农村居民点的数量、布局和规模。鼓励农村建设用地整理，城镇建设用地增加要与农村建设用地减少相挂钩。农村集体建设用地，必须符合土地利用总体规划、村庄和集镇规划，并纳入土地利用年度计划，凡占用农用地的必须依法办理审批手续。禁止擅自通过“村改居”等方式将农民集体所有土地转为国有土地。禁止农村集体经济组织非法出让、出租集体土地用于非农业建设。改革和完善宅基地审批制度，加强农村宅基地管理，禁止城镇居民在农村购置宅基地。引导新办乡村工业向建制镇和规划确定的小城镇集中。在符合规划的前提下，村庄、集镇、建制镇中的农民集体所有建设用地使用权可以依法流转。”这为适应市场配置资源、探索宅基地依法规范流转奠定了重要基础。

作为国发〔2004〕28号的配套实施文件，2004年11月2日国土资源部发布了《关于加强农村宅基地管理的意见》，文件除重申“农村村民一户只能拥有一处宅基地，面积不得超过省(区、市)规定的标准”外，还明确提出了“两个严禁”，即“严禁城镇居民在农村购置宅基地，严禁为城镇居民在农村购买和违法建造的住宅发放土地使用证”，宅基地政策进一步收紧。其具体条文内容见表2-20。

表2-20 《关于加强农村宅基地管理的意见》相关条文

条文	相关条文内容节选
第一条	抓紧完善乡(镇)土地利用总体规划……
第二条	按规划从严控制村镇建设用地。各地要采取有效措施，引导农村村民住宅建设按规划、有计划地逐步向小城镇和中心村集中。对城市规划区内的农村村民住宅建设，应当集中兴建村民住宅小区，防止在城市建设中形成新的“城中村”，避免“二次拆迁”。对城市规划区范围外的农村村民住宅建设，按照城镇化和集约用地的要求，鼓励集中建设农民新村。在规划撤并的村庄范围内，除危房改造外，停止审批新建、重建、改建住宅
第三条	加强农村宅基地用地计划管理。农村宅基地占用农用地应纳入年度计划。省(区、市)在下达给各县(市)用于城乡建设占用农用地的年度计划指标中，可增设农村宅基地占用农用地的计划指标。农村宅基地占用农用地的计划指标应和农村建设用地整理新增加的耕地面积挂钩。县(市)国土资源管理部门对新增耕地面积检查、核定后，应在总的年度计划指标中优先分配等量的农用地转用指标用于农民住宅建设 ……
第四条	改革和完善农村宅基地审批管理办法。各省(区、市)要适应农民住宅建设的特点，按照严格管理，提高效率，便民利民的原则，改革农村村民建住宅占用农用地的审批办法。各县(市)可根据省(区、市)下达的农村宅基地占用农用地的计划指标和农村村民住宅建设的实际需要，于每年年初一次性向省(区、市)或设区的市、自治州申请办理农用地转用审批手续，经依法批准后由县(市)按户逐宗批准供应宅基地。 对农村村民住宅建设利用村内空闲地、老宅基地和未利用土地的，由村、乡(镇)逐级审核，批量报县(市)批准后，由乡(镇)逐宗落实到户
第五条	严格宅基地申请条件。坚决贯彻“一户一宅”的法律规定。农村村民一户只能拥有一处宅基地，面积不得超过省(区、市)规定的标准。各地应结合本地实际，制定统一的农村宅基地面积标准和宅基地申请条件。不符合申请条件的不得批准宅基地 农村村民将原有住房出卖、出租或赠与他人后，再申请宅基地的，不得批准
第六条	规范农村宅基地申请报批程序。农村村民建住宅需要使用宅基地的，应向本集体经济组织提出申请，并在本集体经济组织或村民小组张榜公布。公布期满无异议的，报经乡(镇)审核后，报县(市)审批。经依法批准的宅基地，农村集体经济组织或村民小组应及时将审批结果张榜公布 各地要规范审批行为，健全公开办事制度，提供优质服务。县(市)、乡(镇)要将宅基地申请条件、申报审批程序、审批工作时限、审批权限等相关规定和年度用地计划向社会公告
第七条	健全宅基地管理制度。在宅基地审批过程中，乡(镇)国土资源管理所要做到“三到场”，即受理宅基地申请后，要到实地审查申请人是否符合条件、拟用地是否符合规划等；宅基地经依法批准后，要到实地丈量批放宅基地；村民住宅建成后，要到实地检查是否按照批准的面积和要求使用土地。各地一律不得在宅基地审批中向农民收取新增建设用地土地有偿使用费
第八条	加强农村宅基地登记发证工作。市、县国土资源管理部门要加快农村宅基地土地登记发证工作，做到宅基地土地登记发证到户，内容规范清楚，切实维护农民的合法权益。要加强农村宅基地的变更登记工作，变更一宗，登记一宗，充分发挥地籍档案资料在宅基地监督管理上的作用，切实保障“一户一宅”法律制度的落实。要依法、及时调处宅基地权属争议，维护社会稳定

续表

条文	相关条文内容节选
第十条	加大盘活存量建设用地力度。各地要因地制宜地组织开展“空心村”和闲置宅基地、空置住宅、“一户多宅”的调查清理工作。制定消化利用的规划、计划和政策措施，加大盘活存量建设用地的力度。农村村民新建、改建、扩建住宅，要充分利用村内空闲地、老宅基地及荒坡地、废弃地。凡村内有空闲地、老宅基地未利用的，不得批准占用耕地。利用村内空闲地、老宅基地建住宅的，也必须符合规划。对“一户多宅”和空置住宅，各地要制定激励措施，鼓励农民腾退多余宅基地。凡新建住宅后应退出旧宅基地的，要采取签订合同等措施，确保按期拆除旧房，交出旧宅基地
第十三条	严格日常监管制度。各地要进一步健全和完善动态巡查制度，切实加强农村村民住宅建设用地的日常监管，及时发现和制止各类土地违法行为。要重点加强城乡结合部地区农村宅基地的监督管理。严禁城镇居民在农村购置宅基地，严禁为城镇居民在农村购买和违法建造的住宅发放土地使用证

2007 年 3 月 16 日颁布的《中华人民共和国物权法》第四十二条对房屋被征收补偿问题做了明确规定；第六十四条对房屋及其他不动产享有所有权做了明确规定；第一百五十二条至第一百五十五条分别对农村宅基地占有使用权力，获得、转让、重新分配条件等做了明确规定；第一百八十四条明确规定了宅基地使用权不得抵押。虽然《中华人民共和国物权法》第三编“用益物权”第十三章“宅基地使用权”规定确立了宅基地使用权的用益物权性质，但是，法律并未赋予宅基地收益权。

随着工业化、城镇化进程的不断加速，经济的迅速发展，各地建设用地供需矛盾不断突出，2008 年 1 月 30 日，国务院出台《关于促进节约集约用地的通知》（国发〔2008〕3 号），除重申严格执行一户一宅的政策、结合各地实际完善人均住宅面积标准、控制农民超标准建房外，还重点强调了在农民集体土地上进行非农建设时必须符合规划、审批制度，严禁擅自改变农用地性质。对于历史遗留的“一户多宅”问题，明确进行逐步清理。对于产生超面积占用宅基地和新的“一户多宅”现象也做出了明令禁止。

为深入贯彻实施《中华人民共和国物权法》，依法保护宅基地使用权人的合法权益，加强宅基地管理，促进社会主义新农村建设，2008 年 7 月 8 日发布的《国土资源部关于进一步加快宅基地使用权登记发证工作通知》规定：“有条件的地区应将宅基地使用权的调查纳入第二次全国土地调查工作中，查清宅基地的权属、界址和面积，为宅基地使用权登记发证提供地籍调查成果。对宅基地权属存在争议的，要依法、及时进行调处，维护社会的和谐与稳定。对新申请宅基地的，当事人在办理宅基地用地审批的同时申请土地登记，国土资源行政主管部门要做到即批即办，在住宅建成并实地检查合格后，报人民政府核发土地权利证书。对已有的宅基地，要充分利用已有宅基地权属来源材料，加快办理登记发证。”“要充分发挥宅基地使用权登记结果在国土资源管理中的基础作用。在征地拆迁时，要依据宅基地使用权证书进行补偿。开展集体建设用地流转试点和集体建设用地整理工作，必须首先完成宅基地使用权登记发证工作。”“要将宅基地使用权证书发放到农户手中，严禁以统一保管等各种名义扣留、延缓发放土地权利证书。要结合土地登记规范化建设，加强宅基地使用权登记发证资料的管理，保证宅基地使用权登记资料的全面、完整和规范。要严格执行宅基地使用权登记收费标准，不得通过宅基地使用权登记收费增加农民的经济负担。”“严格落实农村村民一户只能拥有一处宅基地的法律规定。除继承外，农村村民一户申请第二宗宅基地使用权登记的，不予受理。”“严格执行城镇居民不能在农村购买和违法建造住宅的规定。对城镇居民在农村购买和违法建造住宅申请宅基地使用权登记的，不予受理。”“严格执行宅基地面积标准。宅基地面积不得超过省(区、市)规定的标准，对宅基地超占面积的，在办理登记时按下列情况处理：(1)1982年《村镇建房用地管理条例》实施前，农村村民建房占用的宅基地，在《村镇建房用地管理条例》实施后至今未扩大用地面积的，可以按现有实际使用面积进行登记。(2)1982年《村镇建房用地管理条例》实施起至1987年《中华人民共和国土地管理法》实施时止，农村村民建房占用的宅基地，超过当地规定的面积标准的，超过部分按当时国家和地方有关规定处理后，可以按实际使用面积进行登记。(3)1987年《中华人民共和国土地管理法》实施后，农村村民建房占用的宅基地，超过当地规定的面积标准的，按照实际批准面积进行登记。其面积超过各地规定标准的，可在土地登记簿和土地权利证书记事栏内注明超过标准的面积，待以后分户建房或现有房屋拆迁、改建、翻建、政府依法实施规划重新建设时，按有关规定作出处理，并按照各地规定的面积标准重新进行登记。”

2008年10月党的十七届三中全会审议通过《中共中央关于推进农村改革发展若干重大问题的决定》，提出：“土地制度是农村的基础制度。按照产权明晰、用途管制、节约集约、严格管理的原则，进一步完善农村土地管理制度。”“实行最严格的节约用地制度，从严控制城乡建设用地总规模。”“完善农村宅基地制度，严格宅基地管理，依法保障农户宅基地用益物权。”“农村宅基地和村庄整理所节约的土地，首先要复垦为耕地，调剂为建设用地的必须符合土地利用规划、纳入年度建设用地计划，并优先满足集体建设用地。”“改革征地制度，严格界定公益性和经营性建设用地，逐步缩小征地范围，完善征地补偿机制。”“依法征收农村集体土地，按照同地同价原则及时足额给农村集体组织和农民合理补偿，解决好被征地农民就业、住房、社会保障。”“在土地利用规划确定的城镇建设用地范围外，经批准占用农村集体土地建设非公益性项目，允许农民依法通过多种方式参与开发经营并保障农民合法权益。”“逐步建立城乡统一的建设用地市场，对依法取得的农村集体经营性建设用地，必须通过统一有形的土地市场、以公开规范的方式转让土地使用权，在符合规划的前提下与国有土地享有平等权益。”

此时，农村土地制度三项改革进入公众视野，但由于多种原因，在随后的几年内，改革并未实质启动。

随着土地供需矛盾日益紧张，针对如何规范农村宅基地管理，统筹城乡发展，促进节约集约用地，保持农村社会稳定和经济可持续发展，2010年3月，国土资源部发出《关于进一步完善农村宅基地管理制度切实维护农民权益的通知》，提出结合新一轮乡(镇)土地利用总体规划修编，组织编制农村土地利用规划，合理划定农民住宅建设用地范围，制定完善宅基地申请审批制度；改进农村宅基地用地计划管理方式，各地在下达年度土地利用计划指标时应优先安排农村宅基地用地计划指标，切实保障农民住宅建设合理用地需求；合理分配宅基地，土地利用总体规划确定的城镇建设扩展边界内的城郊、近郊农村居民点用地，原则上不再进行单宗分散的宅基地分配，鼓励集中建设农民新居，土地利用总体规划确定的城镇建设扩展边界外的村庄，要严格执行一户只能申请一处符合规定面积标准的宅基地的政策；逐步引导农民居住适度集中，对因撤并需新建或改扩建的小城镇和中心村，要加大用地计划、资金的支持。

2013年11月，党的十八届三中全会审议通过《中共中央关于全面深化改革若干重大问题的决定》，强调“建立城乡统一的建设用地市场”和“赋予农民更多财产权利”，要求“保障农户宅基地用益物权，改革完善农村宅基地制度，选择若干试点，慎重稳妥推进农民住房财产权抵押、担保、转让，探索农民增加财产性收入渠道”。改革取向十分明确，就是对农村宅基地、集体经营性建设用地，实行“还权赋能”。2014 年 12 月，中共中央办公厅、国务院办公厅印发《关于农村土地征收、集体经营性建设用地入市、宅基地制度改革试点工作的意见》，农村宅基地制度改革全面提速。

2016 年中央一号文件指出要加快宅基地使用权确权登记工作。2017 年中央一号文件明确了要盘活农村闲置农房及宅基地，有偿鼓励宅基地退出行为，要求：“在充分保障农户宅基地用益物权、防止外部资本侵占控制的前提下，落实宅基地集体所有权，维护农户依法取得的宅基地占有和使用权，探索农村集体组织以出租、合作等方式盘活利用空闲农房及宅基地，增加农民财产性收入。”这是中央文件中首次提出宅基地所有权、占有权和使用权的“三权分置”关系，改革探索进入重构宅基地权利关系的深层空间。

2018 年中央一号文件则首次提出了宅基地的“三权分置”，要适度放活宅基地和农民房屋使用权，目的是落实宅基地集体所有权，保障宅基地农户资格权和农民房屋财产权，适度放活宅基地和农民房屋使用权。

1997 年至今，农村宅基地管理制度在原有的内容框架上主要是进行宅基地使用权获取、占有、使用、转让、退出等制度细节的探索与完善，确立了农村宅基地使用权的以“户”为单位的申请原则；明确了宅基地使用权原始取得只以本农民集体成员为限，农村村民一户只能拥有一处宅基地；除继承外，农村村民一户申请第二宗宅基地使用权登记的，不予受理；对“一户多宅”和空置住宅，鼓励农民腾退多余宅基地；对村民自愿腾退宅基地或符合宅基地申请条件购买空闲住宅的，当地政府可给予奖励或补助；农村村民建住宅用地应当符合乡(镇)土地利用总体规划和土地利用年度计划；同时政策明确规定“农民的住宅不得向城市居民出售”；政策禁止城镇居民在农村购置宅基地；《中华人民共和国物权法》确立了宅基地使用权用益物权性质；开始实行宅基地使用权登记发证。

从 2008 年农村土地制度三项改革进入公众视野，经历十八届三中全会强调“建立城乡统一的建设用地市场”和“赋予农民更多财产权利”，至 2018 年中央一号文件首次提出宅基地的“三权分置”，我国农村宅基地管理进入新时期。

2.3　结　　论

通过对中华人民共和国成立 70 多年来六个时期农村宅基地制度进行演化梳理，可简单概括如下。

第一，在改革开放前，农村宅基地制度基本可以分为三个阶段：分别是土地改革、互助合作和人民公社。农村宅基地制度是从私有制到集体所有制逐步推进的，虽然过程中也有冒进行为，但是整个大方向是正确的。集体所有、农民占有、无偿使用的宅基地制度，成为农村的基础性制度。保障了农民住有所居，对农村社会的稳定起到了重要作用，在当时的背景下保证了农村经济的发展。

第二，在改革开放后，农村宅基地制度的演变没有大方向的改变，主要是在加强管理，因为我国人多地少，而农村经济也在不断发展。虽然宅基地管理制度在不断规范完善，但却没有得到很好的落实。这就引发了目前宅基地制度改革的重点问题：农村人口外流但宅基地依然在不断扩大，而另一方面农民建房变得更难。

第三，从中华人民共和国成立以来，农村宅基地的权利体系已经经过了演化重构，但是宅基地还权赋能的改革依然落后，总体来看改革进展不一。这既体现出宅基地制度与广大农民的切身利益息息相关，不能鲁莽冒进，也体现出因为缺乏宅基地改革的经验借鉴，“摸着石头过河”的艰辛；还折射出宅基地改革中的探索与创新不足——通过改革试点的方式，实现小步试错，快速迭代，应可解决。

宅基地使用权的问题，可以分两个方面看。一方面，宅基地使用权的取得，必须保证公平公正，贯彻保障居住权是最基本的原则。因为宅基地使用权是农民的安身立命之本，对农民的保障和农村的稳定都至关重要。另一方面，宅基地使用权的流转，应该在考虑社会保障的基础上，以市场为配置基础。因为我国目前社会主义市场经济的高效性得到了验证，宅基地也是一种最基本的生活资料，可以交由市场进行配置。为此，尽快进行理论和实践研究，制定专门的“宅基地法”，实现宅基地使用权的保障性和流通性，是目前亟待解决的问题。

农村集体经营性建设用地改革与农村征地制度改革、宅基地管理制度改革，并称为农村土地制度三项改革。农村集体经营性建设用地改革与农村征地制度改革自 2015 年启动以来已取得阶段性成效，2020 年 1 月 1 日实行的新修订的《中华人民共和国土地管理法》和 2021 年 9 月 1 日实施的新修订的《中华人民共和国土地管理法实施条例》，集中地体现了农村集体经营建设用地改革和征地制度改革的成果。农村宅基地制度改革是农村土地制度改革的“短板”。

第三次全国国土调查数据显示，城镇建设用地总规模有 1.55 亿亩，村庄用地规模高达 3.29 亿亩，村庄用地总量较大，布局不尽合理，宅基地往往占到村庄用地的 70%，农村建设用地盘活利用具有较大潜力。深化农村宅基地制度改革是土地要素市场化改革的重点突击方向，深化农村宅基地制度改革可以撬动整个土地要素市场化的彻底改革。

第3章　国内外主要土地理论研究回顾

3.1　国外土地理论回顾

土地是关系到民生和国家兴旺发达最基本的生产资料和资产，因而合理有效的土地利用规划将对国家的长远发展和可持续发展起着举足轻重的作用。在全球城市化加速的背景下，不合理的土地利用规划也引致了一系列的连锁反应，诸如城市粮食安全危机、土地紧缺、大量农村土地转为城市用地、人口和建筑的不平等增长、城市建成区的无序及分散性扩张，这些典型性的问题在希腊、新加坡、澳大利亚及中国等国家都有所体现。为此，学者进行了大量的理论论证和实践探索，如将空间明晰的公共偏好与权属政策相结合，提高城市土地规划和土地使用政策制定的准确性和及时性以实现土地利用的多样性，城市可持续发展[29]。

本节聚焦国外土地理论，重点回顾国外土地制度、土地权利、土地分配、土地政策、土地金融、土地利用规划和土地发展权的历史发展历程、实践经历和现有发展状况。

3.1.1　土地制度

(1)土地制度变迁。研究1800～2010年欧洲各国的土地管理制度变迁史，发现其驱动因素主要归类于根本技术、体制改革及经济水平。帝王政权(1930～1974年)对埃塞俄比亚的奥罗莫和其他民族实施了压迫性的土地保有制度，直到德格政权(1974～1991年)才引入了公共土地保有制度[30]。为考虑习惯土地上重要的社会、文化、经济和政治因素，加纳进行土地重新分配以支持习惯性土地合并[31]。而撒哈拉以南非洲各国政府依旧依赖于殖民地时的土地利用规划[32]。为深入理解土地制度变迁，有学者就重点从土地利用溢出效应和土地利用过度管制两个方面来构建土地制度变迁的中层理论[33]。

(2)各国土地制度。美国土地制度是以土地私有权为根本的家庭农场承包制度，土地产权边界划分清晰，土地私有受本土法律支持，美国联邦土地银行提供土地交易的金融服务。目前，美国土地所有权的形式主要有三种：联邦政府所有、州政府所有和私人所有。英国是典型的土地私有制国家，随着20世纪以后英国大地产的逐步发展，土地交易产权逐渐变得明晰，统一经营权与生产权，土地所有者对土地享有永久业权。日本土地制度同样是土地私有制，但并不意味着土地均为私人所有，其中土地流转受政府导向向“认定农业生产者”(即那些改善农业经营效率和对农地扩大生产规模的积极生产经营者)集中。同时日本在法律体系和部门设置上对土地制度进行完善的保护和支持，政府会不断根据经济发展的变化完善土地流转过程中的法律体系和政策优惠，如对出租或出售给合理化法人的农民给予一次性付租或相应的税收优惠。根据21世纪出台的《俄罗斯联邦土地法典》和

《农用土地流转法》，确立了俄罗斯土地私有权制度，形成了国有和私有混合的土地交易市场。

(3) 土地制度存在的问题。虽然各国体制迥异，但土地制度衍生的问题却大同小异：土地产权主体不清、土地资源利用效率低下、农场规模分散和缩小、农地转用速度过快、农民利益与土地制度冲突、与政治联系牢固的个人和公司囤积土地造成的腐败、对从土地所有者手中取得的土地征收和不公平补偿问题，以及各自为政的治理体制导致的土地碎片化。

3.1.2 土地权利

国外土地权利的表现形式主要为土地所有权制度，同时为了解决土地的空间性给所有权造成的困难，在土地所有权制度中加入地役权、地上权、永佃权、土地抵押权等内容[34]。另外，因政治、经济、文化、资源禀赋及地理位置的不同，各国在土地权利发展方面也参差不齐，但大致涵盖了土地所有权，土地使用权保障[35]，土地保有权，土地权属正规化[36]，资源管理权[37]，所有权、使用权和资格权的分离，土地使用监督权[38]，发展权转让制度[39]、土地使用权、土地权利和土地保有制度，土地开发权的商品化，购买土地发展权[40]及二级土地权利等。

土地所有权是土地权利最核心的部分，指的是土地所有权人依法对土地享有的最全面、最直接的土地权利。英国的土地所有权归王室所有，房产产权分为永久产权和租赁使用权，实施所有权，使用权分离制；美国的土地所有权分为地上空间权、地下权和地面权，这三部分的权利可以分别独立转让；日本与英美一样同样采用土地私有制，土地一旦购入可永久使用；德国的土地所有权也绝大多数归私人所有，也有一部分归普通群众所有，所有权和使用权分离；澳大利亚同样是土地私有制、购买者拥有永久土地所有权的国家，在交易过程中产生的土地税费较为烦琐。当土地所有权分散时，土地所有者难以获得其财产；当土地所有权和土地使用高度分散时，土地分割将阻碍农业、农村发展；当土地所有权确立时，能显著地减少暴力冲突、增加对农业的投资。

地上权是指通过支付租金的形式在他人土地上建造房屋的权利，类似我国的土地使用权。在罗马法最初的规定中，地及其之上的物件为一体，地上物归属于土地所有权人，基于此原则，虽然当时法律允许在他人的土地上修建建造物，但定着物并非为建造人所有，若进行建筑物交易，买方成本过高，有失公允，因此罗马法建立了地上权的制度。在此制度下，地上物的所有权可与土地所有权分离为不同主体所有，同时在土地开发利用过程中也可支付一小部分租金而获得土地上建筑物的所有权。

地役权是指为自己土地使用便利在他人土地所设定的权利。西方学者对于地役权的研究更集中在权利如何从罗马地役权制度体系中脱离出来，成为结构清晰、体系简便、规则明了的法律制度。关于地役权的构成内容，美国《重述役权法》的起草人 Frech 认为传统地役权中的“涉及并关己”的原则无实践意义，主张取消，取而代之的应是役权是否违法和相关公共政策，但也有不少学者反对此说法，法国学者卡尔波尼尔认为我们很难找到其他一种能与土地所有权人相分离的权利，马洛里等认为地役权应为人所用而非物所用，罗马法以来地役权的构成内容具有传播的广泛性。

永佃权又称作永借权或永租权，是按年向土地所有权人支付租金进而持续或永久使用土地或从土地中获取收益的权利，类似我国的土地承包经营权。1794 年来，普鲁士邦法就对永佃权做出了详细的规定，是国家法对永佃权承认的典型法典。1942 年创立的《意大利民法典》有对永佃权的专章描述，是当今社会最重要的民法典之一。从西方对永佃权的实践过程来看，可知其法律设计具有可持续性，并非具有封建色彩的“旧社会”的制度权利。

土地抵押权是指在法律允许的范围内土地所有权人以不转移土地占有而将土地作为债权担保的权利。西方土地抵押权是由罗马法和日耳曼法融合发展汇总产生的。在罗马法之前，日耳曼法是以质权为主的土地所有权分割、转让、占有的制度；在罗马法之后，吸收了罗马法中诚实守信、意思自治的观念，从而建立起流通抵押权、担保抵押权和土地债务为主要构成要素的土地抵押权制度体系。

3.1.3　土地分配

英国的土地租佃制在北美殖民地进行了南北地带的不同实践，产生了三种带有英国制度色彩并适合当地环境的土地制度，按照时间顺序依次是南部的“人头权利制”、新英格兰地区的“村镇制”及中部的“庄园制”。

17 世纪，英国人在颁发给弗吉尼亚的第一份法律条文中申明“北美殖民地的臣民享有英国人的全部自有权利”，自有和农地租佃制成为当时北美的主要推动分配方式，不久进一步发展成“人头权利制”，通过记人口数派发土地的方式，初步形成了土地私有化的制度；而与南部殖民地不同，新英格兰地区采用的是“村镇式”，即通过自上而下的集体组织规划土地用地再进行土地分配。根据法尔孔那《美国北部农业史》的记载，由于新英格兰地区的移民绝大多数来源于英国本土，拥有强烈的宗教信仰和故乡情结，因此倾向建造与故土相似的城镇，再加上北美殖民地政府管控力弱及地域辽阔等原因，逐步形成了先测量后规划分配的土地分配形式；中部的“庄园制”逐步形成了带有资本主义色彩的市场化土地分配机制，农场和种植园开始商业化运营，形成了块状庄园布局。

《1785 年土地法》(草案)是美国建国初期对西部土地进行分配的法律规定之一，确定了联邦政府对土地分配的指导地位，奠定了美国土地私有化的基础，通过先测量后登记的方式，将测量与买卖分离，以村镇的地块为单位拍卖并出售土地，并要求以方圆 9.6km 的面积建立村镇，形成了初期现代化社会雏形，为西部政府组织税收、修建道路、提供公共基础设施服务奠定了基础。同时遵从“现金支付原则”，将土地和资本相结合，设置最低购买价格，导致大地产集团垄断了土地购入，降低了当地劳动者的增值权。此外，土地拍卖地点设置在东部沿海地区及军人能低价购买土地都加剧了土地分配的不公，引发了土地投机，西部民众也因此联合组织“占地协会”争夺土地的“优先购买权”。

1947 年《城乡规划法》是对英国土地增值分配制度影响最为深刻的法律条文，即政府对土地所有权者所在的土地进行土地发展权补偿后，对土地发展权依法国有化，基本原则是土地所有权者在补偿前，土地所获得的收益归自己所有，在补偿后获得的收益超过原有土地收益的部分归国家所有。但由于英国两党派的轮流执政，相关土地政策变动较为频繁，缺乏稳定性和持久性。同时不同地区对于各自的土地增益具有决定权，属于“项目导向式”，针对不同土地规划项目有着不同的增益内容。此外，在土地分配增益过程中的土地价值税、增值征费、发展征费、管理费用给当地政府带去了有力的财政来源，促进了当地金融发展。

日本、韩国在 20 世纪四五十年代也存在土地分配不均和土地过于集中的问题，政府通过没收地主土地或强制性低价收购土地的方式，对佃农进行补贴，实施土地再分配。在土地分配过程中，日韩政府受到美国军事的影响，执行意识较为强烈，也大大降低了土地改革和征收的成本。

从土地用途出发，学者研究此领域主要涉及农业用地、林地及城市用地的分配与转化。有学者采用完全开放的经济、封闭的经济和外生决定选定价格的经济三种模型研究林业和农业之间土地的纯市场分配[41]。随着人口不断增长，森林和灌木丛陆续被改为农地以便维持生计[42]。为了减少森林砍伐、实现保护林地的目的，执政者采取加强土地产权的手段来促使农民增加已耕地的投入强度[43]。而城市化的加剧又迫使农业用地和林地转变为城市土地[44]。

从土地使用者的角度出发，在哥伦比亚土地“精英”则利用赞助商与客户的关系扭曲了公共土地分配政策[45]。在土地分配途径上，在斐济，人们主要有以正规化法律或长期习惯习俗获得土地两种途径[46]。在土地再分配方法上，除了传统手动重新分配法，学者还提出了候鸟法和模拟退火算法来解决土地再分配问题[47]。

3.1.4 土地政策

1780～1860 年，美国的土地政策以销售为主，早期美国的政策目的是解决政府财政危机，使土地财政成为政府的重要收入来源，在不断出售过程中，国会不断修改土地政策，土地政策呈现动态性和连续性。国会在对土地政策的调整中颁布了 1789 年法令、1800 年法令、1804 年法令、1817 年法令，法令的修改主要在于出售最低价格和面积的设置。美国早期土地政策帮助美国度过了建国初期的财政危机，推动了美国农业的发展，提高了西部的政治地位，并对美国今后的政治活动产生了深远的影响。

1860 年之后，美国采取了以赠予为主的土地政策，在美国内战过程中众议院和参议院通过了《宅地法》，于 1863 年生效。该法规定，凡是身为家长或年满 21 周岁的公民，或入籍美国的人员，或从未反抗、支援和教唆的敌人，有权登记 64.75km^2 的土地。土地拥有者只需缴纳少许费用并在这块土地上耕种 5 年之后，这块土地就可成为个人财产。到 19 世纪末，通过《宅地法》批准的申请者达到 60 万户，分配的土地达到 32 万 km^2。《宅地法》具有土地革命性意义，适应了众多农户长期对土地的强烈要求，这种无偿分配土地的方式创造了西部众多农场主。

美国 19 世纪的土地政策不仅推动农业开辟新土地，同时对教育行业和交通运输业产生了积极深远的影响。1862 年美国颁布的《莫里尔法》规定以每州国会人员的数量为基准将土地免费分配给各州，用以农业和工业高等教育；同年颁布的《太平洋铁路法案》，规定国家铁路公司无偿取得铁路车站用地，免费取得国有土地所需木材和其他建筑材料。

美国土地政策的实施致使大量人口向西迁移，推进了西进运动高潮，促进了西部经济发展。首先，大量土地和荒地变为农场，西部的农业和畜牧业得到了快速发展，农作物的种类也不断增加；其次，农业发展需要工业制造业的设备支持，工业为当地人口提供生活保障品和消费品，促进了西部工业发展。但在开发土地的同时，土地资源掠夺式开发造成了水土流失和土地肥力下降等资源的浪费，森林资源遭到破坏，野生动物遭遇大量捕杀，严重损害了生物多样性。

19 世纪后期到 20 世纪这段时间，美国高层人士开始注意到了土地开发中生态环境问题的严重性，并明确指出会对未来美国经济造成不利影响。美国总统林肯就指出："在城市附近 20 英里①范围内很难看见树木。" 1908 年召开的全国资源保护大会上宣言，明确了保护自然环境对国家可持续发展的重要性。美国在 19 世纪后期主要是对之前土地政策造成的资源浪费、环境污染的后果进行修正，包括育林法、荒地法、木材法、森林保护法等。20 世纪初，美国联邦政府土地法律中心思想出现了转变，明确体现了开发与保护并重的观点。例如，1894 年颁布的《凯里法》中说明，位于干旱区的西部州区，可以免费领取 0.4 万 km^2 的土地，用于灌溉事业，但州政府保留管理水资源用途的权利。1901 年，美国总统罗斯福签署经国会通过的《纽兰兹垦荒法》，根据该法成立了联邦开发署，负责西部水库、水坝等灌溉工程的修建和维护，为西部可持续发展创造了条件。1905 年，在罗斯福的督促下，成立了农业部属的森林管理局，收回了约 34 万 km^2 的林地，建立了矿产局，减少矿产资源的浪费。1908 年发布的自然资源保护的报告被罗斯福视为美国有史以来摆在人民面前最重要的一份文件，该报告政策引导性强，为美国土地资源合理有效利用指引了方向。自罗斯福执政后，美国土地政策发生了根本性变化，联邦政府在保护土地资源和环境方面的管控力度愈来愈大，开始全面有系统性、针对性地对土地进行保护，走上了开发与保护并行的集约化土地发展路线，为美国经济、社会、环境可持续发展奠定了良好的基础。

日本明治维新时期土地改革以地税改革为主，是日本近现代的第一次土地改革，也是一次具有重要历史意义的社会重大变革，对形成近现代日本土地制度产生了深远影响。近代日本土地改革相较于欧美成效较为显著，社会动荡轻微，其中重点是将政府、农民、工商业主都纳入改革成员中，共同形成国家新的经济体系，协调了各阶级的矛盾。

3.1.5 土地金融

土地金融又称土地信用抵押，良好的国家土地金融制度能对土地改革提供充足的资金保障，为土地政策的实施提供稳固的后盾。土地金融是一种特殊的金融形式，是围绕土地开发、经营、改良等活动的资金融通行为。此金融形式最早来源于 18 世纪欧洲的德国，而后逐渐普及到其他国家和地区，成为农村建设和发展的重要内容环节。土地金融制度是西方发达国家土地制度、金融体系的重要组成部分，在合理分配土地资源、快速发展农业经济中具有重要作用。

美国的土地金融体系主要包括农村合作金融体系、政策性农村金融体系和农业保险体

① 1 英里≈1609.34 米。

系。其中，农村合作金融体系是美国的最主要的合作金融体系，主要包括联邦土地银行合作社和信用银行。土地银行是美国金融的中央机构，主要职责是进行资金清算、资金转换等，为区域的农业农村服务提供贷款和咨询支持。政策性农村金融体系是与农村合作金融体系相配套建立的土地金融机构，主要解决本国农村和农业发展过程中的资金问题。农业保险体系按体系类别分为联邦农作物保险公司、私营保险公司和保险代理人，不同保险单位组织职责明确、责任分明，共同目标是控制农业运作风险和制定相关险种，提供金融服务多样性支撑。

德国的土地金融体系早在 18 世纪中期就开始显现，距今已有两百多年的历史。其土地金融采取的是一种信用协会形式，土地抵押信用协会充当中介的角色，连接着农户及土地权利购买者之间的关系，一方面不直接参与各类银行业务，另一方面又是土地金融活动的核心，抵押融资与政府资金却又紧密相连。土地抵押信用协会的建立主要为地主提供更便利的土地融资渠道，缓解地主的高利贷高利息的负担，一开始会员的门槛是达到一定规模的农场主，1984 年放宽至广大农民在拥有土地所有权证后便可获得相应的抵押贷款，其表现形式依然是通过发行公债。经过长期的发展，目前德国已经形成了以土地抵押信用协会为核心的，土地信用银行、地租银行、农业中央银行为主体的多元化土地金融体系。德国土地金融体系的资金主要是通过发行债券的方式获得，以各地区的土地作为担保品。

日本的土地金融体系以第二次世界大战(简称二战)前后为时间点划分不同的金融制度。二战之前，日本的土地金融以商业性金融为主，有对大型农业设施、水利工程及其他综合性农业大型项目提供项目贷款的商业银行，也有为农户提供小型设备购买的农工银行；二战之后，日本建立了农村协作合作金融系统，农村金融制度出现了较大变革，形成了以合作金融为主、其他金融形式为辅的农村金融体系。体系中最高金融机构为全国农林中央金库，其功能是实现全国资金的合理划分和调配，经营大型农业项目的贷款工作，负责向其他金融机构融入资金；中间层是信用农业协调组织联合会，其功能是为农村协会合作提供资金结算、管理和服务等工作；面向群众的层次为农村协会合作金融部，直接由农户及相关团体自愿入股组成，其功能是吸收农户存款并向需要提供资金资助的农户发放贷款，同时农户可以以土地抵押向协会申请贷款。

综上所述，国外农村土地金融的发展普遍都得到了政府的大力支持，建立了一系列从中央到地方的金融组织体系。完善的农业保险制度可以有效防范农村风险，化解农业生产过程中的损失，成为优化农业生产环境的一项重要措施。在执行过程中，良好的市场运作机制可以降低土地交易成本，使资源得到最佳配置，在此过程中需要有良好的信用作支撑。不断推进农村信用体系建设中，要建立相应的土地征信系统，加强土地经营权的风险管控能力。

3.1.6 土地利用规划

土地利用规划是对未来一定区域土地的超前计划和安排，依据区域国民经济发展的需要，对空间下各部门土地资源进行合理分配，获得最佳效益，既能达到资源最优，又能保护生态环境，使其达到可持续利用的目的。20 世纪初，德国最早进行土地利用规划，此后英国、日本、美国逐步从局部试点向全国推广运行，但由于各国、各地区的经济发展水平、土地资源、组织管理机制、社会制度和历史原因不尽相同，土地利用规划并没有统一的范式。

德国的土地利用规划分为联邦政府制定的项目规划和地方政府制定的实施计划。项目规划是联邦政府根据地方发展需求制定的宏观指导性战略，实施计划是地方政府结合地方实际情况，分析项目规划对区域的具体用地指标，并落实到地方的实施计划。具体实施过程以纵向和横向相结合的方式，既满足统筹规划的目标，又协调各级各部门的不同需要，综合考虑社会、经济和环境各方面的效益，纵向规划的路线从联邦到州到城镇，横向规划的路线指各行业各部门。联邦政府同时要调整全国土地利用规划，平衡各地区协调发展，满足城乡对土地的需求，联邦、州政府的规划是指导性规划，市、县的地方政府规划是指令性规划，这些规划都具有法律效力。总体而言，德国的土地利用规划需满足以下三条原则：①符合《联邦建筑法》的基本要求；②符合本州本区的发展规划要求；③要与相邻城镇发展相协调。

美国没有统一的国家土地总规划，各州也没有具体详细的土地利用规划，但联邦政府和州政府会通过相关政策与法律条文影响各地的土地利用规划。各州通过交通规划、水资源规划、森林规划等影响土地利用规划，少数州有直接明确的土地利用规划。例如，俄勒冈州制定的土地利用政策要求全州各县应当遵守，还设有专门的土地法庭来解决土地规划过程中的纠纷和目标不一致的问题。美国地方政府的土地利用规划主要是由下至上制定的，多边谈判是最重要的方法之一，包括仲裁、共同决策、设计指导的谈判等。美国地方土地利用规划由地方政府决定是否要建立，没有强制性的标准，但在实施过程中强调公众参与，重视资源生态保护，常运用地理信息系统、遥感、自动化绘图等技术进行规划编制。

日本的土地利用规划常称为土地利用计划，于 1974 年制定了全国性的《国土利用计划法》。如今日本土地利用规划体系包括国土利用规划、国土综合开发规划、土地利用基本规划和城镇规划等。日本土地利用规划的目标是形成可持续发展、安居乐业的都市圈，规划的总体原则是保留原有古建筑、提高国土利用效率、完善城市交通综合网、提高医疗福利等，盘活各地方资源搞地方产业。而对于农村土地，日本国土规划要求要形成生活舒适、美丽便利的新渔村，推进农村种植业、林业、水产业、木材业的新发展，提高国有优质农作物，推进农业资源保护与发展并行，促进稳定经营。日本土地利用规划法律体系非常完善，从法律制定、约束至指导管理、后续工作职责分明，高度一致，具有强制执行性和干预性，严厉打击投机倒把的行为，促进土地多元化和可持续利用。

从以上三个国家的整体经验来看，具有以下共同特点和成功经验：①各国的土地利用规划都有适应各国发展的体系，虽然三个国家的规划体系并不相同，但在规划制定和方案确定上都格外严苛，规划和方案不仅科学合理且实用性强，起到了指导和控制土地利用开发的作用；②各国的土地利用规划都有法律体系的保障，德国有《联邦建筑法》、日本有《国土利用计划法》，美国虽然没有面对全国的土地规划法律，但每个州都有适用于各自发展的法律计划；③公众参与成为各国土地利用规划的重要环节，德国在制定规划的过程中多次举办公众听证会，美国公民有权决定是否进行土地利用规划，日本有专门的专家评审机构负责对规划进行审议。

3.1.7 土地发展权

城乡建设用地过度和人口流动是全球城乡过渡发展过程中的两个重要问题。城市化进程的加快缩短了建设用地指标的使用时间，使得经济发达地区城郊可供建设使用的耕地面积逐渐减少或为零。为此，中国提出“增减平衡”政策以满足城镇建设用地需求、确保农业用地不减少，即赋予农村土地商品化和可交易的发展权，本质上是土地发展权由农村转移至城市。

可转让发展权的引入不仅消除了利益失衡，还保护了集体土地、减少政府财政支出、满足开发商的开发欲望。在具体实践中，中国浙江采取诸如“异地基本耕地置换”“异地有偿补偿”“土地流转配额跨区域交易”的土地发展权配置与转移制度实践在经济发达地区进行土地使用配额交易、在贫困地区以发展权换取经济补偿。而中国重庆在满足城乡建设用地增减挂钩的政策下，借助地票将农村住房用地转变为耕地、城郊耕地转变为城镇建设用地。

国外的土地发展权配置与转移制度建立的根本是为了平衡社会各方面的利益，其中以美国、英国、法国等发达国家的相关制度具有代表性。美国的土地发展权配置与转移制度主要通过市场机制将开发许可地块和限制地块进行联系，平衡土地规划管制造成的利益不均衡；英国的土地发展权则属于国家，土地所有权者需在得到土地规划许可证并向国家缴纳土地发展税之后才可利用土地，体现了国家对土地所有权的规制；法国则设置了上限密度制度，即超过上限密度规划的土地所有者需向国家购买，在上限密度以下的土地在市场中合理流转，平衡公私利益。

土地发展权制度最早诞生于20世纪的英国，即对土地再利用再开发的权利。英国的土地所有权和使用权是相分离的，土地使用权在私人手中，土地使用权人有权自由使用和分配土地，国王无从控制。因此，当时英国法学家提出了地产权的概念，代表土地各方面的权益，一人可拥有多个地块的地产权，其中土地发展权就是地产权的主要表现形式。19世纪中期开始，英国逐步开始探索土地发展权国有化，经历了“私有化限制”“公权法管控”和“土地管控”三个阶段。“私有化限制”阶段是土地发展权制度的初期探索阶段，英国主要对土地使用权人限制使用用途、使用方式和使用时间的措施对土地进行保护；“公权法管控”阶段是土地发展权制度的中期实践阶段，此时土地发展权仍属于私有权利，还未进入公有权利领域，英国在这个阶段处于工业革命时期，城市快速扩张加上农村土地的不断流失，采取颁布《工人住宅法》《社会卫生法》等法案的方式，实行公有化管制；“土地管控”阶段是土地发展权制度的后期成立阶段，20世纪英国注意到城市规划和土地规划之间的关系，相继颁布了《住宅、城镇规划法案》《城市规划法案》《城乡规划法》等法律，其对城镇规划、住宅建设进行了明确规定，开始正式推行土地发展权制度，实现土地发展权国有化，其中1947年的《城乡规划法》中正式确立了土地发展权制度。

美国土地发展权制度的建立结合了英国土地发展权制度、德国土地管控条例和本国本土化法律。在经过第一次世界大战之后，美国成为世界强国，由于海外移民的不断涌入，大量的农村土地被占用，出现耕地面积缩小、环境污染严重、工业占地面积扩大等问题，针对以上社会问题，美国联邦政府借鉴德国土地管控制度，进行土地行政干预，控制土地用途转变，但此举严重侵犯了土地所有权者的利益，且政府没有相应的补偿措施，致使政府的行政规范难以执行，滋生地下土地交易市场的产生。20 世纪初，美国联邦政府关注到缺乏补偿机制的问题，美国创新性地将土地发展权分为土地发展权转移和土地发展权征购，一方面保障了国家对土地发展权的管控，另一方面也最大限度地保障土地私有权利。美国土地发展权征购制度是美国政府财政通过支付租金或对价的方式与土地使用者平等协商，掌握土地使用者的土地发展权，起到防止土地流失、保护耕地的作用；美国土地发展权转移首次提出是在 1968 年的《界标保护法》中，转让区的土地使用权拥有者有两种土地权利：一是按照政府批准的土地用途继续使用；二是不改变原有土地用途，放弃土地所有权，并获得对应补偿。同时美国在此期间建立了十余个土地发展权转移银行，保护土地发展权制度合理运行。截至 2021 年，近 27 个州在立法中明确规定了土地发展权转移制度，至少还有 6 个州没有规定土地发展权转移制度。

法国采用的是上限密度制度，土地发展权归国家和土地所有权人共同持有，在政府规定土地密度之内的部分归土地所有权者所有，超过部分归国家所有，如需转移、扩大土地需向国家申请购买。法国通过此制度平衡公权法和私有权利之间的关系，这一定程度上抑制了土地所有权的过度扩张行为，这种管制对原有土地面积大的土地所有权人有所不公，与此同时国家通过土地优先购买制度保障政府优先购买土地的权利。法国的上限密度制度和国家土地优先购买制度具有鲜明的本土化特色，一方面尊重了原有土地所有权者的土地发展权，另一方面也逐步形成了土地发展权国有化。

英美法的土地发展权制度各有特点、别具一格，但也存在诸多相同之处。①三国土地发展权产生的社会背景极为相似，均为城镇化加速时期。19世纪，英国处于工业革命时期，美国处于第一次世界大战之后，法国处于暴乱期间，无论是发展、移民，还是战争，都无不助推了城市向农村不断扩张的进程，导致国内土地锐减、生态环境恶化、优质耕地流失、工业污染严重等社会问题，传统的土地管理办法不能很好地解决这些问题，土地管理手段面临创新的挑战，此时土地发展权便应运而生。②三国土地发展权制度的构成内容基本相同。在土地发展权参与主体上，英美法都分为了国家和私人。英国的土地发展权归国家所有，要使用土地得先向国家购买。美国的土地发展权归私人所有，国家可通过征购的方式向土地使用权者支付费用来购买土地。法国的土地发展权则归国家和私人共同所有，通过上限密度政策和国家土地优先购买制度保障国家和私人双方的利益。③三国土地发展权的法律性质基本相同。英美法三国的土地发展权都属于分离于土地所有权之外的独立财产权。西方政府遵从公民的私有财产不受侵犯，政府因此制定了相关的法律政策，促进土地增值收益分配公平，土地发展权都属于“国家和法律只服务于个人主义的工具之一”。

总而言之，英美法的土地发展权制度是在土地权利自由和合理化思潮进程中产生的权利制度，起初是为了土地合理分配、保护自然环境等原因产生的，而后逐步成为国家土地管理的法律规范。土地发展权最大的功能是平衡各方的利益，一方面限制土地所有权者的开发冲动，另一方面允许土地开发私有所获得的土地增值收益。各个国家依据各自的国情设置相应的本土化土地发展权制度设计，立足特定时期和地域的特点条件，是土地发展权成功运作的关键点。

3.2 国内学术史综述

自然资源是国家规划发展的基础，而土地则是自然资源中最重要的组成部分之一，对土地的规划利用是否合理关系到国家整体发展水平，对自然资源进行整合，统一管理利用，是进行国土空间规划的必要前提。我国的土地制度是公有制，农村土地由农村集体所有，农民个人享有经营权和承包权，而城市土地由国家所有，国内学者从土地制度、土地权利、土地流转及用地分类等方面进行了大量研究。

本节聚焦国内土地理论，重点回顾国内土地制度、土地权利、土地分类、土地流转、土地利用规划、土地发展权、宅基地权利和宅基地流转的历史发展历程、实践经历和现有发展状况。

3.2.1 土地制度

我国的土地制度呈现出城乡二元化的特点，即城市土地归国家所有，农村土地归农村集体所有，但都属于公有制。这样的二元制土地制度对我国社会发展产生了深刻影响，一方面支持着我国的城市建设与城镇化进程，另一方面也出现了人口城镇化显著滞后于土地城镇化的“化地不化人”现象，并且导致农村财富流向城市，农民权益受到损害，在一定程度上影响了城乡一体化发展。我国现有土地制度存在产权主体不清晰、流转机制不完善和政府垄断等问题，阻碍了经济增长，影响社会稳定水平且不利于政府职能转变。

国内学者对二元制土地改革提出了各种观点，从规范法学的视角，许经勇[48]强调集体土地入市的“合法性”和“正当性”，批评政府征地范围过宽，越过“公共利益”的边界；张先贵[49]和刘守英[50]等则从社会问题的角度出发，批判征地制度引发的“过度依赖土地财政”及“失地农民权益受损”等社会问题。有学者认为集体土地入市是解决当前政府征地制度弊端的突破口，可以提高我国土地市场的市场化水平[51]；而有的研究者则认为，盲目地推举集体土地自由入市只对少数发达地区农民和工商资本有利，实则损害了大部分农民的利益[52]。

1950 年 6 月，我国召开了党的七届三中全会，通过了在全国范围内进行土地改革的法案，到 1952 年底，我国全国范围内的土地改革基本完成。土地改革的基本完成，使得贫农、中农占有的耕地面积达到了 92%，农村以个体土地所有制代替了封建土地所有制，农村土地大部分归农民私人所有，少部分归国家所有。这个时期的土地改革是新中国第一次大规模的土地产权流转，极大地调动了农民的生产积极性，促进了农村生产力的发展。

此时的农民个体土地所有制依然与传统的自耕农的生产方式相似，存在分散性、自足性、脆弱性等先天不足，难以扩大再生产，又容易造成贫富差异。因此，农民获得土地后，有着互助合作的强烈需求。一开始互助的形式为互助组，即劳动互助，土地所有制不变，土地分配私人进行。1954 年，中共中央提出要加快农业合作化的势头。1961 年，中央制定了《农村人民公社工作条例(修正草案)》，将长时间实行的三级生产队为基础的集体所有制作为根本制度。这个时期的土地改革是我国第二次大规模的土地产权流转，成为我国现行土地制度的基本框架，但这个时期的土地制度过于单一，土地管理集中化，无法合理优化土地资源配置，一定程度上阻碍了生产力的发展。

改革开放以后，我国采取了家庭联产承包责任制，形成了现今土地经营方式的根本格局。我国的土地制度由原来的集体所有、集体共同使用的制度改为集体所有、农户承包经营的制度，土地所有权与土地使用权、收益权分离，极大地调动了农民的生产积极性，土地流转逐步活跃起来。

家庭联产承包责任制并不是有组织、有计划地产生的，更多的是农民群众力量的推动，存在制度本身的不完善性。此时，土地流转过程中土地农户权利不足，土地产权不明晰，土地使用者不能自由有偿出租、转让、抵押土地，阻碍了土地流转制度的完善和发育。我国在 20 世纪 80 年代开始进行城市土地使用制度改革，由局部城市开始试点，到全国多数城市进行深化改革，主要改革成果包括征收土地使用费、开展土地使用权有偿出让试点、制定地方性土地使用权有偿出让制度、制定土地有关法律法规到全面开放土地市场。

1982 年，深圳对城市不同等级的土地向土地使用者收取一定标准的土地使用费，收费标准为每年每平方米 1～4 元；1987 年，国务院选择了上海、天津、广州、深圳作为土地使用权有偿转让的试点城市，此后厦门、福州也加入进来，此举标志着国有土地改革从理论探索走向实践探索阶段，引进了市场机制，增强了市场活力；同年，为了使土地使用权交易、流转有法可依，试点城市进行了土地使用权有偿出让、转让法规和规章的建立，如上海市的《上海市土地使用权有偿转让办法》、深圳市的《深圳经济特区土地管理条例》等；1988 年，《中华人民共和国宪法》删去了不可出让土地使用权的规定，增加了“土地使用权可以依照法律的规定转让”，为今后土地使用权改革的全面实施和发展提供法律保障，《中华人民共和国土地管理法》同样规定“国家依法实行国有土地有偿使用制度”；1990 年，国务院发布《城镇国有土地使用权出让和转让暂行条例》，土地使用权改革逐步从沿海扩大至内地，从增量土地增至存量土地，开始全面施行土地使用权制度。

20 世纪 90 年代到 21 世纪初期，中央强化法律保障土地制度，巩固和完善土地集中所有、家庭联产承包经营为主的土地制度。主要改善环节有土地承包关系不断改善、农业税费全面取消、土地流转逐步发展、土地承包管理水平不断提高。第一，中央文件不断出台逐步稳定土地承包关系，1997 年国务院颁布的《中共中央办公厅国务院办公厅关于进一步稳定和完善农村土地承包关系的通知》提出，在第一轮土地承包到期后，家庭土地承包经营期再延长 30 年，2008 年，党的十七届三中全会再次强调，现有土地承包关系要保持稳定并长久不变；第二，21 世纪以来，中央推进农村税费改革，取消了农业税费，征收了两千余年的农业税从此退出历史舞台，同时国家实行农业补贴制度，将补贴金额与承包地面积相挂钩；第三，土地流转逐步发展，1998 年，党的十五届三中全会明确指出，农民承包地使用权可以自愿、有偿流转，2003 年施行的《中华人民共和国农村土地承包法》再次强调土地承包权，2011 年底土地流转面积占家庭承包总面积的 17.8%；第四，土地承包管理水平不断提高，《中华人民共和国农村土地承包法》对土地承包经营权的取得、保护、流转做出了全面规定，2007 年《中华人民共和国物权法》将土地承包经营权确定为用益物权，明确了农户土地依法享有、使用、流转的权利。

党的十八大以来，以习近平同志为核心的党中央做出了“四个全面”战略布局，对全面深化改革土地制度做出了重大部署。2019 年《中华人民共和国土地管理法》修订后的土地制度，土地依然归国家和集体所有，但不再是城乡二元土地制度。集体经营性用地允许与国有土地一样同权同价，允许土地使用权出让、转让和抵押来取得收益。宅基地增加了有偿使用和自愿有偿退出制度，鼓励盘活宅基地，减少因土地闲置造成的“空心村”现象，补偿标准更加科学、合理，与市场价格更为贴近，社会保障更加多元化。

3.2.2 土地权利

土地所有权包括土地使用权、土地占有权、土地收益权和土地处分权等一系列土地权益。我国土地权利处于“三权分置”状态，农村土地所有权归集体所有，经营权和使用权归农民所有，城市土地的所有权归国家所有，由政府代国家行使土地权利。在城镇化进程中，农民土地权益遭到侵害，国家在城市发展与权益保护之间往往选择城市发展，刘书林认为，我国农民土地权益保障正面临制度性的困境，农民土地权利虚化且维权能力弱，应当强化农民权利，给农民更多的经营权和承包权，弱化村集体的土地所有者地位，防止因城市发展需要导致农民失地抗争引起的社会动荡[53]。贺雪峰[54]及杜玫娟等[55]则认为，强化农民权利并非中国土地权利问题的出路，在中国国情背景下，加强集体功能才是中国现代化进程中的正确发展道路。

改革开放以来，土地权利制度主要是国家和集体享有土地所有权、农户享有土地承包经营权、经营主体享有土地租赁权。法律相关规定属于国家所有的土地归国家所有，除此之外的农村和城市郊区的土地归集体所有，宅基地、自留地和自留山也归集体所有。土地承包经营包括家庭分散经营和集体统一经营。农民享有的土地承包经营权表现在主体方面为“农村承包经营户”和“本集体经济组织成员”，内容方面为对由农民集体使用的土地进行占有、使用和收益的权利，流转方式分为债权方式流转和物权方式流转。《中华人民共和国农村土地承包法》规定可以以出租的方式对土地承包经营权进行流转，同时实践过程中出租的方式也能取得土地承包经营权。

2018 年，党的十九大报告提出我国要完善土地“三权分置”制度，主要内容是土地所有权、承包权、经营权，既能发挥整体效用水平，又赋有各自功能。“三权分置”重点是放活土地经营权，给予土地经营权相应的法律地位和规则制度，是农村土地基本经营制度的自我完善，符合适应我国生产力发展的规则需要。“三权分置”下我国土地权利制度的内容主要如下：①集体享有土地所有权，《中华人民共和国宪法》规定农村土地所有权的主体是集体，集体由符合相关条件的成员组成，《中华人民共和国物权法》同样规定农村土地归“本集体成员集体所有”，集体经济组织、农民专业合作经济组织、农业企业等都能代表“集体”行使管理农村土地使用权的主体；②农民享有流转土地的承包权，根据《中华人民共和国农村土地承包法》的条例，“本集体经济组织成员”为土地承包权的主体，具备本集体经济组织的“成员身份”，才能享有土地承包权。在“三权分置”条件下，土地承包权仅成为取得土地承包经营权的前提，还需满足特定的“成员权”的条件；③农民享有非流转土地的承包经营权。在农户承包地没有进行流转的情况下，根据“两权分离”的土地权利理论，农户享有土地承包经营权，不必分离出土地经营权，依照现行土地制度实行，集体经济组织的农户取得土地承包经营权，实际上就是拥有具有身份意义的用益物权；④经营主体享有土地经营权，土地经营权指土地经营权人对其依约取得的土地，依法享有占有、使用和收益的权利，属于物权的范畴，土地经营权的主体身份不受限制，既可以是具有农业生产能力的自然人、法人，也可以是非法人组织、合作社、龙头企业、家庭农场、农业产业化联合体、社会化服务组织和集体经济组织成员等，多样化的经营主体适用于发展多种形式的适度规模经营。

如今的土地权利制度改革，既满足了农民保留土地承包权、流转土地经营权的意愿，又分离了土地承包权的使用功能和财产功能，让承包农户和其他经营主体之间的地产权得以重新配置，同时农民的土地承包经营权又赋予了严苛的身份属性，体现了社会保障的作用。此外，“三权分置”下土地承包经营权具有市场化权利，其自由流转解决了承包地的适度规模经营和抵押融资等问题，既有利于实际解决土地流转问题，保护农民的合法权利，又有利于培育和发展新型农业经营主体。“三权分置”下的土地权利制度既是原有土地制度的自我完善和调节，体现了我国农村土地制度的可持续性和与时俱进，有利于明晰土地权利体系，进一步维护农民集体、承包农民、经营主体之间的关系，也有利于促进土地集约化合理运用，构建新型合理的农业经营体系，发展适度规模经营，提高土地利用效率和劳动生产率，推动农业产业健康发展。因此，土地“三权分置”下的土地权利制度是家庭联产承包责任制后的又一制度创新。

3.2.3　土地分类

我国的土地分类方式缺少统一标准，具有多标准、多元化的特点。我国现行“土规”“城规”、地理国情三种用地分类体系，这三种分类体系存在分类目标与分类方法不一致，分类构成与地类定义不一致，数据来源与采集精度不一致等诸多差异，不同分类体系的成果数据之间缺乏可比性，融合应用困难，并且浪费人力物力[56]，使得国土管理上的“多规合一”困难重重，给国土空间的统一规划管理造成阻碍。整合现行用地分类标准，形成统一的空间规划用地分类标准是新时期国家推进空间规划和统一规划基础的重要任务之一。此外，现行土地规划用途分类过分强调各类用地总量及边界控制[57]，而忽视了对各类土地内部开发活动的约束和管理[58]。

从土地利用功能的角度出发，张红旗等[59]和邓红兵等[60]提出了“三生用地”分类体系。从综合各类区划的角度出发，黄宏源等[61]构建了三级省级国土空间综合功能区划体系。此外，刘平辉和郝晋珉[62]及张合兵等[63]学者提出可以依据土地利用的产业结构进行土地利用划分的思路，并对现有国土空间规划用地分类体系进行分析，创建出土地利用的划分体系。

人类目前对土地的认识主要分为以下几个层面：①土地即土壤，土地规划即对农地生产进行规划，这是低层面的认知；②土地是地球的陆地表面，包括地表水和滩涂，这是对土地狭义的定义；③土地指整个地球的表面，包括陆地和海洋，海洋规划也纳入土地规划当中；④土地是地表上立体垂直剖面的集合，具有自然属性和社会价值，包括土壤、岩石、气候、植被、地貌、水文等多种要素，这时土地规划近似国土规划；⑤土地是大自然的综合体，除地表上立体垂直剖面的集合之外，还包括附着于土地上的建筑物、阳光、风能、热能、雨水等，这时土地规划包括了环境规划、生态规划和景园规划。其中前三个层面都属于土地平面层面的分析，后两个层面是随着人类社会不断发展形成的立体的宏观认识。

3.2.4 土地流转

土地流转是经济发展的必然结果。我国现阶段土地流转存在诸多问题。宋光飞认为，我国土地流转规模小、发展慢，从而导致很多大的企业无法参与，因此无法形成规模经济[64]；马宁认为，土地产权不明晰导致土地流转工作中存在较多不确定性，使土地流转的可持续性较差[65]。

郑娜娜提出，应当从制度经济学角度出发，分析土地流转工作停滞的真正原因，建立健全土地流转的法律法规、保障制度、管理体系、产权制度、市场体系等内容，推动土地流转工作真正发展[66]。更有学者提出，应当通过建立更加公平的土地交易市场体制，遏制政府垄断的行政行为，使土地流转更加顺畅[67]。

改革开放之初，国家严格管控土地，土地所有权乃至土地使用权都禁止流转。1993年，《中华人民共和国宪法》确立了家庭联产承包责任制，同年在若干决议中明确说明在不改变土地用途和土地所有权归属的前提下，允许土地使用权试点流转，标志着社会主义“两权分离”的土地制度初步建立。2003 年，《中华人民共和国土地承包法》以法律形式规定了土地承包经营权各方主体的权利和义务。2007 年，中央一号文件首次提出平等协商、资源有偿的公平土地流转原则。同年《中华人民共和国物权法》将土地承包经营权首次突破性地定义为用益物权。2008 年，党的十七届三中全会提出保护土地承包经营权的依法流转。2013 年，党的十八届三中全会明确提出农民对承包地占有、使用、收益、流转的处置权利，允许农民发展农业规模化经营。2018 年，党的十九届三中全会提出在保持土地承包关系稳定不变的前提下，鼓励土地承包经营权向大户组织、农业企业、家庭农场、农村合作社等组织机构流转，发展多种形式土地经营方式。通过上述可知，1978年以来我国农村土地流转制度，逐步经历了由严格到逐步放宽，到发展、鼓励健全机制的发展路径，形成轨迹可总结为实践先行、政策支撑和法律筑底三部分，在试点城市取得良好进展后逐步推向全国，通过政策逐步推广，得到的实践经验进行总结后最终由法律文书的形式进行深入执行。

根据王晓盈对 21 世纪土地流转进行文献分析可知，其将 44 个土地流转的关键词分为4 类，代表着此领域的主要研究方向。类别 1 是农民自身的影响因素，关键词主要有流转意愿、农户、影响因素、Logistic 模型集中度高；类别 2 主要研究新城镇背景下土地流转模型，关键词主要有城镇化、城市化、模式、城乡统筹、问题关联度高、联系紧密；类别 3 主要为结合时代背景下的研究热点，关键词主要有规模经营、“三权分置”、制度创新、家庭农场等；类别 4 主要是对土地流转制度的理论研究，包括农民、劳动者等主体关键词和土地使用权、土地承包经营权流转等权利关键词，此领域已逐步发展成熟[68]。

3.2.5　土地利用规划

(1) 土地利用概念和分类。土地利用是人类通过一定的行为，利用改变土地的特性来满足自身发展的过程，是人类适应自然、改造自然的过程，反映了人与自然的结合关系，同时反映了土地利用过程中人与人之间的协同关系。根据联合国粮食及农业组织提出的定义，土地利用是指由自然条件和人的干预所决定的土地功能的改变。土地利用本质上揭示的是人与土地之间的关系乃至人与自然的关系，既是一种劳动过程，也是人类与大自然进行物质交换的过程。具体来看，土地利用是根据土地的实际情况，对构成土地的综合因素，如土壤、水分、地形、空气等，按照人类活动进行干预、改造、综合运用，来决定其功能。在把土地利用作为生产要素的同时，土地利用必须遵循经济规律，追求经济效益。综上，土地利用就是人类根据一定经济社会目的，采取一定手段，对土地资源进行长期性或周期性的整治、使用、保护和改造，是一个结合社会、经济、自然、技术等诸多要素综合作用的复杂过程。

土地利用的最根本的原则是对土地合理性、可持续性的有效利用，具体应包括人地协调发展原则、比较利益原则、区域整体协调原则、综合效益相统一原则、农地优先原则、节约用地原则、集约经营原则、公平公正原则等。土地可持续利用是对土地利用更高层面的要求，满足自然适宜、经济合理、社会认可、生态环境可控的需求，保证土地生产力的持续增长和稳定，保持土地生态系统更新规划能力，持续满足人们对土地功能的使用需求，具有良好的经济效益、社会效益和环境效益，达到和谐统一的土地利用方式。

土地利用分类是国土空间规划的基础性工具，在国家机构改革与规划体制改革的背景下，为适应国土空间规划的要求，我国的土地分类标准也应当及时更新，制定科学合理的土地分类体系是进行国土空间规划管控的前提，也是各级各类国土空间规划编制、实施及管理的重要技术依据。整合国土空间规划用地分类体系是实现自然资源统一管理的客观要求。要实现自然资源的统一管理，首要条件就是构建出服务于自然资源的规划、调查、保护、登记、评价与监管的科学用地分类体系[69]。

(2) 土地利用规划对建设用地的管控效果。金浩然等[70]、乔伟峰等[71]分别运用空间逻辑回归模型和评价指数模型得出北京市昌平区、南京市土地利用总体规划对建设用地扩张强度的管控有一定成效但仍需加强的结论，两地区均存在建设用地粗放的问题。马丹驯等[72]进一步探索了土地利用规划和建设用地具体空间管制分区的冲突问题，指出常州市限制建设区内建设用地空间管制潜在冲突面积较大。张绍阳等[73]分析了土地利用规划管控失灵的原因：中国式分权体制下，地方政府会充分运用土地的政策工具来展开经济竞争。

土地规划对城市规划用地的影响涉及多个方面内容，一旦规划设计完成，会直接影响城市的建设用地。城市建设扩张要具有灵活性，在计划准备过程中要良好协同各个环节，在实际操作过程中应具有长远性、大局观，避免造成资源浪费、重复开发、土地浪费等情况，阻碍城市建设的发展进程。土地规划作为城市建设的关键环节，合理利用土地资源可以有效降低城市化建设成本，有利于解决我国用地紧张的问题，在一定程度上能够减少不必要建设的基础设施，减少道路被封占的情况，提高城市规划的科学性、合理性、有效性。

为了保证土地规划和城市建设的质量，保证规划和建设的统一，可以从以下几个方面进行改进：①建立健全的城市发展规划体系，有关政府部门应要严格控制编制和批准的工作，加强实施过程的监督作用，对土地规划和土地使用加以控制，加强规划相关人员的素质培养，提高相关人员的管理能力和沟通水平；②利用信息化的手段协调土地规划和城乡规划，加强土地数据监管，利用信息化技术建立完备的国土空间规划系统，统筹城乡协同发展；③整合政府的管理职能工作，建立并完善更适应我国社会组织结构管理的体系，充分倾听利益相关者的建议和意见，进行信息及时共享，避免土地规划和城乡规划分割的现象；④提高生态文明意识，在实际工作过程中应秉持着人与自然和谐共生的原则，以可持续发展作为发展理念，加强生态、社会、经济的深度融合，兼顾城市发展质量和建设效率，做好环境保护措施和资源协调发展。

(3)土地利用规划的协调。目前，土地利用规划协调方法已成为土地利用规划学研究的重点领域[74]。学者首先研究的是土地利用规划和城市规划的“两规”协调问题，研究内容包括“两规”融合的意义、技术规范、内容和方法等[75-78]。随着 2013 年中央明确提出“建立空间规划体系”后，土地利用规划的协调也从“两规合一”拓展到“多规合一”。“多规合一”是支撑多规协同的国家空间规划体系的最主要基石[79]。学者对于“多规合一”的研究主要集中于对江苏、山东、浙江、昆明等地的市县级实践探索[80-84]。除此之外，一些学者从立法角度给予了建议[85]。还有一些学者为“多规合一”的实现提供了技术支持，如构建数据体系、搭建信息平台等[86-88]。但就目前来说，学者对“多规合一”的研究还只停留在实践层面，对其理论的研究还很缺乏。

土地利用规划作为一种社会公众政策属性，包括土地利用规划主体、客体和所在运行环境在内的政治体系。其中，土地利用规划主体是指在任何时间和阶段内，依据相应的规划权，直接或间接参与到规划设计环节的组织或个人。土地利用规划主体的主要任务是行使相应的规划权，承担相应法律责任和行政手段。土地利用规划主体按照组织形式可划分为行政机关、立法机关、司法机关、计划团体、公民组织和个人，按照运行结构可划分为中央政府、地方政府、企业开发商、规划专家和公民群众等。每个类别的人群所承担的责任和任务不尽相同，参与的深度和广度也存在差异。其中，行政机关和立法机关代表着公众利益，在规划决策中处于主导地位，司法机关以客观公正的姿态监督规划的实施，防止违法侵权的行为，规划师专家以专业的角度承担起相关利益群体之间的协调沟通，其余的人都是直接或间接的利益相关者。

3.2.6 土地发展权

土地发展权按照广义的定义，其为“将农地变更为建设用地，或提高土地原有集约度的权利”或“一种将土地转为建设用地开发利用的权利”。在我国，由于土地发展权产生于“农转非”的特征背景，适用于农用地变更为建设用地的情景。既包括了提高土地利用强度的权利，也包括了变更土地用途的权利，符合我国的实践历程。

土地发展权作为一项新型用益物权，可以从物权内容的三要素(主体、客体和内容)和物权四项权能(占有、使用、收益和处分)进行构建和剖析。土地发展权的主体分为土地发展权人和国家，因土地使用性质改变或在土地原有用途上增加开发力度而产生土地价值增益的主体为土地发展权人，因规划管制形成的土地发展权主体为国家，由中央和地方政府分级实施管控。土地发展权的客体为土地使用、利用中产生的土地价值增益，在实践过程中体现为一定空间、开发面积、土地开发权等。土地发展权的内容是在土地所有权或土地使用权下，公民、法人或非法人组织对该地块的超额利用，并在原有土地价值之外产生土地开发增益的权利，调整土地权利的配置和运行。

土地发展权的占有和使用权是指在改变土地原农业用途的情况下对其进行非农属性利用的权利。土地发展权发生于国家对集体建设用地实施用途限制，在行使权利时不以占用农用地为前提，土地实际上仍为农村集体土地所有权人占有。收益权在用途管制下为国家享有，处分权指农地发展权主体能自由流转享有的发展权。土地发展权象征着对土地的再开发利用，从而获得更大的效用和价值，这是对收益权和处分权的行使。收益权和处分权两项权能构成农地发展权的核心。

土地发展权从权利所属上来看，有单一主体论和二元主体论。单一主体论是指发展权要么公有要么私有，只有一个权利主体，二元主体论则从我国国情、环境保护及维护农民群体权益的角度出发，认为土地发展权应当有两个权利主体，即国家和农民集体。而我国的土地发展权长期以来几乎属于国有，采取了类似英国的公有化构建模式，不仅由国家来控制土地开发，土地用途性质变更后的发展增益也由国家持有。

土地用途管制是土地规划中的最重要内容之一。我国土地用途管制基本由政府垄断，存在土地增值收益几乎都由政府所得、农民群体权益难以保障等局限性。建立土地发展权制度，可以在一定程度上弥补土地用途管制的缺陷。土地发展权制度将土地用途转化变为一种权利，通过权利的转移和购买，对农民土地用途被限制给予经济补偿，同时建设用地要开发也必须购买土地发展权，将其负外部效应转为建设用地开发的成本。土地发展权的应用在我国国土规划中也早有实践，如农地整理，土地指标增减挂钩，耕地补偿等；土地发展权在我国特定的国土政策背景下，还延伸出一系列(诸如“地票”“建设用地指标交易”“农业补贴”等)具有中国特色的地方制度。

在目前我国尚未明确正式规定相应的土地发展权制度之时，多个地方政府结合本地实际情况因地制宜进行土地发展权的创新实践。例如，重庆“地票”制度、嘉兴“两分两换”试验、天津“宅基地换房”等，在保护耕地、优化配置资源、集约利用土地等方面都取得了一定成效。结合地方实践及发达国家英美土地发展权的实践经历来看，我国在进行土地发展权规划制度制定时要满足以下两个条件：一是制度前提条件，土地发展权的设置要保持土地公有制属性不改变、耕地红线不突破、农民利益不受损等原则；二是市场机制条件，我国目前采取集体土地转变为国有土地的形式，以土地用途管制为前提，以行政职责为手段，缺点是缺乏市场机制，“同地、同价、同权”的市场机制有助于国有土地和集体土地形成良好的制度体系。

3.2.7 宅基地权利

(1) 宅基地使用权。“宅基地使用权”的出现首先为20世纪80年代学术的探讨，学界在权利制度确立之初就已经开始论证宅基地使用权的理论价值。2007年，《物权法》在用益物权的章节明确规定了“宅基地使用权”，这是第一次以法律的形式定义宅基地使用权的概念，但对宅基地使用权的权能和具体内容无一说明，形成了一定权利内容的遐想空间。宅基地使用权是指在不影响地基上房屋建造和使用的前提下，宅基地使用人有权在宅基地上种植瓜果、蔬菜、树木的权利。宅基地是一个集合概念，包括农民居住的房子、生活的院落及附属设施的集合体。

从已发表的论文成果来看，大部分学者支持宅基地进行使用权流转，普遍认为宅基地使用权合理流转能避免宅基地过度利用、居民点距离分散和村容村貌较差的情况，能够提高宅基地利用效率。部分学者提出宅基地使用权流转可以适当扩大范围，跨区域流转应受到法律支持，从而放活宅基地使用权。周江梅等认为宅基地使用权可扩大至集体成员在内的任何群体，可从村、县、市、省甚至跨省流转，将流转市场调整为以出租、转让、拍卖等以合同为主的契约式流转方式[89]；杜宇能和徐友谅认为宅基地使用权试点应选取城乡差别较小的发达地区，再逐步扩大宅基地流转范围[90]；丁鹏和孙放则提出建立农村宅基地使用权抵押贷款的配套运行机制，以此激活农村宅基地使用权的财产权属性[91]。

(2) 宅基地资格权。宅基地资格权并不具备权利应有的要素集合，它仅代表一种身份，是农户申请宅基地使用权使用的基础和象征，拥有宅基地资格权并不意味着农户就一定能获得宅基地，其并不是真正意义上的民事权利。宅基地资格权与宅基地所有权共始终，只有集体土地所有权存在和经济组织资格存在，集体成员才有资格申请宅基地。拥有宅基地资格权的集体成员，都享有依法申请并取得建造住房所在宅基地的资格。但申请人最终能否取得宅基地使用权，依靠集体成员是否符合法律规定的相应条件及集体经济组织是否存有宅基地等多种因素，也就是说只有资格权并无确切权利内容，对土地无实质性占有、收益和使用的权能，无法转化为权利。资格权确立的目的在于农户在进行宅基地使用权流转时不会丧失宅基地的财产属性的权利。

宅基地“三权分置”的“资格权”作为不同于“二元”权利下产生的新兴权利，其实是集体经济组织中“成员权”的另一种外在表现形式，其内涵和实质内容与“成员权”息息相关。对于“成员权”，学术界也颇有争议，主要原因是《中华人民共和国物权法》没有对集体与集体经济组织、集体成员和集体经济组织成员做出区分，相关概念混淆。许经勇认为集体经济组织成员权是集体产权制度改革的核心内容[92]。陈小君则认为“成员权”是具有身份权和财产权性质的特殊权利，意味着农民享有农村集体经济成员的“身份”，从而能享受集体分配财产权的权利[93]。我国学者围绕完善“三权分置”下资格权概念明晰和法律规范体系进行了大量研究。韩楠认为现有的宅基地资格权继承机制与《中华人民共和国继承法》存在冲突，非本集体成员也应建立相应法律规范保障其宅基地资格权的继承[94]；陈广华和罗亚文认为宅基地资格权具有“成员权”性质，其权利主体应为农村集体经济组织成员而非“农户”[95]；张雨榴等认为资格权的确立应兼顾主体意愿和历史根源，通过“实物+货币”的形式推进路径实现[96]。

3.2.8　宅基地流转

(1) 宅基地流转模式。我国对农村宅基地流转有相关法律规定，宅基地使用权流转仅限于在本村集体经济组织成员内部进行，许多地方政府政策也有类似的规定。倘若土地使用权人的宅基地处于静态资产状态下，闲置的宅基地得不到有效使用，很难进入市场流转，造成隐形资产的浪费。随着我国城镇化进程的不断加快，大量农村人口涌入城市，农村常住人口逐渐减少，农村住房和宅基地闲置现象越来越严重，导致部分农村住房和宅基地通过非法途径进行交易，屡禁不止。此外，尽管农村宅基地确权工作开展已久，但在实践过程中却困难重重，农民的法律观念短时间难以转变，传统观念根深蒂固，法律规定宅基地所有权归集体所有，但农民的固有观念依然把宅基地和房屋看作私有财产，加上我国大部分地区实行房地分开管理，从而造成确权登记困难，致使农民法律意识淡薄，进而成了阻碍宅基地流转改革的原因之一。

针对宅基地流转问题，我国学者提出了宅基地流转模式创新举措。大部分学者认为宅基地流转模式可归类为政府引导型、集体组织型和市场主导型，不少学者提出了各自的流转机制创新研究。卢江海和钱泓澎以义乌市宅基地使用权流转市场化为例，进行隐形市场公开化和合法化的实践探索与推广[97]；马智利和先静研究认为能够通过运用宅基地住房券实现跨地区土地的增减挂钩来满足农民的使用利益[98]。一些学者对宅基地使用权流转的农民意愿进行研究分析。钱龙等认为农民的城市人“身份认同”会通过城市进入效应和农村退出效应来促进宅基地流转[99]；刘蕾通过 Logistic 回归分析对定州市农户进行问卷调查，研究表明农户宅基地的流转意愿与农户家庭收入来源、是否有空闲宅基地等有显著性关系[100]；杨卫忠研究认为农民在进行宅基地流转过程中存在羊群效应，会模仿他人行为，从而影响自身流转意愿[101]。

(2) 农村闲置宅基地退出补偿水平低及缺乏市场运行机制。一些地方政府出台的与各地相适应的城乡建设用地增减挂钩制度能够解决这些闲置宅基地问题，这种制度实质上是宅基地发展权的转移，将宅基地复垦为耕地，农民退出宅基地使用权、资格权，将该地块土地发展权转移到建新区农地上使其转化为城市建设用地，如郑州宅基地复垦票、重庆“地票”模式、天津宅基地换房模式、浙江嘉兴“两分两换”模式等。但这些模式普遍存在政策导向性强、缺乏市场机制和补偿水平低等问题。

对于政策导向性强、缺乏市场机制来说，各项指标都由政府来进行划定，而各地政府大多未考虑市场供求状况。而且对于宅基地发展权价值评估多通过拍卖的方式进行决定，这个价值不同交易时点的政府供给指标与市场需求状况的影响非常大，并不能完全反映宅基地发展权的实际价值。

对于补偿水平低的问题来说，宅基地发展权发生转移的土地增值收益应为土地出让净收益与周转指标净收益之和[102]，但在实际补偿过程当中，一部分制度未补偿土地发展权权利收益，如天津宅基地换房模式；另一部分制度补偿了极小部分的宅基地发展权权利收益，即补偿了周转指标净收益，相较于政府获得的土地出让净收益来说微乎其微。以重庆

“地票”模式为例，根据重庆农村土地交易所出具的《2018 年度重庆地票市场运行分析报告》数据，重庆 2018 年全年“地票”均价为 18.6 万元/亩，而根据《重庆市统计年鉴(2019)》数据，重庆 2018 年国有土地出让均价为 208.89 万元/亩，可见现有的这些宅基地发展权转移模式对农民宅基地使用权、资格权的权益补偿不充足。

总之，现有的农村闲置宅基地退出模式还存在诸多问题，主要是农民宅基地使用权、资格权退出补偿少、缺乏市场机制的问题，这些问题需要创建更加合理的农民宅基地使用权、资格权退出收益分配机制和转移机制来解决，其核心问题是要建立农民宅基地成本价格测算机制。

第4章　宅基地使用权研究回顾

宅基地制度改革的核心内容集中在宅基地的使用权如何进行改革上。宅基地是农村农民家庭依法批准建造住宅的集体所有的土地，其相关政策制度是保障农民安居乐业的前提。宅基地使用权根据《中华人民共和国物权法》的规定是使用者依法对集体所有的土地享有占有和使用的权利。宅基地使用权由于土地的稀缺性和政府的公共利益属性受到了政策上的一定制约。2007年，我国在《中华人民共和国物权法》第13章首次专章规定宅基地使用权，该法认为宅基地使用权是一种用益物权，即享有占用、使用和收益三项权利，但实践过程中公共色彩强、收益功能弱。在《中华人民共和国物权法》颁布之后的十年中，国家对宅基地使用权的态度一直摇摆不定，也没有统一明确的相关具体法规来保障宅基地使用权的实施，其主要原因是国家支持公民的财产自由权和宅基地本身的特殊属性之间的矛盾。2018年，中央一号文件《中共中央国务院关于实施乡村振兴战略的意见》提出探索宅基地所有权、资格权和使用权的“三权分置”，适度放活宅基地使用权，禁止违规违法买卖宅基地。具体盘活宅基地使用权的方法有退出、出租、转让、权利转让后转让、权利分离后转让等。

21世纪以来，我国学者对宅基地使用权的立法规范、权利内容、实践途径及概念辨析等进行了大量研究，涉及社会学、法学、管理学等学科，研究内容和角度不断深入，宅基地使用权日益成为一个内容烦琐、多学科交叉的研究主题。本章基于CNKI数据库，借助计量可视化软件CiteSpace，通过科学绘制知识图谱，对宅基地使用权的研究现状(高产作者、机构网络、热点关键词)进行定量分析，梳理国内宅基地使用权的研究热点和发展脉络，为进一步宅基地使用权政策制度改革提供借鉴。

4.1　现有研究基本特征

本节通过CiteSpace V和CNKI数据库自带文献计量工具软件，对“宅基地使用权”这一主题下的文献进行文献聚类和共词分析，用可视化的聚类图谱形象展示出学科的发展过程、核心范畴、前沿领域及整体知识架构。CiteSpace V是最新一代实用性和科学性的信息可视化软件，适用于动态、多元、可持续的复杂网络分析，可将某个领域的热点、前沿通过图谱的方式结构化、区域化地展示出来，并进行有效信息的标注[103]。分析的时间切片为2000～2020年并按照一年一切片的方式将数据切开，每个切片选取Top50来生成最终网络。

本节数据来源是CNKI数据库文献资料，通过CiteSpace简化了大量烦琐阅读文献的程序，直接提炼出高频的关键词，有利于提高研究的客观性和准确性。本书数据库来源主要为CNKI数据库，每一条数据主要包括篇名、作者、关键词、术语和参考文献。根据大量阅读相关文献，得到CNKI数据库的检索词为SU=（‘宅基地’）AND SU=（‘使用权’）。将此检索词在CNKI数据库中的专业检索中进行查询，设置时间跨度为2000～2020年，所搜索出的期刊类型为核心期刊，包括SCI、EI、CSSCI、CSCD、北大核心2017版等，得到初步文献937篇。对初步筛选出的文献结果进一步精炼，剔除与研究不相关的文献等，以提高文献结果的精确性和科学性，最终得到CNKI数据库有效文献920篇，这些有效文献作为知识图谱分析的依据。

4.1.1 年度发文量统计分析

通过对CNKI数据库核心期刊搜索的920篇文献进行年度发文量分析，从而进一步了解该领域的文献发表情况和变化趋势，具体见图4-1。总体来看，宅基地使用权的研究出现了三个高峰增长点，分别在2010年、2014年和2019年，依次为82篇、86篇和109篇。2000～2007年的宅基地使用权核心期刊发文量总共仅有65篇，此阶段的研究主要偏向宅基地使用权的立法建议、制度设计和流转思考，其中不少文献为对《中华人民共和国物权法》制定提出的意见。从2008年开始，该领域的核心文献每年度均不少于50篇，说明宅基地使用权的研究逐步成为理论学界研究讨论的热点方向。2008～2012年，随着《中华人民共和国物权法》对宅基地使用权的基本规定和《中共中央关于推进农村改革发展若干重大问题的决定》的颁布，国内学者在这一阶段的研究偏向宅基地确权和使用权流转问题，以及结合《中华人民共和国物权法》的基本理念进行实践分析。2013～2017年，研究宅基地使用权问题的方向趋于多元化，相关研究进入高速发展水平，宅基地使用权问题也受到政府和社会的日益关注，各地开始结合实地情况进行制度和实践探索。2018年，中央一号文件提出探索宅基地所有权、资格权和使用权的“三权分置”，并适度放活宅基地使用权，我国学者对于“三权分置”的路径设计和改革措施提出了各自的见解，同时逐步出现了使用权、资格权和成员权之间的概念辨析与立法依据的研究。到2019年出现了此领域的最高篇数109篇。从总体文献量成果来看，每一次研究成果的突然增长均与当时的社会及农业政策背景密切相关，而当政策热潮降温时，发文有所减少。

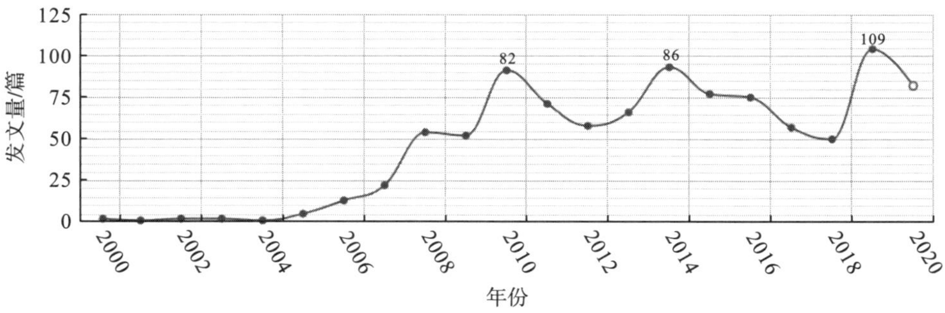

图4-1 2000～2020年宅基地使用权文献分布图

4.1.2　研究作者及合作关系分析

由表 4-1 可知，发文量最多的是河南师范大学的吕军书，共 16 篇，吕军书是河南省法学会农业与农村法治研究会副会长，被引次数最多的是《法律视域下的农村宅基地使用权流转制度创新》，该论文研究了农村宅基地使用权的立法现状和制度创新；其次是广东外语外贸大学土地法制研究院的陈小君，共 8 篇，被引次数最多的是《宅基地使用权制度：规范解析、实践挑战及其立法回应》，该论文主要研究宅基地使用权制度的指导思想原则和具体制度设计；达到 5 篇及以上的共有 13 人，除吕军书和陈小君外，还有海南大学王崇敏、广西民族大学宋才发、中国人民大学高圣平、广东外语外贸大学耿卓、四川大学杨遂全、绍兴文理学院喻文莉、南京林业大学刘同山、河南财政金融学院惠献波、成都理工大学章合运、南京农业大学马克思主义学院付坚强、中共中央党校宋志红。总体上看，研究宅基地使用权的学者不多，需要更多研究人员加入。

表 4-1　2000～2020 年发文量在 5 篇以上的作者

作者	第一次发表时间	发文量/篇	作者	第一次发表时间	发文量/篇
吕军书	2010 年	16	喻文莉	2009 年	5
陈小君	2010 年	8	刘同山	2014 年	5
王崇敏	2006 年	7	惠献波	2013 年	5
宋才发	2010 年	7	章合运	2008 年	5
高圣平	2007 年	7	付坚强	2008 年	5
耿卓	2012 年	7	宋志红	2010 年	5
杨遂全	2011 年	6			

此外，对研究作者进行共现分析来看，宅基地使用权研究群体呈现出“整体分散、局部聚集”的特点，图 4-2 中共有 88 个节点，18 条连线，平均轮廓为 0.2429，其中节点字体大小代表作者中心性，节点越大，作者发文量越多，节点连线则代表作者之间的合作关系，连线越粗，合作关系越紧密。目前已经形成以吕军书和刘同山等为核心的研究团队。吕军书团队主要研究宅基地使用权流转的风险防范和退出的立法构造；刘同山团队主要研究宅基地使用权在城镇化进程中的制度政策和演变。在研究作者联系中，华中师范大学吴郁玲和中国地质大学冯忠垒合作较为密切，此领域共有 3 篇合作文章，主要涉及宅基地使用权确权的研究。可见，部分核心作者群体已初步形成，其相关研究成果奠定了宅基地使用权研究的发展基础。

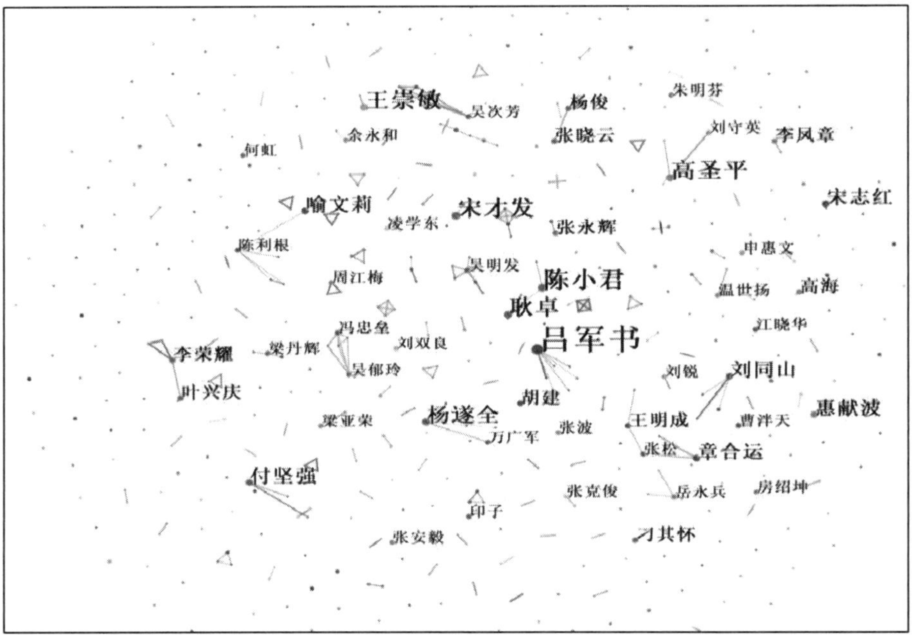

图 4-2　2000～2020 年宅基地使用权研究作者合作网络图

4.1.3　研究机构分析

根据研究机构发文频率统计(表 4-2)可知，海南大学法学院和中南财经政法大学法学院发文数量最多，均为 16 篇，分别占 1.74%；其次是南京农业大学公共管理学院，为 14 篇，占 1.52%；发文数量在 5 篇以上的共有 23 个研究机构，共发表 229 篇，这些研究机构的发文数量占文献总数的 24.9%。由此可见，宅基地使用权研究在不同科研机构之间分布不均衡，存在明显的差异。由图 4-3 可知，宅基地使用权研究文献主要集中在综合类院校的法学院、政法院校的各个学院和各个研究农村(或土地)的机构。

表 4-2　2000～2020 年发文量排名前十的机构

序号	机构	第一次发表时间	发文量/篇
1	海南大学法学院	2006 年	16
2	中南财经政法大学法学院	2009 年	16
3	南京农业大学公共管理学院	2009 年	14
4	四川大学经济学院	2008 年	13
5	中国人民大学法学院	2003 年	12
6	武汉大学法学院	2005 年	11
7	中国社会科学院农村发展研究所	2007 年	11
8	中国人民大学民商事法律科学研究中心	2008 年	9
9	四川大学法学院	2011 年	9
10	安徽财经大学法学院	2015 年	8

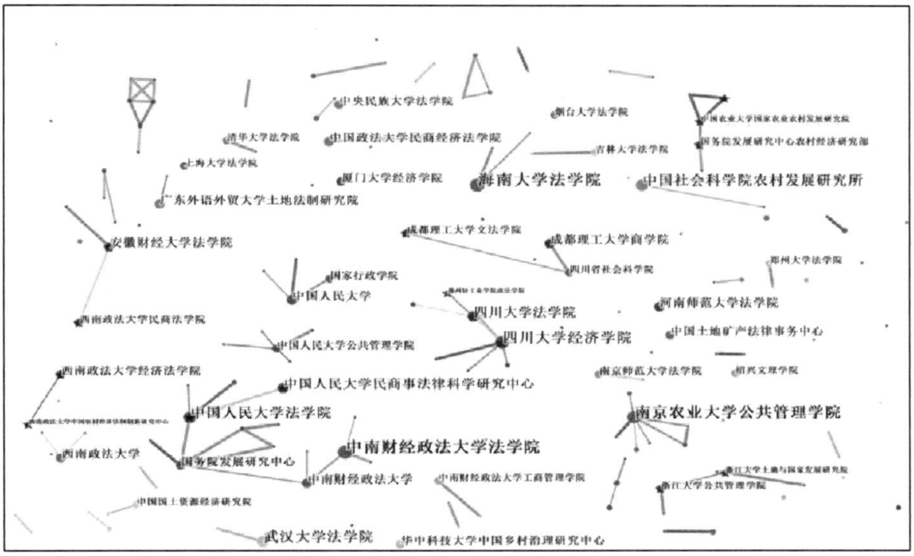

图 4-3　2000～2020 年宅基地使用权研究机构合作网络

利用 Citespace 对样本文献的研究机构进行分析，得到可视化图谱，可以清晰地辨识出土地集约利用评价研究成果的机构分布及其合作关系。图中共有 78 个节点，11 条连线，网络密度为 0.0037，说明部分研究机构有一定的联系和合作，但合作形式基本为大学所在的各个学院之间，以及同个区域学校之间的合作，跨地区、跨学校合作的形式较少。其中，中南财经政法大学、国务院发展研究中心和中国人民大学存在交流联系；成都理工大学和四川省社会科学院存在合作互动；中国农业大学农业农村发展研究院和国务院发展研究中心农村经济研究院交流较为紧密。此外，中国人民大学、浙江大学、四川大学、西南政法大学各自院系之间的交流较为紧密。从合作关系来看，研究机构主要集中在国家层面，地方研究机构较少。宅基地使用权相关政策依各地方而异，因此地方研究机构应加强与各高校、研究所开展紧密合作，适应地方农村发展需要，进一步找寻能够适于全国推广的研究之道。

4.2　研究热点分析——文献关键词的共现图谱

关键词高度并简练地概括了研究观点和内容，对一定时期的关键词进行统计分类，可以归纳出宅基地使用权的研究热点。通过将 CiteSpace 功能与参数设置区的 Node Types 选择为 Keyword，进入可视化界面在功能参数区中首先将时间切片中的时间范围设置为 2000～2020 年，时间切片为 1 年，每个时间切片选择 Top50，连线行为选择 cosine，采用对数似然比算法进行聚类，进入关键词共现分析的可视化界面，并根据选取聚类所含文献数大于等于 10 的重要聚类进行分析研究，形成 2000～2020 年宅基地使用权出现频率表(表 4-3)和关键词共现图(图 4-4)。图 4-4 中颜色越深代表关键词出现的时间越近，节点越大代表关键词中心度越强。文中结合以往学者的研究成果和知识图谱的研究热点进行归纳总结，发现当前学者对宅基地使用权的研究主要集中在以下三个方面。

表 4-3 2000～2020 年宅基地使用权出现频率在 10 次以上的关键词

关键词	频率/次	中心度	首次出现时间
宅基地使用权	325	0.12	2006 年
宅基地	138	0.42	2005 年
农村宅基地	106	0.1	2007 年
流转	75	0.17	2006 年
“三权分置”	60	0.04	2018 年
农村	40	0.6	2008 年
农民	39	0.03	2007 年
劳动者	33	0.11	2007 年
使用权	31	0.09	2008 年
土地承包经营权	30	0.31	2007 年
土地流转	24	0.14	2009 年
农村宅基地使用权	23	0.39	2005 年
用益物权	23	0.09	2008 年
宅基地使用权流转	20	0.06	2009 年
城镇化	18	0.09	2013 年
制度创新	18	0.06	2009 年
集体建设用地使用权	18	0.18	2008 年
土地使用权	16	0.35	2008 年
集体建设用地	15	0.12	2010 年
土地制度	15	0.05	2007 年
物权法	14	0.12	2005 年
乡村振兴	14	0.02	2018 年
使用权流转	14	0.06	2008 年
资格权	14	0.02	2018 年
小产权房	12	0.16	2008 年
《中华人民共和国土地管理法》	12	0.19	2010 年
集体土地	12	0.1	2011 年
产权	12	0.11	2008 年
物权	11	0.23	2005 年
抵押贷款	11	0.09	2010 年

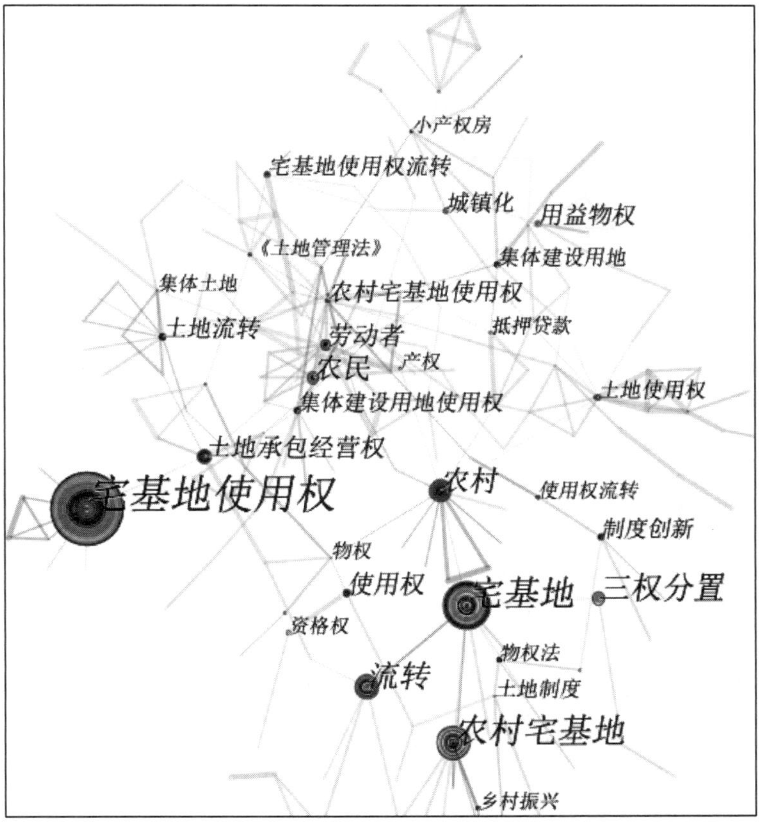

图 4-4　2000～2020 年宅基地使用权关键词共现图

4.2.1　宅基地使用权相关制度和政策

相关文献以“三权分置”、城镇化、制度创新、土地制度、物权法、乡村振兴、《中华人民共和国土地管理法》为切入点进行研究。其中，关键词“三权分置”出现的频率最高，为 60 次，中心度为 0.04；《中华人民共和国土地管理法》的中心度最高，为 0.18，频率为 12。

直接涉及宅基地使用权的法规条例和政策意见有《中华人民共和国物权法》《中华人民共和国土地管理法》《中共中央国务院关于实施乡村振兴战略的意见》等，不少学者从法学、社会学的角度对这几部法典中宅基地使用权的设定进行研究。21 世纪以来，国家逐步对宅基地使用权制度和政策进行实践探索。《中华人民共和国土地管理法》从 1987 年开始实施，其间历经了四次修改，最新版本为 2019 年修订。根据最新的《中华人民共和国土地管理法》，宅基地使用权具有人身属性，非本集体经济组织成员无法取得，其不得出让、转让或出租用于非农业建设，并且不属于遗产，不能被继承，但公民继承房屋，宅基地使用权也便随着房屋而转移给新的所有人。印子根据《中华人民共和国土地管理法》的修订过程结合公共池塘资源、村民自治模式、财产权化模式等提出了“美丽乡村”建设方案、宅基地无偿退出方案和宅基地增量供给方案等制度创新方案[104]。2002 年开始，国家开始起草物权法草案，2007 年颁布《中华人民共和国物权法》，在这个过程中国家对宅基地使用权流转的态度从支持、限制，再到《中华人民共和国物权法》中的表态不明。董新辉等认为国家立法态度的转变一方面是对实现农民财产权自由的支持，另一方面又显示出国家对宅基地使用权的身份属性的重视及对产生风险的担忧[105]。2017 年，习近平总书记在十九大报告中提出乡村振兴战略，指出农业农村农民问题是关系国计民生的根本问题。2018 年，中央一号文件《中共中央国务院关于实施乡村振兴战略的意见》正式提出探索宅基地的所有权、资格权、使用权“三权分置”，标志着宅基地“三权分置”内容第一次以国家文件的形式提出。邱宗江认为在乡村振兴背景下要适度放活宅基地使用权，因为我国现行的宅基地使用权制度与政策让宅基地很难进入土地市场，导致大量宅基地出现闲置的现象，不能得到有效的利用，造成隐形资产的浪费[106]。从已发表的成果来看，大部分学者认为“三权分置”政策主要目标是解决宅基地的社会保障功能和发挥其财产属性功能。2020 年，十三届全国人大三次会议表决通过了《中华人民共和国民法典》，在《中华人民共和国民法典》第二编专门涉及物权的章节，宅基地使用权的本质内容与 2007 年《中华人民共和国物权法》的相关内容基本无差异。

4.2.2 宅基地使用权主客体内容

研究文献以农村、农民、劳动者、集体建设用地、小产权房、集体土地为切入点进行研究。此分类的关键词中农村的频率最高，为 40 次，中心度同样最高，为 0.6。宅基地使用权的主体为农村、农民、劳动者等社会主体。我国学者主要从使用权主体的角度来尝试构建宅基地使用过程的机制和相关权利主体的认定研究。田逸飘和廖望科从相关主体性分析宅基地使用的系统稳态得益于“因人成户，因户需宅”之间的关系，“人”“户”“宅”之间关系的变化又进一步推动了宅基地制度改革[107]；王竹等从农户主体的角度构建了内生机制和外力制衡机制两部分土地多元主体“利益均衡”策略，以此实现乡村振兴[108]；尹晓波和朱永倩认为宅基地“三权分置”的农户资格权作为一种新的权利类型，将其主体认定为“集体成员”比“户”更具有必要性和实际意义[109]。

宅基地使用权的客体为宅基地。一般认为农村宅基地是指农村农民家庭依法批准，用于建造住宅(包括住宅、附属用房和庭院等)的集体所有的土地，包括已建成房屋的土地、建成房屋但不能居住的土地和规划建房的用地。宅基地属于集体建设用地的一种，小产权房则是指未办理相关证件建设在集体土地上的房屋[110]。2020 年，自然资源部发布《关于加快宅基地和集体建设用地使用权确权登记工作的通知》，要求因地制宜加快地籍调查和登记。我国学者对于宅基地使用权客体的研究主要是基于集体建设用地的分类和流转。Feng 和 Chen 认为宅基地属于住宅性集体建设用地应区别经营性集体建设用地，其不仅是国情需要，而且带有福利性质，对宅基地流转的限制应视不同情形和不同主体区别对待[111]；陆剑和陈振涛认为属于集体经营性用地用途的宅基地需构建城乡统一的建设用地使用权的市场规则体系[112]；屠世超认为宅基地作为集体所有用地限制流转的原因有城乡二元的户籍制度和城市的单位制度[113]。

4.2.3　宅基地使用权的权利内容和其他相关权利

研究文献以使用权、土地承包经营权、集体建设用地使用权、土地使用权、用益物权、资格权、产权、物权为切入点进行研究。关键词使用权频率最高，为 31 次；物权中心度最高，为 0.23。出现的几大权利相关关键词具有关联性。农民集体土地使用权可分为农用土地使用权、宅基地使用权和建设用地使用权，是指农民集体土地的使用人依法利用土地并取得收益的权利。土地承包经营权则是土地使用权的重要组成部分。

在宅基地使用权权利本质的认识上，学者有两种截然不同的观点。一种观点是以宋志红为首的，认为其是用益物权，属于物权的地上权[114]；另一种观点是以徐忠国为首的，更倾向于债权，房屋的获得并不因为转移宅基地使用权，而是由于基于债权的宅基地租赁权的转移[115]。胡佳认为放活宅基地使用权的方式可分为出租、转让、“变性”后转让、抵押[116]。

我国农村土地经历三次变迁，实施家庭联产承包责任制之后，统分结合的宅基地“二元”(所有权、使用权)产权权能结构形成，并延续至今，2018 年中央提出农村宅基地“三权分置”，意味着农村宅基地产权权能结构制度将从“二元”到“三元”(所有权、资格权和使用权分离)变迁。事实上，这是一种产权权能分配的变革，因为土地作为农民赖以生存的生产要素，其产权分配是农村发展的重要基础。许经勇认为“三权”的实质分为宅基地所有权、特殊用益物权和次级用益物权[117]。

宅基地“三权分置”的“资格权”并非一种新兴权利，而是集体经济组织“成员权”的外在形式，与集体经济组织的“成员权”应该是形式和内容的关系，也就是说，“资格权”是“成员权”的另一种外在形式。对于“成员权”，学术界也多有争论，主要原因是《中华人民共和国物权法》没有对集体与集体经济组织、集体成员和集体经济组织成员做出区分，导致相关概念混淆。李爱荣认为集体经济组织成员权是集体产权制度改革的核心内容[118]。陈小君则认为“成员权”是具身份权和财产权性质的特殊权利，农民基于农村集体经济成员的“身份”，从而能享受集体分配财产权的权利[119]。我国学者围绕完善“三权分置”下“资格权”概念明晰和法律规范体系进行了大量研究。韩楠认为现有的宅基地资格权继承机制与《中华人民共和国继承法》存在冲突，非本集体成员也应建立相应法律规范保障其宅基地资格权的继承[120]；有学者认为宅基地资格权具有“成员权”属性，其权利主体应为农村集体经济组织成员而非“农户”[121]；申建平认为“三权分置”下的“资格权”没有实质作用，应借助《中华人民共和国民法典》编撰之际完善相关权利制度[122]；张雨榴等认为资格权的确立应兼顾主体意愿和历史根源，通过“实物+货币”的形式推进路径实现[123]；刘宇晗和刘明认为“三权分置”下“资格权”承担了原本宅基地使用权的社会保障功能，因此有必要调整宅基地使用权权能，放开流转限制[124]。

4.3 研究前沿分析

对研究前沿的分析可以发现关键词的交互关系和年代脉络演化情况，从而总结年代研究发展方向和未来需要关注和解决的问题，本节通过网络时区图和突现词图来实现。网络时区图按照时间顺序将首次成为研究热点的关键词集中在同一时区当中，需要说明的是这里的时间指的是关键词对应的相关文献首次成为热点的时间段。突现词图全称为突变性关键词图，表示待考察关键词在短时间内跃迁的现象，强调突变性。通过对关键词突变性的考察，可得知待定时间内的研究热点。

通过调整聚类群组图可得到图4-5和图4-6所示的突现词图和文献共被引网络时区图，筛选的为出现次数在5次以上的关键词，因此结合典型文献，将宅基地使用权分为四个研究阶段，具体如下。

关键词	年份	强度	开始时间	结束时间	2000~2020年
物权法	2000	5.9094	2005年	2010年	
土地承包经营权	2000	3.1201	2006年	2012年	
新农村建设	2000	3.2082	2008年	2009年	
制度创新	2000	4.1246	2009年	2010年	
流转	2000	9.1001	2009年	2010年	
集体建设用地	2000	4.5648	2010年	2014年	
土地流转	2000	4.4166	2010年	2011年	
宅基地使用权流转	2000	4.2524	2011年	2012年	
宅基地管理	2000	3.682	2013年	2014年	
农民	2000	4.7865	2013年	2014年	
宅基地退出	2000	3.5527	2014年	2017年	
用益物权	2000	4.0344	2015年	2016年	
成员权	2000	3.4385	2018年	2020年	
三权分置	2000	30.5233	2018年	2020年	
宅基地	2000	5.4599	2018年	2020年	
乡村振兴	2000	7.0755	2018年	2020年	
资格权	2000	7.542	2018年	2020年	

图4-5　2000～2020年宅基地使用权突现词图

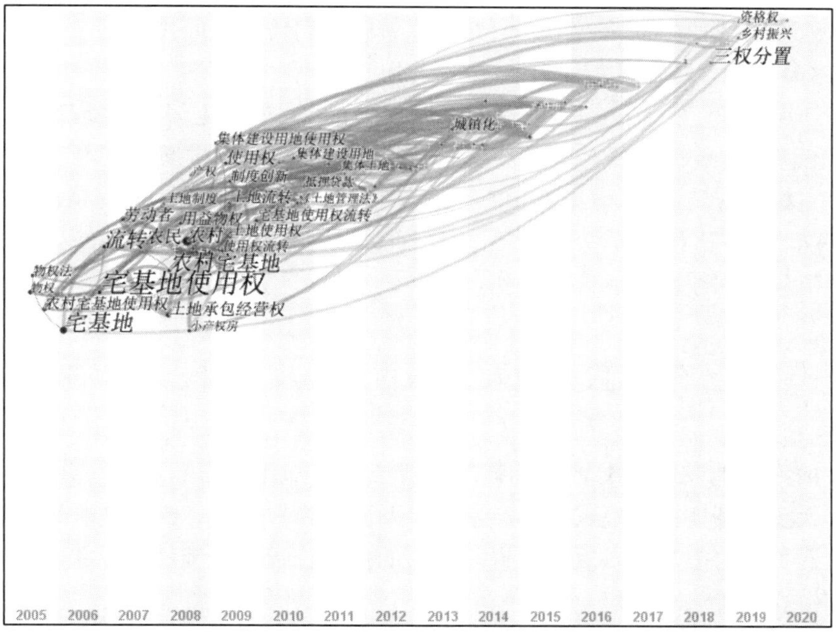

图 4-6　2000～2020 年宅基地使用权时区图

(1)2005～2008 年为研究的初始阶段。2005 年党的十六届五中全会提出建设社会主义新农村，2007 年《中华人民共和国物权法》规定了宅基地使用权的权利内容和实践途径、《关于严格执行有关农村集体建设用地法律和政策的通知》限制了农村集体建设用地的使用途径。面对新的政策和形势背景，此阶段的研究主要围绕新农村建设下《中华人民共和国物权法》的立法构造和制度进行探讨。这一阶段出现的突现词主要有“物权法”“土地承包经营权”“新农村建设”，“物权法”的突现强度达到 5.9094。

(2)2009～2012 年，伴随着《中华人民共和国物权法》在农村的深入实施及城镇化的不断推进，如何引导农民有序流转农村宅基地成为这一阶段的研究热点。这一阶段出现的突现词有“流转”“制度创新”“土地流转”“宅基地使用权流转”等，学界对农村宅基地的研究从流转现状、特点、途径和存在问题等方面，开始偏向流转模式创新、保护农民权益等方面，并且结合地方政府对宅基地流转的有益探索进行分析，如嘉兴市“两分两换”、温江市“双放弃”、华明镇“宅基地换房”、重庆市“地票”交易等模式。他们对宅基地使用权流转法律法规和实践机制进行了探讨，而针对宅基地使用权整体的管理和各主体之间利益的平衡研究较少。

(3)2013～2017 年，随着学界对宅基地使用权的相关理论基础知识的不断认识深化，研究内容更加广泛，研究角度更加多元。此阶段出现的突现词主要有“宅基地管理”“宅基地退出”“用益物权”等。党的十八大推动城乡一体化的政策出台后，作为公共福利的宅基地如何有效管理，以及使用权具体取得、行使、转让、退出等问题得到了深入研究。在新型城镇化背景下，部分学者认为可以赋予宅基地完整的使用权权能，并逐步引入市场机制；明晰宅基地产权，建立宅基地流转市场，并通过有效补偿引导农村宅基地退出。地方政府角色问题、宅基地主体之间的关系、使用公平效率问题等附带公共属性的研究更加系统地被引入宅基地使用权研究中，研究逐步偏向机制化、全面化。

(4)2018 年之后，随着党的十九大报告提出“乡村振兴战略”，并在中央一号文件提出探索宅基地所有权、资格权和使用权的“三权分置”，研究更偏向对新政策的解读和实施。此阶段出现的突现词主要有“成员权”“三权分置”“乡村振兴”“资格权”等，其中突现词“三权分置”的强度达到 30.5233，说明这一阶段“三权分置”成为研究的切入点。“成员权”“资格权”等权利概念的辨析，以及“三权分置”的法律内涵、实现路径和宅基地使用权流转新机制成为研究热点。

4.4 国内已有的宅基地发展权配置与转移模式归纳和剖析

国内目前宅基地发展权配置与转移的模式主要有郑州“宅基地复垦票”、重庆“地票”模式、天津宅基地换房模式、浙江嘉兴“两分两换”模式、深圳宅基地入股模式等。本节对以上五种国内宅基地发展权配置与转移的模式进行进一步剖析，并进行对比分析，提出对现有模式的看法和建议。

4.4.1 郑州“宅基地复垦票”

“宅基地复垦票”是郑州市自然资源和规划局为了用好用活增减挂钩节余指标在省域内流转的政策而提出的在省域内公开交易支持扶贫开发及易地扶贫搬迁的新举措。它是指 2020 年以前符合国家规定的贫困老区、特困区域和国家扶贫开发工作重点县等腾出的农村宅基地及其他农村集体建设用地，扣除自身安置用地剩余的用地指标，即城乡建设用地增减挂钩剩余指标。其中，“宅基地复垦票”分 A 票、B 票两种。具体操作如下：自 2017 年 1 月 15 日起，在郑州等地通过“招拍挂”的方式买地从事房地产开发的土地竞买人必须提前购买与出让土地同等新增面积的复垦票，参与土地竞买。宅基地 A 类复垦票的收益扣除土地复垦及相关成本后，剩余收益则通过一卡(折)通直接拨付给搬迁群众。为保证农民权益不受损，有关部门将加强对交易价款拨付与使用的监管力度。宅基地腾退复垦为耕地后仍由原宅基地使用者承包经营，且原有农村集体经济组织成员的合法权利不变、权益不受损。整个运作过程如图 4-7 所示。

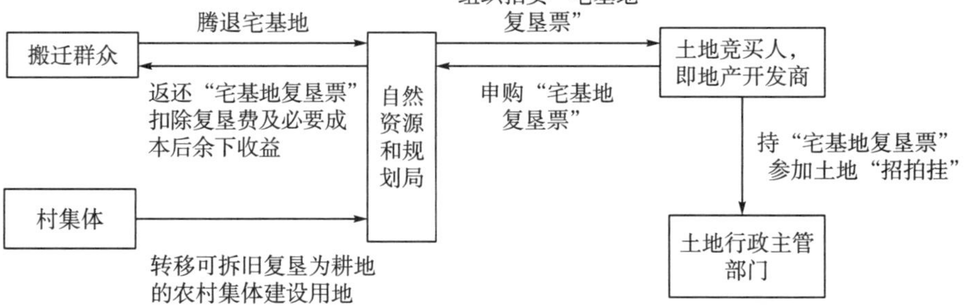

图 4-7 郑州“宅基地复垦票”模式运作过程

郑州“宅基地复垦票”的实质是宅基地发展权的转移。整个流程中将宅基地资格权及使用权转化为耕地承包经营权，并将宅基地复垦为耕地的建设用地指标，通过“宅基地复垦票”的形式在市场上进行交易，供给有城市建设用地需求的地产开发商，有效解决了城镇年度新增建设用地指标不足、建设用地规模受限和占补平衡难等问题。“宅基地复垦票”的产生规避了集体土地不能交易的障碍，通过用地指标有偿流转的方式，实现了土地权利空间上的转移，同时通过“宅基地复垦票”带来的收益反哺农村，从而实现以城带乡统筹城乡发展。此外，“宅基地复垦票”拍卖交易所获得的金额返还给村集体用于扶贫搬迁工作，进而成为扶贫的手段之一。

“宅基地复垦票”的价格包括了成本价格、市场价格和权益价格。成本价格是指集体建设用地复垦中产生的组织成本和管理成本，在进行复垦用地过程中与政府、农户进行沟通、谈判，为农民选择适宜的土地整理企业，土地整理后进行土地权益调整，以及登记调查“宅基地复垦票”的归属，在“宅基地复垦票”产生和交易中都会发生交易费用；市场价格是由政府和市场对土地共同定价的结果，体现了市场对“宅基地复垦票”的真实需求，最高限价为 30 万元；权益价格是指由于土地用途或土地区位改变造成的价格差，通过土地发展权的转移导致建设用地指标的增减，加上城市土地和农村土地用地区位带来的价格差就形成了权益价格。在市场经济中，供给方和需求方共同影响与决定了商品价格，但“宅基地复垦票”承担着扶贫和促进城乡协调发展的任务，带有公共物品的色彩，政府对于“宅基地复垦票”的供给方、需求方、成交最高价和最低价都有一定的限制与规定，因此“宅基地复垦票”市场属于不完全竞争市场。

“宅基地复垦票”的运用对于河南省促进城乡协同发展、实现利益共享、拓宽城市空间具有重要意义。

对于完善“宅基地复垦票”运行机制，有以下几点建议。

1. 建立健全“宅基地复垦票”储备机制

2020 年以前“宅基地复垦票”的来源地区为贫困区，“宅基地复垦票”的产生要经历复垦、验收、申报和拍卖等多个环节，范围小、程序多是目前“宅基地复垦票”的现状，政府面临“宅基地复垦票”供小于求的问题。因此，政府要健全复垦票储备机制，在“宅基地复垦票”需求不高的情况下对“宅基地复垦票”进行适当的储备，以便在“宅基地复垦票”市场过热时将其投入市场，调节“宅基地复垦票”的供求关系。

2. 适度放开“宅基地复垦票”二级市场

A 类复垦票的有效期为两年，逾期没有使用的，可申请延期一年，超过期限的由政府按照 A 类复垦票最低保护价优先购买，但不能私自转让。开发商取得 A 类复垦票只是取得了竞拍土地的资格，并不意味着就一定能获得土地，因此开发商持有“宅基地复垦票”具有一定的风险和成本，在一定程度上会降低开发商购入“宅基地复垦票”的热情。在今后的“宅基地复垦票”交易中，政府可以适当放开“宅基地复垦票”二级市场的限制，允许“宅基地复垦票”在二级市场流通，政府可以对流通价格进行一定的限制。

3. 完善“宅基地复垦票”利益分配机制

根据政策规定，尽管“宅基地复垦票”拍卖交易所获得的溢价部分可以直接转入贫困集体组织的账户，但对于贫困集体组织如何分配既得利益并没有明确规定。不同利益主体(村民和村集体、地方政府和开发商)对于“宅基地复垦票”的要求并不一致，政府如何根据不同利益主体制定合理的利益分配制度，增加参与主体的主观能动性，制定完善的利益分配政策，是值得深入思考的。

4.4.2 重庆“地票”模式

作为统筹城乡配套改革实验区之一的重庆，在对待城镇建设用地紧张与农村宅基地大量闲置的供需矛盾问题上，提出了“地票”交易制度。该制度通过占补平衡的原则，既守住了耕地保护红线，又缓解了城市建设用地的紧张状况，每年为重庆增加了 14%供地(主要是城市住宅建设用地)。

所谓“地票”，是指将属于村民的宅基地及其附属设施用地和属于村集体组织的农村公共基础设施、公益事业建设用地及乡镇企业用地等农村集体建设用地进行整理复垦为耕地，经验收合格后转化为建设用地指标。“地票”交易制度遵循的是先补后占的原则，从而避免了诸如先占不补、占多补少、占优补差等一系列问题。重庆的“地票”交易推行的是“准入式挂钩”模式，即规定“地票”作为经营性建设用地“招拍挂”的准入条件。开发商要想获得新增建设用地的发展权，就必须手持等量的“地票”，并且“地票”落地时可以冲抵新增建设用地有偿使用费和耕地开垦费。

重庆“地票”制度的产生、交易和使用过程的具体运作流程如图 4-8 所示。

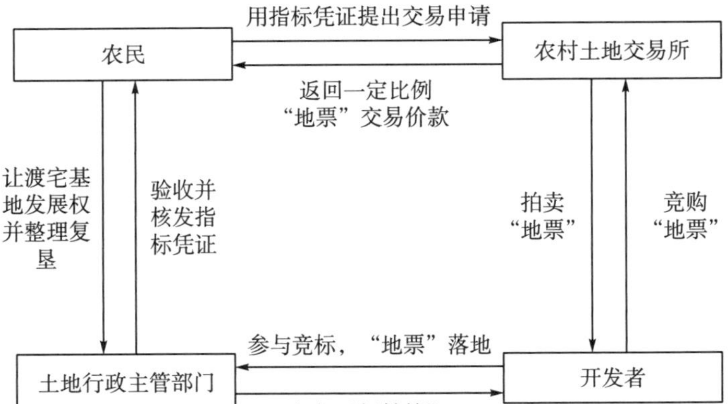

图 4-8 重庆“地票”制度的运作过程

重庆“地票”制度的本质是将农村集体建设用地与宅基地的使用权转换为耕地的承包经营权，再在省级范围内将农村建设用地指标和城市建设用地指标互换，即将农村集体建设用地与宅基地转化为耕地的土地发展权以“地票”的形式在市场上交易，供给有城镇建设用地需求的开发者。重庆市 2008 年设立重庆市农村土地交易所，并不断探索完善“地票”制度，“地票”指标交易对盘活重庆市农村闲置资源、促进农民增收、推动城乡融合发展等发挥了重要作用。随着生态文明建设步伐的加快，重庆市积极拓展“地票”生态功能，涵盖宅基地复垦、矿山生态修复等，将更多的资源和资本引向自然生态建设。2018年以来，重庆市累计交易生态“地票”4064 亩，交易总价款达 7.56 亿元，为推动重庆乡村振兴与生态保护发挥了重要作用。

重庆“地票”通过先补后用，跨区流动的方式，将地票兑换点设置在城市发展边界区，同时要求申请地票换地的农民必须拥有其他住房，以免除统一安置的步骤，将用地指标货币化，这成为一种手段灵活的城乡建设用地增减挂钩新模式，在盘活土地资源的同时在提升居住环境、实现城乡统筹发展中具有积极意义。作为实现土地空间流转的一种手段，地票制度可以满足土地产出效益整体最优，通过不同区位的土地性质置换，使土地更契合市场需求。增减挂钩制度通过对未来收益的贴现，实现土地溢价，有益于提升农民土地的市场价值，推进城镇化建设。但在实践过程中也出现了一些政策偏差，如地票制度关注更多的是土地面积而非土地质量，而部分远郊农民被迫“上楼”或“下山”[①]，未实际考虑其进城落户和未来生存的问题。

重庆“地票”机制有以下几点尚需完善。

1. 明确农民主体地位

在运行“地票”制度的过程中，充分尊重农民意愿，激励农民积极性和创造性，完善监督审查管理机制，及时解决增减挂钩过程中的矛盾纠纷，充分调动开发商购买土地指标的积极性。

2. 健全复垦用地管理机制

增减挂钩的土地应符合国土空间规划，依据动态平台规划复垦和用地，使得城镇用地规模的增加与农业转移人口增加相适应，做好“人钱挂钩”。健全复垦验收主体，引入复垦的第三方公司，将复垦主体纳入复垦质量验收环节，确保基本农田总量和复垦后的耕地质量保持稳定，同时将耕地质量纳入相关制度的考核要求当中，这有利于保护粮食生产安全，引导农村有序健康协调发展。

3. 构建良好市场补偿和收益分配制度

尝试引入增减挂钩补偿入股或入债的机制，使农民充分参与到土地未来增值收益过程中，与农民的福利相挂钩，缩小城乡之间的价值差距。同时加强指标出让管理，加大生态保护和建设资金投入，使城乡建设用地增减挂钩政策成为统筹城乡发展、提升城镇活力、保护生态环境综合发展的有效手段。

4.4.3 天津宅基地换房模式

2005 年以来，天津市政府依照“试点先行，逐步展开”的原则，批准在华明镇、小站镇和大良镇等试点开展一批农村示范小城镇建设宅基地换房试点工作，2007 年逐步向

① “上楼”是指原来在宅基地居住的村民移出原有住宅，搬迁至规划的楼房。“下山”是指村民从原有宅基地搬走，而这些原有宅基地是修筑在小山上面的。

全市开展。宅基地换房是指在国家现有的法律框架内，保持土地承包责任关系不变、土地耕种面积稳定的前提下，尊重农民自愿原则，高水平规划、设计和建设适合特色集聚、生态宜居的新型农民生态小区或城镇。同时小城镇用地增加与农村建设用地减少相挂钩，农民自愿以其宅基地按照协会规定的标准换取城区或小城镇的一套住宅，迁入城区或城镇居住。除农民的住宅小区外，还同时规划出相应功能区，满足农民的日常生活需求。而原有的宅基地，统一组织整理复耕，保持耕地增减平衡、总量稳定和质量要求，最后通过“招拍挂”的方式出售节余土地指标，所得收益弥补农民住宅小区和城镇建设的缺口。

例如，天津华明镇的宅基地换房模式不是以宅基地使用权换房，而是以宅基地之上的房屋换取商品房，从而实现小城镇的建设。宅基地换房的运作流程如图 4-9 所示。

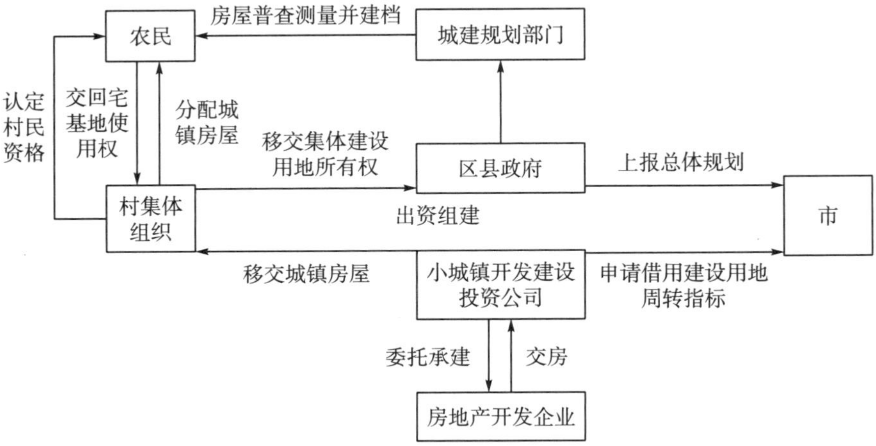

图 4-9 天津宅基地换房模式过程

天津宅基地换房模式既解决了小城镇建设的土地问题，又有效化解了资金短缺的问题，即城镇住房用地采用的是“先借用指标，后复垦归还”的周转办法；而宅基地整理复垦并满足耕地占补平衡后，节余的宅基地面积将转换成城镇建设用地指标用于土地出让，政府再用土地出让金偿还小城镇建设的各项费用，从而实现土地与资金平衡的目标。

该模式的实质是农民的宅基地使用权、资格权通过征地补偿款进行补偿，房屋所有权通过小城镇住房进行补偿。

在建设新农村的进程中，城中村土地改造中宅基地换房在一定程度上改善了农民的居住环境质量，提高了农民的生活条件，也缓解了城市建设用地的需求压力。但在实践过程中，也存在以下问题。

1. 主体错位

根据《中华人民共和国物权法》的规定，农民集体所有的不动产和动产，属于本集体成员集体所有，宅基地所有权归农民集体所有，而在宅基地换房过程中政府却以权利主体的身份出现，自主处置农民集体所有的土地，主体错位有悖政府公共管理的职能，损害了法律的权威性，同时造成公民对公众权利的信任缺失。

2. 农民的宅基地使用权受到侵害

在宅基地换房中，置换房屋的价格仅依据农民房屋的价值，并未包括宅基地使用权的价值。农村的宅基地兼具生活、生产的属性，收回宅基地使用权意味着农民不仅失去了原有房屋的居住权利，同时生产性收入也受到很大损失，如房屋周围的树木、菜园的收益及相关组织收入都会因此丧失，无法得到补偿。

3. 农民的选择权受到侵害

根据《中华人民共和国物权法》的规定，宅基地使用权人依法对集体所有的土地享有占有和使用的权利，有权依法利用该土地建造住宅及其附属设施，在土地流转过程中应在平等、公平、公正的原则下实施。可在实际宅基地换房过程中，地方政府利用公权力强制进行换房的现象时有发生，处于弱势的农民不得已搬迁，其个人财产权无法得到保障。

4. 农民利益难以保障

农民原有的宅基地使用权是没有期限的，可永久使用，而置换来的房屋，无论是商品房还是经济适用房，都由政府统一划拨，不得出租经营，农民缺少了经济来源，且在宅基地交易过程中大部分土地增值收益都被政府和开发商所占，农民没有决策权，无法合理享受土地增值收益。

因此，天津宅基地换房模式有以下几点尚需完善。

1. 确立农民集体形式宅基地换房权利的合理组织机构

根据已有法律规定，我国农村土地归集体所有，村集体是“城中村”集体土地的所有者，实践中村民委员会(简称村委会)作为村集体行使经济、政治和行政功能的代表，集农村经济组织、村民居住组织和基层党组织于一体，而《中华人民共和国土地管理法》规定集体经济组织对集体土地拥有土地经营权，导致村民自治组织的村委会和集体经济组织出现了权能交叉，致使出现权利主体虚位的现象。因此，确立农民行使集体土地权利的组织有利于权责分明，保证农民土地权利的主体地位。

2. 依法保障农民的合法财产权利

宅基地换房制度是一种基于农村集体经济组织成员，带有国家强制力和社会保障性质的制度性安排。在换房过程中，政府应充分行使公共管理职能，发挥管理社会和指导经济建设的双重作用，加强自身约束，充分考虑农民需求，处理好平衡市场与农民集体之间的关系，严格按照程序办事，保护农民的合法权益不受侵犯。

3. 依法保障农民宅基地换房的知情权和参与权

宅基地换房是农村集体土地流转改革的尝试，涉及多方面的利益。在实践中，应秉承信息公开化、程序正规化的原则，使农民能参与决策建议的全过程阶段。政府要制定合理的宅基地换房实施条例和合理的征收补偿标准，在执行过程中公开透明，村委会及时公布宅基地换房的方案，接受村民的监督，保障公众的知情权，充分发挥村民的主观能动性，维护他们的既得利益。

4. 健全完善合理的利益分配制度

农民集体是宅基地换房中的集体土地所有权人，农民是宅基地使用权人，他们都具有利益分配的资格，对于集体土地而言，政府不是相关权利人，不具备分享土地增值收益的资格，但可以通过收取土地流转过程中的税费而得益。在换房实践中，应做好房屋价格合理评估的工作，明确规定支付补偿补助费用的方法，建立完善的利益分配机制及法律保障。将宅基地换房失去土地的农民纳入社会保障体系当中，同时政府通过制定优惠政策，鼓励自主创业，增加就业机会。

4.4.4 浙江嘉兴“两分两换”模式

浙江嘉兴“两分两换”模式是用宅基地使用权置换商品房，土地承包经营权置换社会保障，可以推进集中居住和集约经营，以转换农民的生活方式和生产方式，促进农村新社区建设和农用地规模化经营。该模式采用政府、银行、农民“三位一体”的运作流程，具体运作程序包括以下四个方面。

(1)地方政府组织成立新市镇投资开发公司，主要负责安置搬迁农民的新建住宅小区的征地、融资、规划、建设工作。

(2)村民要与村集体组织签订“两分两换”协议。“两分”是指把农民的宅基地使用权和土地承包经营权的政策问题分开处理，也就是把农民宅基地之上的房屋搬迁安置和宅基地与农用地流转的政策问题分开解决。“两换”，一是指农民将宅基地使用权退回给村集体组织以便置换城镇住房，由村集体统一组织土地整理复垦；二是指农民把土地承包经营权租给村集体组织，以每年获得一定的农产品或租金作为基本的生活保障。

(3)对置换出的宅基地进行整理复垦。该项工作由县、乡两级政府组织展开，通过建新拆旧、节约集约利用土地，实现占补平衡目标，并增加城镇建设用地指标(该指标在县级政府和乡镇级政府之间按比例分配)。用于补偿宅基地整理复垦的资金，一部分来自城镇建设用地的土地出让金，另一部分通过借助县级政府信誉，协助乡镇政府用预期的土地复垦指标向政策性银行抵押贷款来获取。而最终政府主要依靠土地复垦指标的交易收入来偿还银行的本息。

(4)政府组织人员对土地整理复垦进行质量验收，经验收合格后除满足耕地占补平衡之外的土地面积流转为城镇建设用地指标。

图 4-10 表示此模式的运作流程。

“两分两换”的核心在于引导性和选择性，将权利交给农民，鼓励农民永久放弃承包地和宅基地，同时政府积极指导农民进行宅基地退出和流转。通过“两分两换”的农民可以用土地承包经营权换取社会保障，主要保障方式有提供生活补助、保险待遇、就业机会等。同时政府通过引导农民以多种形式进行搬迁建房，逐步向新城区中心集聚，实现集中化、区域化。具体方式有：①农户用宅基地换取货币补贴后自行到城镇购置商品房，政府提供一定补贴，不再另外安置；②农户搬迁至安置区购置安置房，部分到产业功能区置换产业功能房，按照“拆一还一”政策置换；③自愿退出宅基地的农户，可自行选择在村、镇进行置换，也可进行异地置换。嘉兴市已基本实现政府、银行、农民“三位一体”的“两分两换”运行机制。

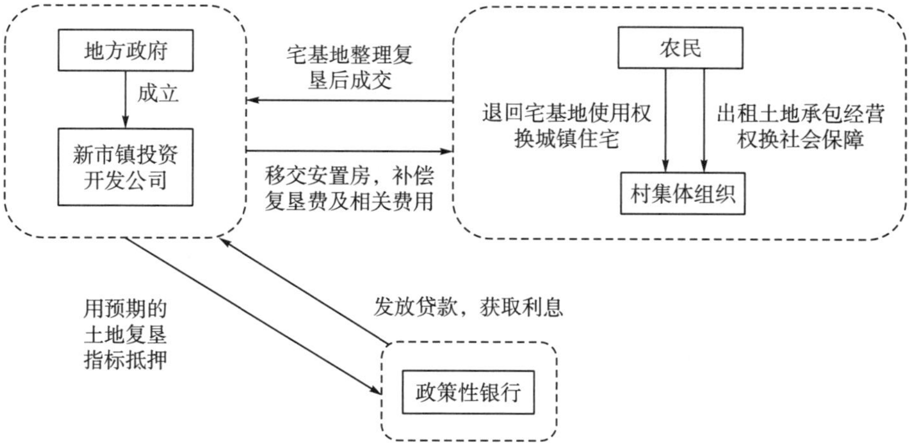

图 4-10　浙江嘉兴“两分两换”模式运作过程

“两分两换”目前存在的问题如下。

(1) 政府财政压力大，后续管理成本高。“两分两换”过程中原有住房的拆迁补偿、安置点征地、集体安置房的建造都需要大量资金投入，后续保险问题也都需要政府财政解决。

(2) 实施政策受原有制度和思想制约。农村问题是中国社会问题之一，历史遗留下来的农民传统生活方式很难短时间内打破，农民进入城镇后也无法享受到与城市居民相同的待遇，难以实现城乡统筹。

(3) 失地农民就业和保障问题。农民在进行土地置换后失去了农村宅基地，成了失地农民，由于没有良好的就业引导和城市生活经验，在城市就业出现了收入低、工作环境差、福利待遇差等问题。

(4) 部分农民不愿意签约。由于失去宅基地将会失去土地资源及相关附属财产权利，既得利益和期待利益大大降低，因此更多农民更加期待宅基地换房，不愿意签约“两分两换”。

因此，对于“两分两换”有以下几点建议。

(1) 完善农民后续保障工作。社会保障中的养老保险对于参与“两分两换”的农户来说还是过于单一，农民仍需要为商品房的差价买单，并可能遇到就业的困境。做好农民社会保障工作，需从农民的角度开展更为细致的工作，建立健全农民话语权表达通道，倾听农民实际心声，从而完善后续保障工作机制。

(2) 完善失地农民的再就业机制。农民受教育程度较低，收入水平低，缺乏创业精神，失去土地导致缺少收入来源，使得农民生活水平一定程度下降。政府可以通过给予农民工企业组织同等或更优惠的政策，鼓励企业雇用农民工，扩宽其就业渠道，专门设立为农民就业服务的机构，加大农民就业技能培训。

(3) 建立健全监督反馈机制。在政策执行过程中应严格遵循《中华人民共和国土地管理法》《中华人民共和国物权法》中的相关条例规定，有效克服运行过程中存在的难点，将相关信息公开透明化，接受公众的监督和反馈，强化“监督服务”管理工作，使监督管理机制服务于农民。

4.4.5 深圳宅基地入股模式

宅基地作价入股模式是深圳市在对田厦村进行城中村改造过程中探索出的一种新型宅基地退出模式。运作流程如下：①由村集体组织成立一家股份制公司(原深圳天厦实业有限公司)，负责新村的改造、开发、建设；②由专业的土地评估机构对村民的宅基地价格进行评估，村民可将评估作价之后的宅基地以入股的形式与股份制公司开展合作，股份制公司再统一对入股的宅基地进行开发、建设；③待新村改造完成后，村民可获得入股宅基地面积7倍的住宅面积，若改造前住宅一楼是商铺的，可参考原商铺的地理位置与租金水平获得一定的商业使用面积；④余下的商业住宅由股份制公司所有并负责经营管理，最终收益将按照持股比例以红利或股息的形式分配给入股的村民。具体操作如图4-11所示。

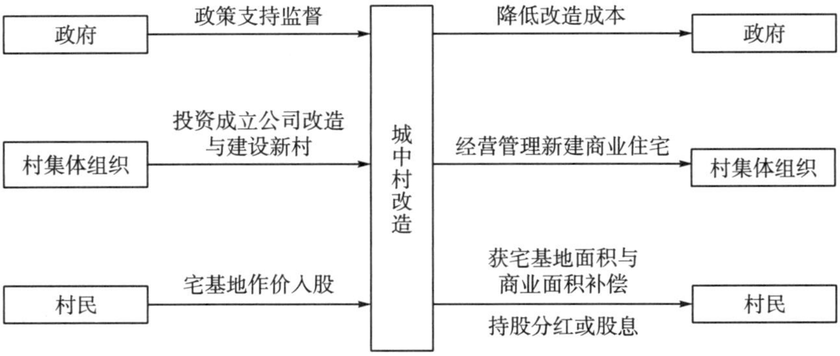

图4-11 深圳宅基地入股模式运作过程

田厦新村不引进开发商，村民通过宅基地入股参与城中村改造并参与利润分配，建立合理的土地利益分配新机制。在此改造项目中，村民通过宅基地入股的形式使得资产大为增值。原本宅基地在村民手中只能盖租金低的出租屋，现在建造的都是中高档的商业住宅，收益大幅度增加。在原有改造过程中，开发商和原居民依据各自利益对拆赔比和补偿方式进行长时间的博弈，消耗双方精力和财力，而宅基地入股的方式避免了拆赔比的争论，同时也让开发商和居民都认为公平有效。此外，这种改造方式不仅从外观上将“村”改为了“城”，而且把村民和土地的关系转换为股东和股份的关系，让村民实现自治，改变了村民固有思维，赋予其城市化生活和行为方式。

该模式将城中村改造带来的土地开发增益分配给村民和农村集体，村民分得入股宅基地面积7倍的住宅面积和商业住宅股份。这一模式解决了城中村改造中拆迁、赔偿两大难题。

田厦新村的改造方案也存在一些不确定性问题，主要在于土地产权方面。在现有法律框架内，改造后的住宅和各种商业必须要转换为国有土地才能进入市场交易。但在实践中，深圳市不动产登记中心已向2002年改造建成的渔民村的24户原村民发放了城中村改造的第一批产权证，改造后建成的原村民自住房可以取得相关产权，进入房地产市场交易。由此可见，政府对于宅基地入股的后续保障、政策法律都有一定的支持和帮助。

4.4.6 现有的宅基地退出模式分析

上述五种现有的宅基地退出模式可以分为两种类型，即城中村改造模式和城乡建设用地增减挂钩模式。城中村改造模式是在城市总体规划下通过改变原土地用途获得宅基地发展权价值，未进行土地发展权转移。而城乡建设用地增减挂钩模式的实质是将农村宅基地或经营性建设用地复垦为耕地，即该地块的土地用途发生了转变，农民退出了该地块的发展权利，并将该地块的发展权利转移到建新区的农地上，使其土地用途能够从农村建设用地转化为城市建设用地，完成土地发展权的转移置换。表 4-4 为各模式宅基地发展权的配置与转移方式对比表。

表 4-4 各模式宅基地发展权的配置与转移方式对比

	郑州“宅基地复垦票”	重庆“地票”制度	天津宅基地换房模式	浙江嘉兴“两分两换”模式	深圳宅基地入股模式
范围	市域	省域	市域	市域	城中村改造
配置主体	公私兼顾	公私兼顾	溢价归公	溢价归公	溢价归私
政府收取土地发展权补偿模式	新增建设用地土拍收益	新增建设用地土拍所得扣除“地票”费用	新增建设用地土拍收益扣除小城镇建设的各项费用	新增建设用地土拍收益扣除补偿宅基地整理复垦的资金	—
各模式所包含的对农民的补偿权益	宅基地使用权、房屋所有权	宅基地使用权、房屋所有权	房屋所有权	房屋所有权、宅基地使用权	房屋所有权、宅基地使用权
农民收取土地发展权的补偿模式	“宅基地复垦票”交易价款高于15万元/亩的部分，由竞得人一次性返还给易地搬迁农民	“地票”价款扣除复垦成本后，净收益部分85%直拨给农户、15%划归集体经济组织（其中还包含房屋所有权的价值）	—	—	入股宅基地面积7倍的住宅面积及商业住宅股份
农民获得土地发展权的补偿方式	货币	货币	—	—	住宅面积及商业住宅股份
宅基地使用权配置方式	未明确	面积配置	—	—	面积配置
农民获得其他权益的补偿方式	建新区住房（房屋所有权，按人口配置）	货币（房屋所有权）	小城镇住房（房屋所有权、按面积配置）	搬迁安置房（宅基地使用权和房屋所有权、按面积配置）	住宅面积
各模式的价值评估方式	挂牌、拍卖	拍卖	拍卖	拍卖	土地评估机构对村民的宅基地价格进行评估
转移实施中介机构	省国土资源开发投资管理中心	农村土地交易所	政府	政府	村集体组织

虽然各地区都取得了一定的成效，但这些模式也存在一些不容忽视的问题。主要包括以下几个方面。

(1)宅基地退出的现有模式操作实施不具有普遍性。现有模式操作实施不具有普遍性，不能满足我国中心城市，特别是人口涌入和产业聚集的主要城市群对建设用地指标的需求。不能满足广大进城农村村民对美好生活的需要，中心城市和城市群对于进城农村村民的吸引力是就业机会多、公共服务水平高，所以他们千里迢迢来到中心城市和城市群发展。

(2)市场化程度较低。除重庆的“地票”制度外，各种宅基地使用权、资格权的有偿退出模式，基本上都是在城市郊区区域，主导宅基地退出的政府部门行政级别比较低。没有实现农村建设用地指标大跨度、跨区域的城乡空间转换，市场化程度比较低。

(3)农民宅基地使用、资格权权益未得到充分显现。各模式对于宅基地发展权的权益补偿配置主体不一，分为溢价归公、溢价归私和公私兼顾三类。现有的城乡建设用地增减挂钩模式下，满足了地方政府实现“土地金融”的发展目标和小范围的城乡统筹发展，但是没有满足农村村民跨区域到城市工作的需求。农村劳动力(尤其是年轻劳动力)为了获得更好的收入，有意愿转移到工资水平更高的地区工作、生活。这种劳动力的转移会带动他们的家庭随之转移到这些收入较高的地区。如何实现进城农村村民通过有偿退出宅基地使用权、资格权，获得财产性收益，帮助他们在落户和就业城市获得租购并举的住房权是迫切要解决的问题。在宅基地发展权转移的过程中，土地增值收益应为新增建设用地土地出让净收益+复垦票/地票价格-复垦成本-房屋所有权权益价格，在这个分配过程当中，农民只获得了复垦票/地票价格-复垦成本及房屋所有权权益价格这部分收益，政府获得了土地出让金的收益，没有考虑进城农村村民退出宅基地使用权、资格权后获得的级差地租收益。

(4)宅基地发展权价值评估可能不够客观。郑州“宅基地复垦票”和重庆“地票”模式皆以拍卖的方式进行，该方式受特定区域土地供给量与市场需求量之间的关系影响很大，不同供需时点的宅基地发展权价值不同，农民所获得的补偿权益也不同。因此，进城农村村民有偿退出宅基地使用权、资格权后进行复垦产生的新建设用地指标，在大范围、跨区域交易中，更能显现宅基地发展权的价值，在最大程度上维护进城农村村民退出宅基地使用权、资格权的利益，使他们能够获得相应的财产性收益。

对于以上宅基地发展权配置与转移模式，本书对宅基地流转给出以下几点建议。

(1)兼顾财产属性和社会保障属性，推动宅基地使用权合理流转。农民生活水平的提高离不开农村经济的发展，农村社会的稳定与农民安居乐业息息相关，宅基地作为农民重要的土地资源，蕴含经济财产职能和社会保障功能。限制宅基地使用权流转将会固化原有的土地二元结构，不符合土地节约利用的原则，阻碍了农民进城的步伐。因此，建立新的宅基地流转机制，促进宅基地使用权市场化迫在眉睫。

(2)科学构建宅基地流转价格机制，保护农民合理利益。宅基地的有效流转，离不开对宅基地科学有效的估值方式，以及符合国情、民意的评估机制。在以市场机制为主的区域，可以以某个村或某个镇作为定价参考依据，再根据不同村镇年耕收益、级差地租的不同进行相应调整。随着供求信息和交易信息的不断扩散，交易活动在更大空间和更长时间下对定价进行更为合理的判别，价格随着价值动态波动，科学有效的定价机制也会进一步走向成熟。

(3)赋予农民自我选择的权利，因地制宜。中国幅员辽阔，各地区自然资源情况、社会经济发展情况、生态环境情况、民风民俗习惯和政策支持力度各不相同，不同区域宅基地使用权流转定价存在差异化和多样化，在流转过程中应充分尊重农民自身意愿，通过定价机制的完善提高农民参与的积极性。各地应考虑不同区域不同农民家庭特征、年龄、期望的退出补偿金额及方式等因素，逐步改变目前单一补偿的方式，向实物置换、货币补偿、保险福利、社会保障等综合性流转定价机制转变，满足不同地区农户差异化的需求。只有农民真真切切感受到生活环境的变化和社会福利，才会有大规模农民加入宅基地使用权流转的队伍。

(4)健全宅基地使用权流转的收益分配机制，合理设置收益分配主体和比例。宅基地使用权所有权人享有宅基地的用益物权；宅基地所有权人是农村集体经济组织，土地流转部分收益归集体所有；政府通过相关税费制度来分配宅基地流转收益，为今后土地财政吸纳发展资金。政府作为特殊的流转分配主体，应控制好收益分配比例，贯彻“不与民争利”的初心。关于分配比例，大部分收益归土地出让人所有，即归宅基地使用权人所有，小部分归集体所有，政府应分得最低收益。同时健全宅基地使用权流转的收益分配法律机制，以立法的形式明确各分配主体的收益比例，充分保障农民的合法权益。

农村集体经营性建设用地改革试点与农村征地制度改革、宅基地管理制度改革并称为农村土地制度改革三项试点。改革试点自 2015 年启动以来已取得阶段性成效，在盘活土地资源、增加农民收益、积累制度改革经验等方面取得了积极进展。33 个试点县、市、区农村土地制度改革的重点是农村集体经营性建设用地改革与农村征地制度改革，在农村宅基地制度改革方面的内容主要包括：完善宅基地权益保障和取得方式，界定超标准占用宅基地和治理“一户多宅”，探索实行有偿使用宅基地试，进城落户农民在本集体经济组织内部自愿有偿退出或转让宅基地等。不涉及宅基地发展权跨区域配置与转移。

第5章　进城农村村民有偿退出宅基地的政策工具设计

5.1　所有权、使用权、资格权“三权分置”下闲置宅基地和房屋价格评估研究

5.1.1　宅基地“三权分置”理论

城乡二元土地制度是我国的特有制度，《中华人民共和国宪法》第十条规定：城市的土地属于国家所有。农村和城市郊区的土地、除由法律规定属于国家所有的以外，属于集体所有；宅基地和自留地、自留山、也属于集体所有。与城镇户籍人口相比，农村村民拥有农村“三权”，即土地承包经营权、宅基地使用权、集体收益分配权。

2018 年中央一号文件《中共中央国务院关于实施乡村振兴战略的意见》颁布，作为新时代“三农”工作的总抓手，其明确提出探索宅基地所有权、资格权、使用权“三权分置”，从而正式确立了我国农村宅基地“三权分置”的权利配置格局。宅基地的“三权分置”指的是落实宅基地集体所有权，保障宅基地农户资格权和农民房屋财产权，适度放活宅基地和农民房屋使用权。“三权分置”后宅基地所有权不变，仍然属于集体所有。稳定农户资格权就是维护农民家庭作为集体经济组织成员取得和占用宅基地的权利。资格权是对于村民(农户)各项附着于土地上的权利的一种保障。资格权设置和认定关系到广大农民的基本权利与切身利益，包括宅基地的取得权利、流转权益、土地开发收益分配等都与资格权直接相关，资格权认定是关键也是难点。适度放活宅基地使用权就是允许农户除通过转让流转宅基地使用权外，还可以以出租、抵押、入股等方式流转宅基地使用权，进一步提高宅基地集约利用水平和效益，同时激活宅基地租赁权和抵押权，释放农村建设用地土地价值潜能。

宅基地退出过程中农民享有的权益包括经济权益、社会权益和政治权益三个方面。其中，经济权益指宅基地使用权、房屋及附属设施的所有权及入市流转利用的宅基地发展权等。社会权益指农村村民享有依附于土地的住房、就业、养老保障等基本福利政策。政治权益指村民作为村集体的一员享有对宅基地退出工作的知情权、参与权和选择权等。进城农村村民享有的权益构成如图 5-1 所示。

在以上三种权益中，政治权益是一种无形的价值，在宅基地退出过程中体现。社会权益虽然在一定程度上可以量化，但无论是选择转移还是留在农村，该项权益始终伴随着进城农村村民。为保障这种权益，政府应该充分考虑进城农村村民退出宅基地后所面临的生存问题，完善相关配套保障机制，将就业帮扶和养老、医疗等各项社会保障落实到位，使

退宅农民在进入城镇后享有与城镇居民平等的各项权利。在城乡建设用地增减挂钩的背景下，宅基地由生产资料保障功能开始向资产性功能转变，进城农村村民的经济权益在市场作用下得以显化。因此，本节将从进城农村村民的经济权益入手建立闲置宅基地退出的价格补偿机制。

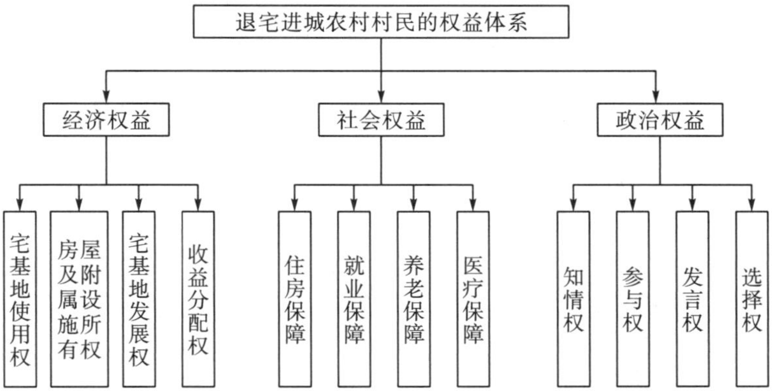

图 5-1　退宅进城农村村民的权益体系

在目前存在的农民退出宅基地的方式中，补偿办法还存在较多问题。首先，现行的补偿标准较低，农民在退出宅基地后生活成本增加，难以维持原有的生活水平。其次，现行的补偿标准和补偿方式基本上都是由政府单方面决定的，并未征求农民的意见，农民享受不到应有的权益。为了挖掘闲置宅基地的土地价值，更为了解决进城农村村民的城市住房问题，闲置宅基地使用权及农民房屋的价值测算、转移工具及退出路径值得深入探讨。下面将依次介绍宅基地发展权配置与转移机理、闲置宅基地价值测算和测算实例。

5.1.2　宅基地发展权配置与转移机理

我国逐步形成了城市化地区、农产品主产区、生态功能区三大空间格局，这种区域发展格局顺应市场经济规律，在一个国家内部能够实现不同地区按照自己的比较优势进行分工。中心城市和城市群整体上发展条件比较好，能够实现制造业和服务业的比较优势，充分发挥人口集聚地的规模经济效益。当中心城市和城市群集聚制造业和服务业时，其他地区相应来讲就更多承担农业功能、生态保护区功能，在经济上更多承载农业、旅游、自然资源等行业。基于此，本小节主要从两类视角剖析宅基地发展权配置与转移机理：从配置与转移类型分，宅基地发展权需在城市化地区、农产品主产区、生态功能区三种类型之间进行配置与转移；从配置与转移范围来讲，分为单中心城市利用模型和多中心城市利用模型。

1. 城市化地区、农产品主产区、生态功能区三种土地类型间配置与转移

(1) 农业空间转向生态空间。对位于生态环境敏感区和脆弱区、生态保护红线区等重点生态功能区而言，需要对农产品主产区空间中闲置或低效利用的宅基地，在尊重农民意愿的前提下进行腾退，复垦变为林地、草地，即减少农业空间、增加生态空间。简言之，

土地用途由宅基地变为林地、草地，利用强度下降，宅基地发展权转化为林地、草地发展权，如图 5-2 所示。

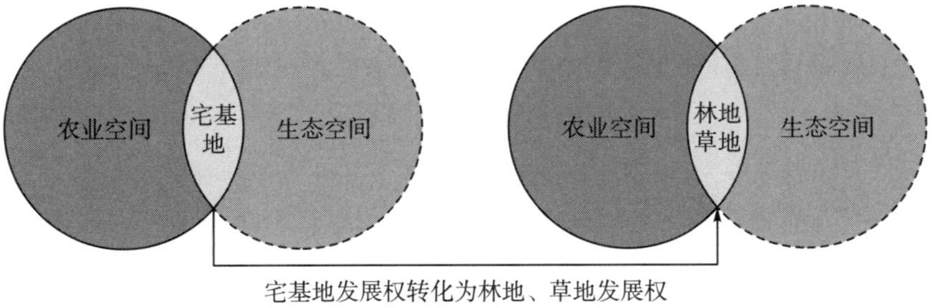

图 5-2　农业空间转生态空间

(2)农业空间转向城镇空间。经济不断向前发展必然会促使城镇建成区面积的不断扩大，而由于土地规划、用途管制及指标限额的阻碍，城镇空间扩展步伐缓慢。经济的辐射半径不断扩大，吸引越来越多的农村村民涌向城镇以找寻更高收入的工作，从而使得农业空间出现大量闲置宅基地，这是一种资源浪费。为了保障进城农村村民的财产性收益、增加城镇建设用地指标，在坚守“耕地占补平衡”“城镇建设用地增加和农村建设用地减少相挂钩”的原则下，以及在自愿前提下，先把进城农村村民闲置宅基地整理复垦为耕地，待评估验收合格后，再把人口涌入、产业聚集的城市城郊等面积耕地征用为城镇建设用地。相当于农业空间向城镇空间转化，宅基地发展权由农村转移到城镇，用途改变、利用强度提高，如图 5-3 所示。

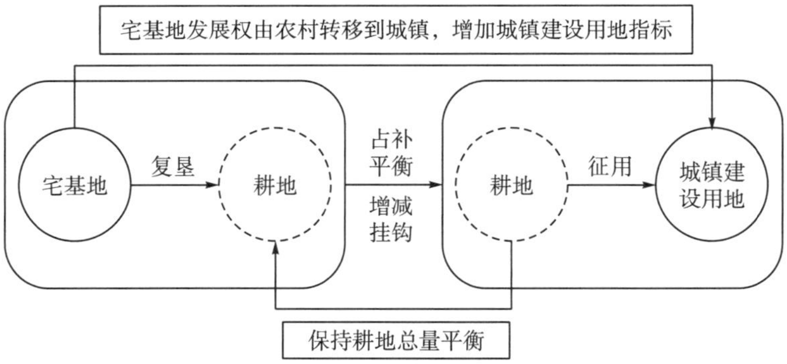

图 5-3　农业空间转城镇空间

2. 单中心城市与多中心城市利用模型

鉴于实践中出现更多的是农业空间转城镇空间，即宅基地发展权由农村向城镇转移，接下来将从转移范围的角度剖析单中心与多中心城市利用模型。

(1)单中心城市利用模型。图 5-4 中，X 轴表示农村距城镇中心的距离，Y 轴表示建设用地需求量，原点 O 表示城镇中心，直线 y_0、曲线 y_1、y_2 分别表示城乡建设用地开发边界控制线、建设用地市场需求曲线、建设用地实际配置曲线。图 5-4(a)，城镇建设用地与农村建设用地出现错配的局面，令 A、B①分别表示城镇、农村实际的建设用地需求量——市场需求量。$A=a_1+a_2$，$B=b_1$，a_2 部分表示城镇建设用地指标缺口，b_2 部分表示农村建设用地指标盈余、闲置(主要指宅基地的闲置与低效利用)。图 5-4(b)，为了实现宅基地发展权由农村向城镇转移，农村保留一部分指标用于自身发展外，可以将剩余的宅基地发展权转向城镇，即 b_2 填补 a_2。图 5-4(c)，将 b_2 填补 a_2 之后，市场需求曲线 y_1 与实际配置曲线 y_2 重合(理想状态下，现实中有误差)，此时 $A=a_1$，$B=b_1$，$a_2=b_2=0$。

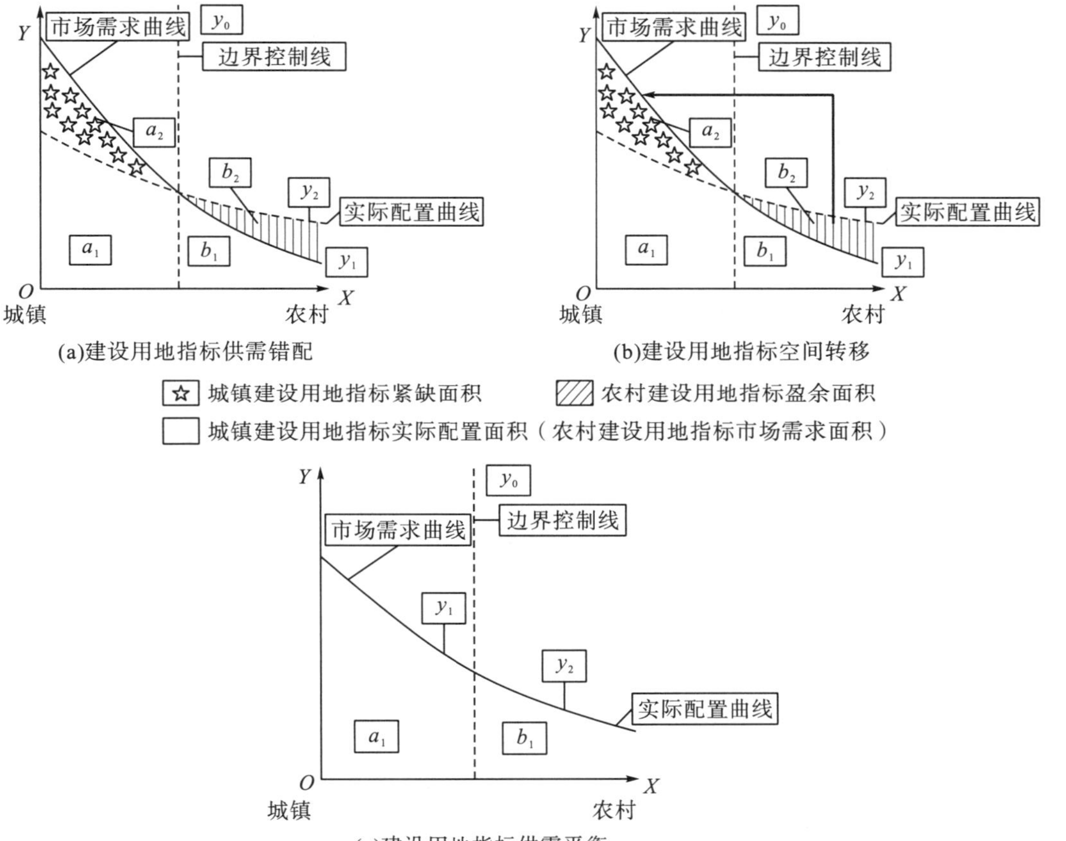

(a)建设用地指标供需错配　　(b)建设用地指标空间转移

(c)建设用地指标供需平衡

图 5-4　单中心城市利用模型

(2)多中心城市利用模型。图 5-5 中，X 轴、Y 轴、Z 轴远离原点 O 的方向分别表示 I 市、II 市、III市，y_0、z_0、x_0 直线依次表示 I 市、II 市、III市的城乡建设用地开发边界控制线，y_1、z_1、x_1 曲线依次表示 I 市、II 市、III市的建设用地市场需求曲线，y_2、z_2、x_2 曲线依次表示 I 市、II 市、III市的建设用地实际配置曲线，z_0 与 z_3 直线之间的范围表示近郊农村，z_3 直线与 Z 轴之间的范围表示远郊农村。

很显然，I 市、II 市、III市均出现建设用地指标在城镇与农村之间供需错配的局面，这是符合实际的。令 A、B、C 分别表示城镇、远郊农村、近郊农村的实际建设用地需求量——市场需求量。具体为

① A 指 Y 轴、边界控制线、市场需求曲线、X 轴所围成的面积；B 指边界控制线、市场需求曲线、X 轴所围成的面积。

$$A_1=a_{11}+a_{12};\ A_2=a_{21}+a_{22};\ A_3=a_{31}+a_{32};$$

$$B_1=b_{11};\ B_2=b_{21};\ B_3=b_{31};$$

$$C_2=c_{21}+c_{22}$$

阴影部分 a_{12}、a_{22}、a_{32}、c_{22} 依次表示Ⅰ市、Ⅱ市、Ⅲ市及近郊农村的建设用地指标缺口，阴影部分 b_{12}、b_{22}、b_{32} 表示农村盈余的建设用地指标(此处也指宅基地的闲置)。为了实现建设用地资源在城镇与农村之间的均衡配置，可以将盈余的建设用地指标(宅基地发展权)转移至有需求的城镇和近郊农村。需要指出的是，B_1 和 B_3 分别表示Ⅰ市和Ⅲ市管辖范围内的村庄甲村、丁村的用地需求量，B_2 和 C_2 则表示Ⅱ市管辖范围内的远郊乙村、近郊丙村的用地需求量。显然，Ⅰ市、Ⅱ市、Ⅲ市及丙村的建设用地需求未得到全面释放，而甲村、乙村、丁村的建设用地供给过剩，这就出现了以下建设用地指标(宅基地发展权)在农村与城镇之间的四种配置与转移方式：

(1)本市村—本市村(b_{22} 填补 c_{22})；

(2)本市村—外市村(b_{12} 填补 c_{22})；

(3)本市村—外市(b_{12} 填补 a_{22})；

(4)本市村—本市(b_{12} 填补 a_{12}、b_{22} 填补 a_{22}、b_{32} 填补 a_{32})。

待宅基地发展权由农村到农村、农村到城镇转移之后，理论上就出现了建设用地的市场需求曲线与实际配置曲线的重合，此处不在图 5-5 中绘出，仅说明，并且 $A_1=a_{11}$、$A_2=a_{21}$、$A_3=a_{31}$、$B_1=b_{11}$、$B_2=b_{21}$、$B_3=b_{31}$、$C_2=c_{21}$、$a_{12}=a_{22}=a_{32}=b_{12}=b_{22}=b_{32}=c_{22}=0$。

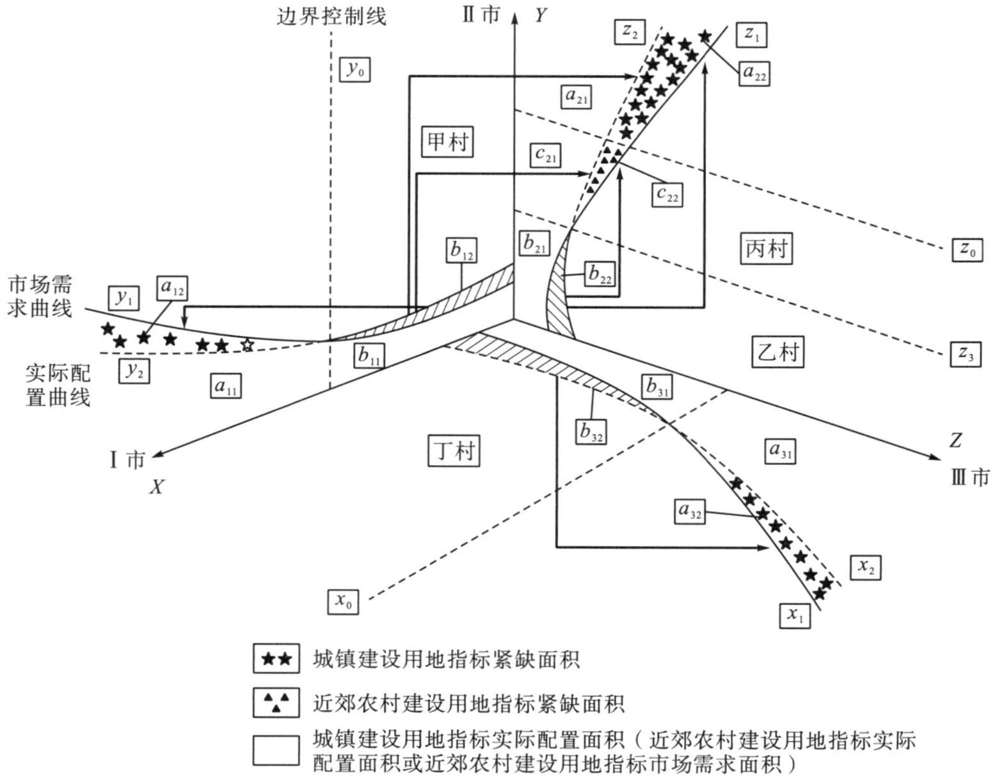

图 5-5 多中心城市利用模型

5.1.3　闲置宅基地价值测算

由上节配置与转移机理剖析可知，宅基地发展权的处置灵活性较高，此处价值测算特指宅基地发展权的价值测算；从配置与转移范围来讲，主要研究宅基地发展权由农村转向城镇的价值测算。

2018 年中央一号文件指出，要对农村宅基地实施“三权分置”改革，即落实宅基地集体所有权、保障农户宅基地资格权、适度放活宅基地使用权，而宅基地发展权并未在土地权能体系中有所体现。然而，在统筹城乡改革宅基地退出先行试点的已有模式中，宅基地腾退复垦为耕地、城郊农用地转变为城镇建设用地的核心思想就是宅基地发展权由农村转向城镇。鉴于此，闲置宅基地的价值测算主要从旧土地用途退出价值补偿和新土地用途级差地租补偿两个方面出发，其中原有的土地用途退出价值补偿由宅基地使用权价值和房屋及附属设施所有权价值组成。

1. 宅基地使用权价值

居住权是每个公民都应该享有的，是生存权和发展权的最重要组成部分。为了实现“居者有其屋”，我国出台了一系列住房保障政策以解决城市弱势群体的住房问题，在农村地区依靠宅基地制度来保障农业人口的居住权。农民可以无偿取得、无偿使用宅基地，这种带有福利性质的宅基地供给政策为维护社会稳定发挥了重要作用。虽然宅基地本身不是社会保障制度，但是其居住保障功能与城镇住房相似，对进城农村村民而言，退出宅基地使用权、资格权，应该获得宅基地赋予他们的居住权补偿，以此来缓解进城农村村民在城市的住房困难问题。

宅基地作为农民最重要的生产资料，赋予农民经济权益，同时还承担着社会保障和政治稳定的功能。所谓经济权益，是指宅基地的使用权、房屋及附属设施的所有权及入市流转利用的宅基地发展权。鉴于国家对城市住房的保障制度和农村宅基地对农民的住房保障指导思想相同，宅基地使用权的作用相当于城市最低住房保障政策。结合胡银根等学者的研究成果，采用“等价替代”的思想[125]，以城镇低收入家庭公租房补贴标准来衡量宅基地使用权的价值。其测算模型如下：

$$P_1 = 12N_1a_1 \tag{5-1}$$

$$V_1 = \frac{P_1}{r}\frac{A_1}{S_1} \tag{5-2}$$

式中，V_1为单位面积宅基地使用权的价值，元/m^2；P_1为城市年均租房补贴标准，元/(人·a)；N_1为地方政府规定的人均公租房面积标准，m^2/人；a_1为城市月均租房补贴标准，元/(人·月)；r 为资本还原率，可以看作农村村民对宅基地无偿使用权的年化收益率；A_1为农村村民所在村集体的总人口；S_1为农村村民所在村总的宅基地面积，m^2。

2. 房屋及附属设施所有权价值

宅基地腾退复垦还耕有别于农地和未利用土地，除土地平整和基础设施建设外，还需要对宅基地之上的房屋及其附属物进行拆除。《中华人民共和国物权法》明确规定宅基地上的房屋及附属设施属于农户私人财产，因此在对进城农村村民进行补偿时，必须考虑地上建筑物的所有权价值。虽然我国目前还没有出台关于宅基地补偿、房屋及附属设施拆迁补偿标准的法律法规，但 2011 年颁布的《国有土地上房屋征收与补偿条例》第 19 条规定，“对被征收房屋价值的补偿，不得低于房屋征收决定公告之日被征收房屋类似房地产的市场价格。被征收房屋的价值，由具有相应资质的房地产价格评估机构按照房屋征收评估办法评估确定”。目前比较常见的房屋估价方法有市场比较法、收益还原法、重置成本法、假设开发法。因此，可以借鉴城镇房屋征收补偿的操作流程和价格评估办法，类比地对宅基地之上的房屋及附属设施的所有权进行价值补偿。

市场比较法利用交易替代原理，通过对类似交易房屋进行价格修正，形成目标房屋的估价，一般适用于有参考物的房屋的评估。重置成本法是指对目标交易房屋的各项发生成本进行评估加总，一般适用于市场中找不到参照物的房屋。假设开发法是对交易房屋进行预期开发的收益进行价值还原，与收益还原法原理相近，二者适用范围较广。在经济较发达地区，可以与市场接轨采用市场比较法对被拆迁房屋的价值进行评估；在经济欠发达地区，市场发育不成熟，可以根据房屋的新旧程度、结构及耐久年限采用重置成本法进行评估，对于一些用途单一的偏远农村宅基地，还应该乘以一定的折减系数；在对贫困地区弱势群体的被拆迁房屋进行评估时，应采用政府指导评估法，使房屋价值高于市场价值，帮助农民脱贫致富。需要注意的是，宅基地上房屋的面积以宅基地确权证书上标注的面积为准，针对宅基地附属物的补偿以各地区出台的土地征收附属设施补偿标准进行测算。

1）经济较发达地区

城市近郊农村是指位于城市行政区内、城市中心区以外的农村地区，其本身具有独特的双重属性。该区域宅基地价值评估可以近似地看作熟地地价评估，市场上容易找到与估价对象类似的房屋交易价格，简单地可以采用政府征地补偿价格作为参考价格。根据市场比较法，目标房屋评估价格可以采用以下公式得出：

目标房屋估价=可比实例房屋补偿价格×交易情况修正系数×交易日期修正系数×房屋状况修正系数=可比实例房屋补偿价格×$\frac{\text{正常市场价格}}{\text{实际交易价格}}\times\frac{\text{估价时点价格}}{\text{交易日期价格}}\times\frac{\text{对象状况价格}}{\text{实例状况价格}}$

对上述公式进行简化得到：

$$V_2 = P_2abc + F \tag{5-3}$$

式中，V_2 为地上房屋及附属设施所有权的价值；P_2 为可比实例房屋补偿价格；a 为交易情况修正系数；b 为交易日期修正系数；c 为房屋状况修正系数；F 为附属物的补偿价值。

2）经济欠发达地区

本书假设是退出宅基地的农村村民来自经济欠发达地区，针对其房屋及附属设施的补偿，测算模型如下：

$$V_2 = P_2' S_2 \left(1 - \beta_2\right) + F \tag{5-4}$$

式中，V_2 为地上房屋及附属设施所有权的价值；P_2' 为单位面积重置价格；S_2 为宅基地确权证书上登记的房屋建筑面积；β_2 为房屋折旧系数；F 为附属设施的补偿价值。

3. 宅基地发展权价值

宅基地发展权是进城农村村民所拥有的一种独立可转移的权利。在宅基地发展权由农村转向城镇的过程中，土地用途和利用强度的改变产生了级差地租。根据马克思级差地租理论，不同区位的土地价值是有区别的。级差地租是宅基地发展权在农村转移到城市的过程中显化的溢出价值，是宅基地发展权价值的核心组成部分。农村集体经济组织作为土地发展权的发送区，将退出的宅基地整理复垦还原为耕地，土地用途和性质发生改变。还原出来的土地发展权通过指标的形式转移到城市(该指标即指 5.2 节中的政策工具——“宅基地复垦票”)，城市作为土地发展权的接收区，将原来规划用途为农业的土地征收为城镇建设用地，获得比原来更高土地开发强度的权利，如图 5-6 所示。

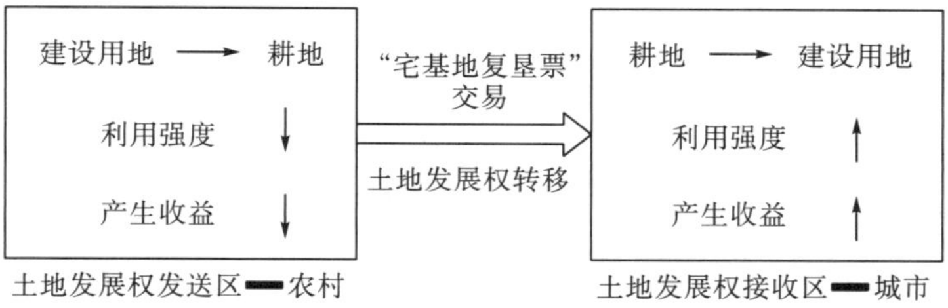

图 5-6　宅基地发展权转移示意图

现有研究大多是针对土地发展权和农地发展权的价值进行评估，涉及宅基地发展权的研究较少。国外学者倾向于认为农地使用权的价值等于农地转为非农建设用地后的价值与原农地价值之差[126]；借鉴国外研究经验，结合我国特有的土地制度，孙弘引入市场比较法进行土地发展权价值的测算，认为土地发展权的价值为改变用途之后土地的市场价值扣除为改变土地用途所投入的公共成本和土地维持原用途价值的剩余部分[127]；朱晓刚从土地征收补偿的视角构建了土地发展权价值的测算模型，得出土地发展权的价值等于建设用地的价值减去原农用地的价值和基础设施的投入成本之差的结论[128]。可以看出，学者在研究土地发展权价值的测算模型时，都离不开两大核心元素：原用途的土地价值和改变用途之后的价值。因此，在测算宅基地发展权之中的级差地租时，需考虑原用途的土地价值和改变用途之后的价值。

然而，与单纯作为生产生活资料的土地用途改变而发生的权利转移不同，在宅基地发展权的转移过程中，级差地租的大小受两部分因素影响：一是权利发送区的土地性质发生变化，这一部分土地发展权的价值称为宅基地发展权价值；二是城市土地用途改变，价值增加，这一部分土地发展权价值称为城镇建设用地发展权价值。因此，级差地租=城镇建设用地发展权价值-宅基地发展权价值。

秉持“谁贡献，谁受益”的原则，进城农村村民和村集体经济组织贡献了宅基地发展权，理应享有宅基地发展权的收益；而城市在接收建设用地指标到指标落地使用的过程中，市政府和被占耕地农村人口获得了城镇建设用地发展权。

实践中，宅基地发展权的价值最终将以票据化的形式呈现——“宅基地复垦票”(5.3 小节介绍)。“宅基地复垦票”交易，在不突破我国三大土地制度的约束下，实现土地指标的自由交易，赋予了农民对复垦指标入市的独立交易权，为农民自愿有偿退出宅基地开辟了一个制度通道。根据前文对宅基地土地发展权内涵的介绍，本节将建设用地指标的转移过程形象化地看作宅基地发展权的转移，并以此作为宅基地发展权价值测算的基础，参考已有关于土地发展权的研究成果，借鉴李南洁研究“地票”价格的方法[129]，将宅基地发展权的转移看作“宅基地复垦票”价格的一部分，从而建立宅基地发展权价值的评估模型。

农村宅基地发展权的价格是在政府管制和市场机制作用下形成的，宅基地复垦为耕地的收益为V_G，政府投入的土地治理成本记为C_1，土地验收合格后在农村土地交易所进行用地指标交易产生的交易成本记为C_2。在市场机制作用下，“宅基地复垦票”交易后形成的土地交易价格为P_3，包含并体现了农村宅基地流转过程中土地发展权的价值。因此，宅基地发展权价值V_3为“宅基地复垦票”交易价格P_3减去宅基地综合治理过程中的成本C_1、产生的耕地价值V_G及指标交易成本C_2，即

$$V_3 = P_3 - V_G - C_1 - C_2 \tag{5-5}$$

对耕种者而言，耕地的价值主要表现为产出农产品所带来的经济收益，参考有关耕地经济价值测算的文献，耕地经济价值补偿一般以产出农产品的市场价值进行补偿，耕地质量及产量直接决定耕地的价值，因此在研究耕地价值时，可采用收益还原法进行评估。收益还原法是在对比该地区同类地块产出收益及费用的基础上，将待评价耕地的预期年净收益以一定的贴现率还原为剩余种植期限内耕地的总收益。计算公式为

$$V_G = \frac{R}{r}\left[1-\left(\frac{1}{1+r}\right)^n\right] \tag{5-6}$$

式中，R为单位面积耕地的年净收益；r为贴现率，按照经济合作与发展组织的建议，可以按照社会时间偏好率和资本机会成本的加权平均数来确定；n为耕种期限。

在式(5-6)中，假设耕地可以无限期耕种，则$\lim\limits_{n\to\infty}\left(\frac{1}{1+r}\right)^n = 0$，得出

$$V_G = \frac{R}{r} \tag{5-7}$$

一些学者认为，宅基地入市流转使得宅基地发展权价值得以显化，宅基地入市流转用原有宅基地价值交换土地发展权的价值[130]，也就意味着，进城农村村民以牺牲宅基地使用权和地上建筑物的所有权换取宅基地发展权的补偿。笔者认为，这种做法是不可取的。第一，发展权、使用权、抵押权、收益权都是土地所有权的衍生权利，农村土地归集体经济组织所有，那么宅基地的发展权转移收益也有进城农村村民的一份。第二，宅基地使用权的主要作用是保障农村村民的居住权，无论其是否退出宅基地，居住权都应该得到保护，不能因为补偿宅基地发展权而丧失宅基地使用权的价值收益。第三，进城农村村民拥有对住房的全部产权，因此应该获得价值补偿。第四，根据以往的指标交易实践，宅基地发展权的价值远远低于房屋所有权的价值和宅基地使用权价值之和，如果仅用宅基地发展权的价值补偿进城农村村民，显然不能保护退宅农民的财产权益。

综上，对农户的宅基地补偿价值，即为宅基地的券面价值，宅基地的券面价值$V_Q = V_1S_3 + V_2 + V_3S_3\beta_3$。其中，$V_1$、$V_2$、$V_3$的含义与前文相同，$\beta_3$表示“宅基地复垦票”交易模式下进城农村村民获得的收益比例系数，S_3表示在保证耕地占补平衡的前提下，宅基地的整治潜力，即复垦耕地的有效面积。那么，该如何确定进城农村村民获得的收益

比例系数 β_3 呢。例如，重庆“地票”交易的增值收益是按照 85∶15 的比例在退宅农业转移人口和村集体之间进行分配。笔者认为，85∶15 不一定是最佳的分配方式，为保证进城农村村民的财产性收入不受侵害，分配比例系数 β_3 的确定应结合各地实际条件。本书按贡献分配的原则，初步确定宅基地流转过程中的收益比例系数 β_3。在宅基地退出流转的过程中，进城农村村民放弃了宅基地使用权和房屋所有权形成的土地价值，村集体贡献了土地所有权形成的土地价值。借鉴阮梅洪先生在《宅基地价值化》一书中的观点，村集体所拥有的土地所有权的价值等于与该村庄距离最近的城市远郊农地征地的综合地价。因此，进城农村村民参与的收益分配比例系数 β_3 为

$$\beta_3=\frac{V_1+\dfrac{V_2}{s_2}}{V_D+V_1+\dfrac{V_2}{s_2}} \tag{5-8}$$

结合式(5-5)，可得“宅基地复垦票”的券面价值为

$$V_Q=V_1S_3+V_2+\left(P_3-V_G-C_1-C_2\right)\frac{V_1+\dfrac{V_2}{s_2}}{V_D+V_1+\dfrac{V_2}{s_2}}S_3 \tag{5-9}$$

式中，V_Q 表示“宅基地复垦票”的券面价值；V_1 表示宅基地使用权的价值；V_2 表示地上房屋及附属物的价值；P_3 表示“宅基地复垦票”交易模式下指标的市场价格；V_G 表示宅基地复垦耕地的价值；C_1 表示宅基地综合治理成本；C_2 指标交易成本；V_D 表示与该村庄距离最近的城市远郊农地征地的综合地价；S_3 表示在保证耕地占补平衡的前提下，复垦耕地的有效面积。

综上所述，“宅基地复垦票”的价值包含宅基地使用权、房屋所有权和宅基地发展权三部分，与之对应的三种补偿依次为住房补贴、房屋拆迁补偿、“宅基地复垦票”交易收益。在宅基地整理复垦价值分配中，房屋拆迁补偿均归进城农村村民享有；“宅基地复垦票”交易收益在扣除宅基地复垦成本、交易成本等必要成本之外，剩余净收益在村集体和进城农村村民之间按照一定比例合理配给。具体如图 5-7 所示。

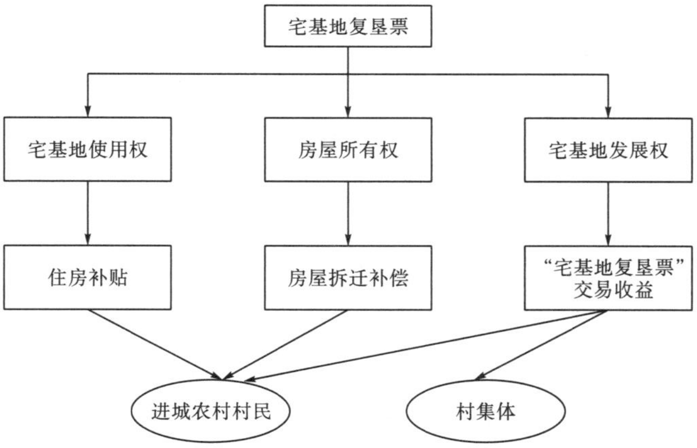

图 5-7　“宅基地复垦票”的价值组成

5.1.4　测算实例

2009 年 4 月，鄂州市成为湖北省首个城乡一体化改革试验区，而城乡建设用地增减指标挂钩交易是此次改革试验的主攻方向，经过近两年的努力，到 2011 年，全市已经完成拆迁复垦宅基地面积超过 3000 亩，成功交易建设用地挂钩指标 5632 亩，成交金额达 7.8 亿元，解决了城市建设用地稀缺和农村建设资金不足两难的问题。本节将以湖北省鄂州市宅基地退出为例，根据上节推导出来的公式，测算宅基地的价值。

1. 宅基地使用权的价值

一方面，鄂州市城镇住房保障政策没有明确规定购房补贴标准；另一方面，考虑到鄂州贫困山区的农村村民大多流入距离较近的武汉市，且武汉市住房补贴水平在中部副省级城市中处于平均偏上水平，因此以武汉市公租房补贴标准为依据来确定进城农村村民的宅基地使用权的价值。2018 年 7 月 11 日，武汉市住房保障和房屋管理局出台《武汉市外来务工人员公租房保障暂行办法》。该办法规定公租房的补贴标准如下：人均住房建筑面积为 24m^2，补贴标准为 10 元/(人・月)。r 取 2017 年银行 5 年期以上贷款利率 6.55%，鄂州市人均宅基地面积为 225.41m^2。根据上文，将宅基地使用权的价值看作住房保障价值，结合公租房补贴标准，可以测算出宅基地使用权的价值为 195.06 元/m^2。

2. 房屋及附属设施所有权的价值

宅基地上房屋及附属设施的补偿标准可根据鄂州市“2017 年度房屋重置价标准表”测算，房屋的折旧系数可从“2017 年度房屋成新率评定标准表”中获取，详见表 5-1～表 5-3。将表格中的数据代入上文推导出的房屋及附属设施所有权价值计算公式[以经济欠发达地区为例，即式(5-4)]，可求取该房屋的所有权价值。鄂州市蒲团乡农村村民 A 家确权证书上登记的房屋占地面积为 320m^2(一层，即房屋建筑面积为 200m^2，附属物占地面积约为 120m^2)，房屋建于 2000 年，成新率取 0.8，房屋为砖混结构二级，根据表 5-1 房屋重置价格为 659 元/m^2，根据该农村村民所拥有的附属物情况，对照表 5-2 的补偿标准，评估附属物的价值为 6500 元。综上，按照上节推导出来的计算公式[式(5-4)]，可以得到房屋及附属设施所有权的价值为 200×659×0.8+6500=111940 元。

表 5-1　2017 年度房屋重置价标准表

结构类型	等级	结构等级评定标准	房屋重置价格/(元/m^2)
钢混结构	一级	多层钢筋混凝土架承重，钢筋混凝土基础，实砌墙围护，现浇楼面。柱网较大(6m×6m)，水泥楼面，电动卷闸门、不锈钢门、钢门窗，水电卫齐全，平均层高为 4.5m	1100
	二级	钢筋混凝土框架承重(或半框架)，钢筋混凝土基础，实砌墙围护，现浇楼面。柱网较小，水泥楼面，电动卷闸门、不锈钢门、钢门窗，层高小于 4.5m	950
砖混结构	一级	条形基础，砖柱，柱顶高度大于 5.5m，混凝土屋架或钢屋架，电动卷闸门、不锈钢门、塑钢门窗或铝合金门窗，水泥地面	759
	二级	条形基础，砖柱，柱顶高度为 4.5～5.5m，电动卷闸门、不锈钢门、塑钢门窗或铝合金门窗，水泥地面，混凝土屋架或钢屋架	659

续表

结构类型	等级	结构等级评定标准	房屋重置价格/(元/m^2)
砖木结构	一级	同住宅、非住宅用房	583
	二级		508
	三级		424
简易结构	不限定	简易楼、平房、木板房、砖坯房、土草房、竹木捆绑房使用寿命在十年以内的房屋	80～290

表 5-2 房屋征收附属设施补偿费标准表

序号	补偿项目	单位	单价/元	备注
1	蓄水池≤1m³	个	150	指砖砌固定：贴有瓷片者，另行计算补偿
2	蓄水池≤2m³	个	300	
3	一锅灶	座	400	指砖砌固定：贴有瓷片者，另行计算补偿
4	二锅灶	座	600	
5	无油烟灶	座	800	包窗户；1.2m 以上增补 200 元
6	固定水泥案板	个	200	贴有瓷片大于 1.2m 的按时价计算
7	宽带网	台	300	特殊情况协商补偿
8	有线电视移装	台	456	—
9	电话机移装	部	260	—
10	窗式空调移装	台	150	移装一次费用
11	分体式空调移装	台	200	移装一次费用
12	柜式空调移装	台	300	移装一次费用
13	电热水器	台	200	移装一次费用
14	燃气热水器	台	200	移装一次费用
15	太阳能热水器	台	350	移装一次费用
16	房屋室内暗线安装	m^2	20	—
17	房屋室内明线安装	m^2	5	—

表 5-3 2017 年度房屋成新率评定标准表

建筑时间	1990 年以前	1990～1997 年	1997～2002 年	2003～2008 年	2008 年以后
成新率	0.6	0.7	0.8	0.9	1

3. 宅基地发展权的价值

建设用地指标交易价格：根据鄂州市产权中心 2016～2017 年度指标交易数据，指标交易的平均价格为 16 万元/亩，约 239 元/m^2，即 P_3 为 239 元/m^2。

耕地价值 V_G：根据鄂州市 2017 年粮食补贴标准，耕地直接补贴为 10 元/亩，农作物种子补贴为 15 元/亩，农机补贴为 50 元/亩，加上粮食的产值大约为 900 元/亩，可得耕地的年净收益为 975 元/亩，同样贴现率取 2017 年银行 5 年期以上贷款利率 6.55%，则根据式(5-7)计算出耕地价值V_G=22.32 元/m^2。

土地治理成本C_1和指标交易成本C_2：《鄂州市指标交易暂行管理办法》规定，土地复垦项目管理成本不得高于 0.24 万元/亩，复垦成本不得高于 2 万元/亩，交易成本按照 0.4 万元/亩核算。

将以上各要素代入式(5-5)，求得宅基地发展权的价值为 177.1 元/m^2。需要注意的是，宅基地复垦形成耕地，耕地质量决定“宅基地复垦票”制度下挂钩指标的票面额度，也就是说，宅基地面积和指标交易面积并不是一定相等的，因此，本书借鉴以往学者的研究成果，按照每平方米宅基地的整治潜力为 0.75 计算。

因此该宅基地的总价为 320×195.06×0.75+111940+177.1×320×0.75=201258.4 元。

但按照鄂州市现行的《宅基地退出管理办法》，该户的宅基地面积严重超标，应该按照户均 160m^{2}的标准进行补偿，标准内每平方米补偿 110 元，超标面积每平方米补偿 55 元，最后计算得到宅基地实际补偿价格为 110×160+55×40+111940=131740 元。可以看出，现行的宅基地房屋拆迁补偿金额远远小于宅基地使用权的价值。另外，鄂州市征地补偿最高标准是 49092 元/亩(约 73.6 元/m^2)，最低补偿标准是 31561 元/亩(约 47.32 元/m^2)。“宅基地复垦票”交易模式下宅基地发展权的价值是最高标准的 2.41 倍，是最低标准的 3.74 倍。综上，通过鄂州市实证分析，发现基于“宅基地复垦票”交易模式下宅基地的价格比现行的征地和拆迁补偿款高得多，后者并未完全体现宅基地的真实价格。

5.2 宅基地发展权配置与转移政策工具——“宅基地复垦票”制度

5.2.1 宅基地发展权配置与转移与国土空间规划相适应

党的十九届五中全会《中共中央关于制定国民经济和社会发展第十四个五年规划和二〇三五年远景目标的建议》提出逐步形成城市化地区、农产品主产区、生态功能区三大空间格局，支持城市化地区高效集聚经济和人口，支持生态功能区的人口逐步有序转移。这种区域发展格局顺应市场经济规律，在一个国家内部能够实现不同地区按照自己的比较优势进行分工。中心城市和城市群整体上发展条件比较好，能够实现制造业和服务业的比较优势，充分发挥人口集聚地的规模经济效益。

当中心城市和城市群集聚制造业与服务业时，其他地区相应就更多地承担农业功能、生态保护区功能，在经济上更多承载农业、旅游、自然资源等行业。进入这些行业时，人口适度减少，可以提高人均资源占有量。

进城农村村民有偿退出宅基地使用权、资格权，退出后对宅基地进行复垦产生新的建设用地指标，通过市场化的手段转移到建新区的农地上使其成为城市建设用地，可以很好地解决人口城镇化带来的对城市建设用地的需求问题，并使得农民的权益得到保障；同时耕地量并未发生变化，耕地红线得到了保护。

5.2.2　国内外住(租)房券机制发展状况

1. 美国的租房券政策

租房券起源于美国，以用于租金补贴的租房券形式在政府和低收入者之间流通。1964～1984 年美国政府通过提供低息贷款的方法，帮助开发商建设低租金住房。但从 1974 年美国政府通过《房屋及社会发展法案》建立第 1 个全国租房券计划开始，租房券才真正成为美国住房政策的一部分。从租房券计划开始建立到 20 世纪 90 年代中期，租房券一直受到美国低收入者的欢迎。1975～2009 年美国共发放新增和非新增租房券 203 万个。表 5-4 是美国租房券使用成功率[131]。

表 5-4　美国租房券使用成功率(%)

时间	全国	纽约市	洛杉矶市
1985～1987 年	68	33	72
1993 年	81	62	0
2000 年	69	57	67

与公共住房的住户类似，租房券持有者的收入水平一般较低，其中很多是老年人或残疾人。2009 年调查显示，大多数租房券持有者的年收入不到 1.26 万美元，大大低于美国政府的贫困线；只有 16%的租房券持有者的家庭收入超过 2 万美元；超过 45%的租房券持有者的家庭收入低于 1 万美元，见表 5-5。

表 5-5　2009 年美国租房券持有者收入水平

收入/(美元/a)	比例/%
0	4
1～5000	10
5001～10000	32
10001～15000	24
15001～20000	14
20001～25000	7
＞25000	9

租房券作为一种向低收入家庭提供住房补贴的方式，其提供的住房选择比其他任何一项住房补贴都多，在美国的公共住房政策中取得了较大成功。一方面，在政府支出不变的情况下，使政府住房补贴更直接、高效；另一方面，低收入家庭能直接得到政府帮助，房屋选择性更灵活，有助于低收入家庭更好地融入城市社区，避免了由于集聚在城中村或城郊接合部所带来的社会隔离问题。

2. 我国关于住房券的理论研究

虽然在闲置宅基地退出实践上，我国尚未实施“宅基地复垦票”机制，但在理论探索方面已有学者构建了“宅基地复垦票”的相关雏形。

1989 年王培元在我国住房制度改革探索中提出以“住房券”的形式实行新制度，其本质是人均最低居住面积住房的住房券补贴和超出人均最低居住面积住房的住房券购买机制[132]。具体为，由国家成立的房地产银行负责发行租用及购买房屋的住房券，仅限市域流通，面值与人民币等价，可转让但禁止在市场流通。

陈宪建议实施房屋券制度，针对城市中住房困难者发放房屋券以支付廉租房的租金，并且向符合购买经济适用房的居民发放房屋券以减轻其住房购买压力[133]。

鉴于“人头补贴”比“砖头补贴”具有更高的社会效率，胡丕勇选择“住房券”这一实现形式，构建了最低收入家庭租赁政府或单位提供的廉租住房、中低收入家庭以政府住房券补贴的形式购买或租赁商品房的住房系统[134]。

此外，赵学刚认为在我国实施租房券呈现出补贴资金专用、持券人可自由选择居住区域、显著减少政府财政投入、优化配置社会住宅资源、分散居住避免贫民窟及租房券可在本区域或跨区域灵活使用六项特点[135]。

2012 年，为缓解多数市民存在“商品房买不起、经济房轮不到”的两难处境，董德标建议海南推行住房券，鼓励房屋出租。参照美国租房券形式，董德标建议采取实物分配和货币补贴双轨并行，持券人依据家庭收入及补贴数额自由选择居住地租赁房屋，从而满足不同群体的居住需求[136]。

前述学者主要针对城市中低收入家庭的住房困难问题进行讨论，而马智利及其团队多年深耕于进城农村村民闲置宅基地有偿退出的理论创新研究——住房券。鉴于我国农村宅基地闲置及超标、宅基地使用权流转受阻的现状，马智利和先静创新性地构建出农村宅基地置换住房券机制[98]。进城农村村民闲置宅基地退出机制包括宅基地确权制度及宅基地价格形成机制、宅基地“住房券”交易机制、宅基地退出复垦机制、配套保障机制[137]。“住房券”是通过农村宅基地确权证书换取的一种新型城市住房兑换证明，其价值等同于重庆“地票”[138]。马智利和魏东从宅基地使用权、房屋及附属设施所有权和宅基地发展权三个维度构建宅基地住房券的价格补偿模型[139]。“住房券”的置换对象逐渐由包含廉租房、经济适用房和公租房的保障性住房扩大到商品房上，使用范围逐渐由本区域扩展到跨区域交易上。为突破现有行政管辖范围的限制，马智利和周利提出了在住房券流入地农业转移人口与开发商进行公开独立的宅基地住房券交易、住房券供给城市与需求城市政府之间的宅基地住房券交易两种跨区域流转路径[140]。为加快人口城市化、增加东部地区城镇建设用地指标及支持中西部欠发达地区快速发展，马智利和焦会娜还构想在东部经济水平较高地区和中西部(如“三区三州”)地区之间构建宅基地住房券跨区域交易平台，即中国农村土地产权交易中心和省级的宅基地住房券交易所[141]。

3. 我国租房券试点

2009 年 11 月 20 日，为避免出现个别保障对象将领取到的租赁补贴在现实生活中用于除补贴改善居住环境以外的生活支出的现象，广州市发布了用租房券代替廉租房现金补贴的管理办法，保障对象领取政府发放的租房券以后，到市场上租赁相应标准的房屋；再凭房屋租赁合同和相关证明到银行换领与租房券等值的现金，用于房屋租金支付。

2011 年 10 月 18 日，《长江商报》上发表的《湖北酝酿公租房管理新政策，拟发租房券补贴公租房承租者》指出，湖北省正在酝酿公租房管理新政策，其中最大的转变为实行“市场租金、补贴分类、分离租补”，即公共租赁价格将由市场租金水平确定，对于住房困难的家庭通过向其发放租房券的形式进行住房补贴。此外，湖北省拟将经济适用房、廉租房等保障性住房统一纳入公共租赁住房管理。对低收入家庭，通过向其发放租房券实行不同的租金补贴计划。目前该计划已经在湖北省黄石市进行试点运行。

2017 年 5 月 14 日，广西出台的《广西住房城乡建设事业发展“十三五”规划》提出在“十三五”期间建立完善购租并举的住房保障体系，开展租赁型保障住房租房券、销售型保障性住房购房券试点，调剂保障性住房机制，扩大住房保障覆盖面。有关部门依据保障家庭租金补贴额度发放租房券，住房保障家庭在与房屋产权人签订租赁合同后，用租房券直接抵房屋租金，房屋产权人则凭租房券到相关部门办理等额租金补贴。购房券的运用，则是住房保障家庭结合自身经济状况和生活便利等因素，在一定条件内选择不同区位、户型、品质的住房，使用购房券抵扣部分房款。

2017 年 8 月 28 日，深圳市出台的《深圳市住房租赁试点工作方案(征求意见稿)》提出，研究探索住房租赁券计划，鼓励更多基本保障对象和人才群体通过住房租赁市场解决住房困难[142]。

4. “宅基地复垦票”制度

与美国的租房券及我国现行的住房券、房屋券、租房券、购房券和“地票”不同，“宅基地复垦票”是进城农村村民特有的，是进城农村村民用退出闲置宅基地置换城市住房及城乡建设用地挂钩指标交易的凭证。“宅基地复垦票”的核心由三部分构成：一是地，进城农村村民自愿申请退出宅基地后，宅基地通过复垦转变为耕地，同时形成建设用地指标，通过“地地挂钩”转移到城市，增加城镇建设用地供给；二是资金，进城农村村民建设用地指标流转收益被折算成为等价的“宅基地复垦票”基金，可以供进城农村村民在城市租赁公租房、购买共有产权房和商品房；三是人，进城农村村民退出宅基地后身份由农民转变为市民[139]。

“宅基地复垦票”具有下述四个特点：一是发放标准统一，“宅基地复垦票”由宅基地退出主体所在市(区)房管局负责统一印刷和统一发放，技术标准规范；二是使用途径单一，与现金补偿、房屋置换补偿一样，复垦票作为一种特殊的货币，也是对退宅农户的一种价值补偿，但是只能用于购买城市住房和租赁公租房，不能在市场上流通；三是实名制信息登记，“宅基地复垦票”票面包含核发对象的姓名、身份证号、宅基地所在位置、确权证书登记宅基地面积、宅基地复垦耕地有效面积、券面额度、发放日期、租购房屋的位置、租金和售价等详细信息，加盖房管局公章，并在“宅基地复垦票”信息管理系统注册登记，严禁“宅基地复垦票”转让或者出售；四是全国联网的“宅基地复垦票”信息平台，“宅基地复垦票”信息可随时、随地调取，进城农村村民可凭身份证到居住地房管局申请“宅基地复垦票”的挂失和补办业务。

“宅基地复垦票”制度的设立可以实现资源的优化配置。一方面“宅基地复垦票”制度解决了农村大量宅基地闲置的问题，唤醒了进城农村村民的沉睡资产，使得进城农村村民获得较大的“一次性”财产性收入；另一方面，在不突破土地所有权制度、土地用途管制制度、用地指标管制制度的前提下增加了城市建设用地指标。

5.2.3 “宅基地复垦票”制度设计遵循的原则

1. 制定合理的宅基地发展权转移指标规划

进城农村村民有偿退出宅基地使用权、资格权，进行复垦变成耕地产生新的建设用地指标，可以满足城市发展需求，提高农民补偿收益，增加政府财政收入并保护耕地红线，但并不能盲目进行转移，应在同时考虑市场供求状况和城市发展速度与质量的前提下设定土地发展权转移指标，在保证城市高质量发展的情况下满足各方利益。

2. 具有可操作性

国内现有的宅基地退出模式实践仅限于当地使用，不能满足所有的交易需求，一些欠发达地区出现人少地多的情况，大量宅基地等土地闲置；一些发达地区，城市建设用地资源极其稀缺，创建新的复垦宅基地产生建设用地指标跨区域流转，才能提高土地利用效率，解决人口城镇化等问题。为解决不同交易需求的问题，本书分别构建市域宅基地发展权配置和转移、省域宅基地发展权配置和转移及跨区域宅基地发展权配置和转移三种模式。

3. 保障进城农村村民退出宅基地的收益权

明确宅基地发展权发生转移时的总收益计算方式，明确宅基地发展权在政府、集体、农民三者之间的配置方式。

4. 合理的宅基地价值评估方式

国内现有的宅基地价值多以在特定范围内拍卖的方式进行衡量，受特定区域土地供给量与市场需求之间的关系影响大，不能准确衡量宅基地发展权的实际价值。因此在大范围、跨区域评估宅基地产生的新的建设用地指标价值时，经济发达地区的城市会给出更高的溢价空间。

5.2.4 闲置宅基地退出的必要性及可行性

1. 闲置宅基地退出的可行性

1）宅基地大量闲置

一方面，产业结构不断转型升级带动越来越多的农村富余劳动力进入城镇从事非农工作，农村地区普遍出现了宅基地闲置、空心村的问题，土地资源浪费严重。我国城镇化水平每提高 1 个百分点，就大约有 1000 万农村人口进入城镇。按照当前农村人均居民点建设用地 220m^2 计算，每年将会有 $22\times10^8m^2$ 的农村居民点建设用地闲置。另一方面，土地利用监管机制的缺位及村庄规划体系的缺失，导致农村居民“建新留旧”、宅基地面积严重超标、“一宅多户”问题突出。2010 年国土资源部土地利用变更调查数据显示，我国农村居民点用地面积高达 16.53 万 km^2，占全国建设用地总量的 62%，是城镇建设用地总量的 4.6 倍；而同期农村人口规模仅为城镇人口规模的 1.4 倍。根据中国科学院地理科学与资源研究所测算，通过构建完善的进城农村村民宅基地退出与盘活机制，全国空心村整治潜力可达 0.076 亿 hm^2。由此可见，宅基地整理潜力巨大，集约利用宅基地为城市经济发展腾出更多建设用地指标是可行的。

2) 国家土地政策支持

目前国家层面还没有出台关于宅基地退出的相关法律，但《中华人民共和国土地管理法》《中华人民共和国物权法》《中华人民共和国担保法》等法律和政策文件中已经明确规定了宅基地的权利限制、面积数量、使用范围。例如，现行的《中华人民共和国土地管理法》第六十二条规定：“农村村民一户只能拥有一处宅基地，其宅基地的面积不得超过省、自治区、直辖市规定的标准”；“农村村民出卖、出租、赠与住宅后，再申请宅基地的，不予批准”。《国务院关于严格规范城乡建设用地增减挂钩试点切实做好农村土地整治工作的通知》（国发〔2010〕47 号）规定：“有条件的地区，通过农村土地整治示范建设，与散乱、废弃、闲置、低效利用的农村建设用地整治相结合，实施田水路林村综合整治……整治腾出的农村建设用地，首先要复垦为耕地，在优先满足农村各种发展建设用地后，经批准将节约的指标少量调剂给城镇使用……区分城镇规划区内、城乡结合部、空心村和闲置宅基地等不同情况，因地制宜，量力而行，循序渐进”。上述文件中的相关规定表明：虽然总体上是限制宅基地的流转，但国家鼓励农村开展土地治理工作，鼓励农户自愿有偿退出闲置宅基地等，为宅基地的处置提供了机遇。

3) 试点地区成功经验

为提高土地集约利用效率、破解城乡“土地困局”，在城乡建设用地增减挂钩的大背景下，各地方政府积极开展试点工作，探索出了一些宅基地退出的成功模式。天津市推出“宅基地换房”，用宅基地无偿换取一套城镇住房。浙江省开展“两分两换”的土地治理工作，即把农民的宅基地和承包地分开、搬迁和土地流转分开，以宅基地置换城镇房产，以土地承包经营权置换社会保障。四川省实行“土地银行”模式，在农户自愿的基础上把退出的宅基地和闲置的小块承包地存入“土地银行”并从中获得收益。一方面，从实践效果上看，这些模式促进了城镇化和新农村建设协调发展，有利于土地资源集约利用，改善了农民的居住环境，提高了农民退出宅基地的积极性，增加了农民财产性收入。另一方面，可以看出这些模式有其一定的适用范围，试点区农民从事非农工作比重大，大部分摆脱了对土地的依赖；置换区域大多为城市近郊，很少涉及偏远农村；地方政府有相当雄厚的财政实力支撑。因此，在构建宅基地退出机制时，要因地制宜，既要借鉴成功地区的经验，又要大胆创新，注重建立完善的收益分配机制，保护农民的土地权利。

2. 闲置宅基地退出的必要性

1) 农民财产性收入低下

随着农村地区农业生产方式的转变和农村发展的城镇化，农民的收入来源不再是单纯的农业收入，而是包括工资性收入、经营净收入、转移净收入和财产净收入等，其中工资性收入及家庭经营性收入占到农民收入的 90%以上，财产性收入只占 2%，难以形成财产集聚效应。农民收入渠道单一，而且由表 5-6 可知城乡人均财产性收入比在 2013～2019 年为 11.64～13.10，农民财产性收入虽然也在增长，但增长基数远远小于城市，有限收入难以转化为财产。对农民而言，单靠农业生产或者进城务工难以改善生活现状，而土地赋予农民一种财产权，土地的资本化是增加农民财产性收入的重要渠道。通过退出宅基地，把闲置“资产”变现，农民可以获得高于原来三倍以上的收入，不仅可以解决生计问题，还能获得进城落户的资本，对缩小城乡收入差距和推动人口城镇化的发展具有重大意义。

表 5-6 2013～2019 年城乡居民财产性收入 （单位：元）

类别	2013 年	2014 年	2015 年	2016 年	2017 年	2018 年	2019 年
农村居民人均财产净收入	194.70	222.10	251.50	272.10	303.00	342.10	377.30
城镇居民人均财产净收入	2551.50	2812.10	3041.90	3271.30	3606.90	4027.70	4390.60
比值	13.10	12.66	12.10	12.02	11.90	11.77	11.64

数据来源：《中国统计年鉴》(2014～2020 年)。

2)城市建设用地指标匮乏

根据诺瑟姆城市发展 S 模型的观点，城市化率低于 30%时，城市呈点状分布，城市用地需求比较小；城市化率超过 30%时，一个国家或地区将进入城市化加速阶段，城市用地需求迅速增加，侵占大量农田或未利用地。从图 5-8 可以看出，我国城市化率由 2006 年的 44.34%增长到 2019 年的 60.60%，随着城市化进程的加快，城市人口增加、经济快速发展及非农产业产值比重提高，因此作为一切生产生活活动承载体的土地必然随之扩张。全国建成区面积由 2006 年的 33659.8km^2 增长到 2019 年的 60312.50km^2，建设规模的不断扩大促进了建设用地需求的增长，短短 14 年时间里建设用地增长率高达 79.18%。一方面，土地资源总量有限且耕地保护压力巨大；另一方面，我国实行严格的用地指标管制制度，

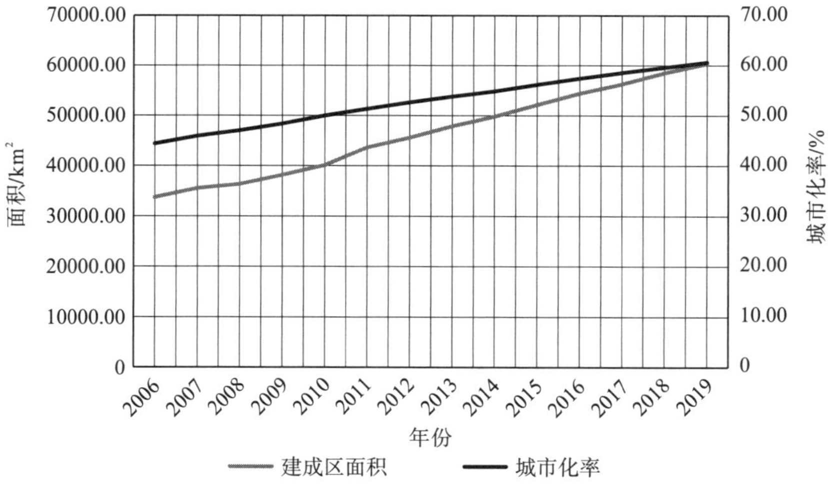

图 5-8 2006～2019 年全国城市化率和建成区面积变化

数据来源：《中国统计年鉴》(2007～2020 年)。

征用建设用地必须有相应的指标。通过城乡建设用地指标挂钩政策，整理农村闲置浪费的土地资源，增加城市建设用地指标的供给，不仅可以助力城市发展，还可以实现城市反哺“三农”，为新农村建设注入发展资金。

5.3　进城农村村民有偿退出宅基地使用权、资格权的政策工具——“宅基地复垦票”制度设计

5.3.1　宅基地发展权配置主体

1. 宅基地确权制度设计

1) 确权颁证

随着城镇化的不断推进，大量农村村民涌入城市，导致空心村的大量出现。具体讲：①历史遗留因素、自然灾害损毁等原因导致的没有户主或户主不明的宅基地的闲置；②部分农民的宅基地未批先建、批少占多，因宅基地的继承造成农户占有两处及以上宅基地，宅基地的供给过剩与城镇建设用地指标紧缺形成鲜明对比，导致土地供需失衡；③一户拥有多处宅基地，加上宅基地管理不善，滋生大量小产权房。总之，农村宅基地人均面积严重超标，闲置率高，建筑容积率低，土地节约集约利用空间大。由于种种原因，宅基地产权不明晰，限制宅基地使用权的有序退出，需要进一步调研、确权、颁证[143]。

此次确权颁证工作由区(县)人民政府机构选派专人主导，村集体组织和农民参与协助，确保工作顺利开展完成。确权工作主要包括以下三个方面：①对于没有户主或户主不清的宅基地，通过查阅历史档案资料与走访左邻右舍，最终确定无户主的宅基地，村集体组织应收回该部分宅基地。②对于有户主的宅基地，应坚持“一户一宅”和“人均面积法定”的原则，结合每户实际人数确定宅基地的使用面积，对于拥有多处宅基地的农户，除去合理的使用面积，村集体组织应收回多余的宅基地。对于合理的宅基地使用面积，区(县)工作人员应核实宅基地户主、家庭人数、地理位置(左右邻居)、占地面积、房屋及其附属设施(猪圈、水塔、磨面坊等)，调查、核实、登记等前期工作结束后，由区(县)人民政府机构尽快统一颁发“宅基地土地使用证”与“房屋所有权证”。③针对不合法的小产权房，由区县人民政府出面调解，将宅基地使用权收回到村集体组织手中，并由区(县)政府财政部门垫付资金赔偿购买小产权房人的损失。

2) 评估发证

宅基地产权明晰后，接着就是评估发证。评估发证工作开展前，由农民自愿向村集体组织递交宅基地退出申请，村集体组织登记在案。宅基地的退出须充分考虑农户意愿，不能强制性迫使农村村民退出宅基地进入城镇生活。村集体组织接受农户申请后，组织有关专家对宅基地及其附属房屋进行评估论证。为了保护农户的宅基地用益物权，使农户房子的财产价值真正体现出来，引入市场机制，由本村退出宅基地的农户考察选定 6 家具备相应资质的评估公司(区、县、市人民政府认可的)，对修筑在宅基地上的房屋及其附属设施的市场价值进行评估论证，最后给每家出具一份评估报告，载明该房屋及其附属设施的市

场价值，避免侵犯农户的财产权，并且区、县、市人民政府认可上述评估报告。

在对房屋及其附属设施评估的过程中，应综合考虑房屋区位、建筑面积、建成时间等因素，如城市近郊和偏远山区农村宅基地价值评估用不同的评估标准，可采用重置成新成本价或其他方法进行评估论证；用某种折算方法对庭院、猪圈、牛圈、水井等附属设施进行评估，最终核算给出总价值。6 家评估公司独立工作，相互无沟通。6 个评估价格去掉一个最高价、一个最低价，剩余 4 个评估价取平均值即为该农户房屋市场价值，最后 6 家公司依据该评估价共同出具一份评估报告，即评估发证。

3)退宅申请

农村宅基地流转中“宅基地复垦票”机制的总体流程如下：进城农村村民申请退出宅基地→农户资质审查→获得“宅基地复垦票”→置换城镇房屋。为防止农村村民在退出宅基地后失去城市生活的能力而增加社会不安定因素，在宅基地确权颁证和自愿申请的前提下，要设立必要的退出门槛。“宅基地复垦票”的核发对象必须同时具备以下三个条件：一是常年(一般为 5 年以上)在城市从事非农工作但没有安居之所；二是有工作单位提供的劳动合同和收入证明，确认其有稳定的工作和收入来源；三是自愿退出宅基地并打算长期定居城市。农户在进行宅基地退出申请时必须同时将农村宅基地确权证书上交有关机构部门，明确各方的权责。农村集体经济组织对农户提交的宅基地退出申请材料进行集中审核，对审核合格的农户统一报给国土资源局及住房保障和房屋管理局，一方面自然资源和规划局对其退出的宅基地进行集中整治复垦为耕地，由此所置换出来的城市建设用地指标再进行土地发展权交易；另一方面住房保障和房屋管理局按照一定比例将农户的宅基地置换成城市住房(经济适用房、廉租房、公租房、商品房)，结合农户在城市的工作情况向农户发放“宅基地复垦票”，其宅基地与城市房屋的置换比例按照农村宅基面积与“宅基地复垦票”面积以 2∶1 至 3∶1 的比例进行核发。由农村宅基地置换的城市房屋的“宅基地复垦票”是宅基地流转主体农民退出宅基地所得到的一种特殊货币，该货币只能用于住房消费，同时“宅基地复垦票”采取实名制，农户不能将宅基地转让或出售给其他人进行使用[144]。

2. “宅基地复垦票”的供需主体

与前文市域及省域宅基地发展权配置和转移模式、跨区域宅基地发展权配置和转移模式形成呼应，对于自愿退出闲置宅基地的进城农村村民，按照其是否跨省可以分为两类：一是退出宅基地后，流入其他省份工作和定居的农村村民，本书称其为外流进城农村村民，该类群体闲置宅基地腾退复垦的建设用地指标跨区域交易在第 6 章详述；二是留在本市域或省域工作和定居的农村村民，本书将其称为本地进城农村村民，本章余下部分阐述“宅基地复垦票”如何在市域或省域流转交易。

1)外流进城农村村民

(1)“宅基地复垦票”的需求主体。在我国现行的增量指标计划管理模式下，经济发展较快的东部区域建设用地指标和耕地指标严重不足，难以实现本省内的耕地占补平衡。因此，他们迫切希望让其他耕地后备资源相对充足的区域承担耕地补充任务，以此来获得计划外的建设用地指标。人口流入越多、经济发展越快的省份建设用地资源越稀缺，对“宅基地复垦票”的需求也就越强烈。“宅基地复垦票”在落地使用时应该符合该地区土地利用总体规划和耕地占补平衡的要求，一方面占用耕地的面积应该不大于“宅基地复垦票”标注的面积；另一方面对于耕地质量达不到要求的地区，必须通过产能折抵、补改结合等方式保证耕地质量不下降。

(2)“宅基地复垦票”的供给主体。“宅基地复垦票”一般产生于深度贫困的偏远山区，在进城农村村民市民化的背景下，非农农民对退出宅基地的诉求非常强烈，他们希望通过处置自己所拥有的土地财产部分获得进城落户的资本，但由于缺乏土地治理和补偿资金，贫困地区政府往往无法进行宅基地复垦和土地整理的工作。为减轻贫困地区的脱贫困难，2017 年中共中央办公厅、国务院办公厅印发《关于支持深度贫困地区脱贫攻坚的实施意见》，将“三区三州”和其他 214 个深度贫困县作为挂钩指标的主要来源。而农村闲置宅基地复垦为耕地是挂钩指标的最大来源，所以贫困地区的农业转移人口才是“宅基地复垦票”跨区域交易真正的供给主体。因此，省政府是外流农村村民的代言人，负责整理土地和聚集外流农村村民手中的“宅基地复垦票”，成为跨区域交易“宅基地复垦票”的供给主体。

2) 本地进城农村村民

(1)“宅基地复垦票”的需求主体。该类型的“宅基地复垦票”的需求主体大致分为三类：一是富裕的、有厂矿企业的城市近郊村庄，村庄人多地少且有发展经济的需求，因此需要从别处周转、购买盈余的建设用地指标；二是本市需要建设新区或者由于规划需要占用城郊部分耕地；三是本省域内市级与市级之间建设用地指标供需失衡，迫使市级之间进行建设用地指标流转交易。

(2)“宅基地复垦票”的供给主体。针对上述三类需求主体，与之对应的“宅基地复垦票”供给主体依次为本市域内的远郊农村村民、本市域内的近远郊农村村民，以及本省域内其他市级的农村村民、本市级的农村村民。

5.3.2　退出宅基地使用权、资格权产生的建设用地指标转移政策工具——“宅基地复垦票”

宅基地发展权转移的发送区为国土空间规划中的“农产品主产区、生态功能区”的宅基地区域，接收区为城市化地区建新区的耕地。市域宅基地发展权配置和转移设置专门交易平台，省域和跨区域土地发展权配置和转移设置专门交易平台。进城农村村民有偿退出宅基地使用权、资格权，进行复垦产生的新建设用地指标，不管在市域、省域，或者跨区域进行转移的全域性政策工具设计为“宅基地复垦票”，即在符合国土空间规划和用途管制的前提下，通过整理、复垦、复绿等方式，对退出的宅基地有序开展整治，产生新的全地域建设用地指标。

从闲置宅基地退出置换方式而言，宅基地的置换分为“宅基地换住房”、“宅基地换指标”和“宅基地换现金”三种方式。“宅基地换住房”一般局限于本县域或本市域，由此置换的城镇住房会造成进城农村村民的居住地与工作地相隔较远，带来诸多不便；有可能置换的房屋质量难以保证；置换种类较少，难以满足进城农村村民多样化的住房需求。“宅基地换指标”，如重庆“地票”限制了建设用地指标的跨区域流转，无法解决我国目前东部与中西部建设用地指标供需错配的局面。“宅基地换现金”，在此过程中农民进行宅基地流转时被置换物及置换方式单一，不能满足不同农民群体的实际需要，还容易增加地方政府的财政压力。进城农村村民有可能把宅基地置换的现金用于住房需求以外的投资项目上，一旦投资失败，这类群体既无法退回农村又难以在城镇安家立业，增加了社会的不稳定性。

鉴于上述三种常见的宅基地置换方式呈现的局限性，本书在闲置宅基地流转实际过程中拟设计一种流通性更广、与人民币等价值、兑换功能更全的政策工具——“宅基地复垦票”。具体为，进城农村村民可携带“宅基地复垦票”转移至本市域、本省域、跨省域工作与定居；“宅基地复垦票”不可直接提取现金，但可以置换城镇住房或者社会保障、医疗保障等；“宅基地复垦票”可兑换经济适用房、廉租房、公租房甚至商品房，这就促使政府加大对保障性住房的建设，且要注重质量与配套设施的跟进，建立农村宅基地与保障性住房置换的衔接制度。增加兑换房屋种类，如商品房，可以消化掉商品房的库存，而不是政府部门、村集体经济组织、进城农村村民三者之间的互动，可以带动房地产业乃至上、下游产业链的发展，且满足了农民多样化的住房需求。

通过“宅基地复垦票”这一政策工具可以很好地在农村闲置宅基地退出过程中给予进城农村村民选择住房的决策权、减少政府财政压力及消化大量商品房库存。第一，“宅基地复垦票”引导进城农村村民先退出宅基地后自愿理性选择安置方式，无须定向捆绑，拒绝被迫“上楼”，建立农户住房资金专用账户，保障性住房管理中心或者房地产开发公司每月根据农户在城镇的住房面积和租金标准从专有账户提取租金，公开记录每一笔账款的来龙去脉，在保障居住权的同时强化了进城农村村民的参与权和知情权。第二，相对巨额现金补偿，采用“宅基地复垦票”交易制度极大地缓解了政府财政压力，政府无须短期向农户支付大量现金，也不用投入大笔资金重新规划建设安置房，只需要集中精力推进宅基地退出工作即可。第三，我国目前三、四线城市房屋空置率较高，还有部分房地产开发公司因资金链断裂导致的烂尾楼工程，政府可针对符合一定条件的楼盘采用一定的激励措施(如开发商可以凭借“宅基地复垦票”抵扣部分企业所得税)使开发商以合理的价格将住房提供给退宅的进城农村村民，开发商则凭“宅基地复垦票”向政府兑换现金，促进资金回笼。

5.3.3 宅基地发展权配置模式

“宅基地复垦票”最核心的权利是宅基地发展权，最通俗的说法就是将城郊耕地或偏远地区的宅基地按照一定折算比例转换为城镇建设用地指标，转变土地用途，提高开发强度。宅基地发展权配置模式一般分为面积配置模式、人口配置模式和人地结合配置模式。本书拟采用人地结合配置模式，每人可配置的发展权数量=可配置发展权宅基地面积／总人数。宅基地发展权的配置以面积呈现。根据户籍人口和“人均面积法定”的原则，按照每户人口数进行宅基地发展权的配置。鉴于宅基地的退出以村域范围才能形成规模效应，故而设置宅基地发展权配置的村域“天花板”。

市域内宅基地发展权的转移分两级：二级，宅基地发展权在村与村之间转移；一级，宅基地发展权在农村与城镇之间转移。运作流程如图 5-9 所示。

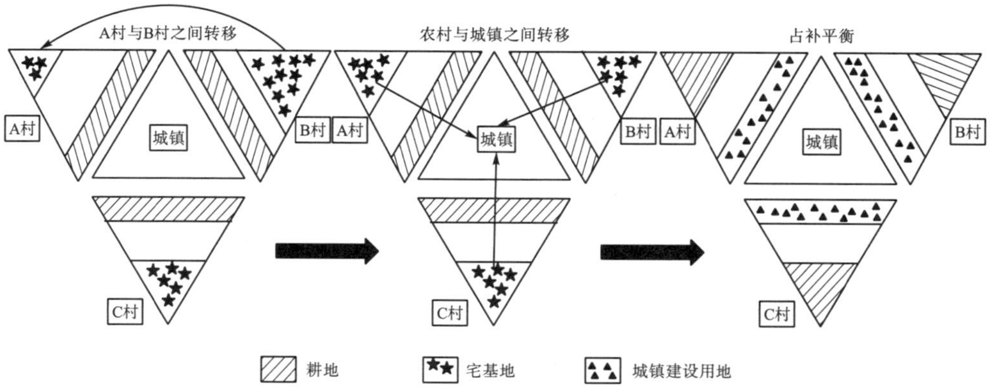

图 5-9　市域的宅基地发展权转移

市域的市场手段主要体现在宅基地发展权在农村与城镇之间的转移。由市自然资源和规划局牵头在市域范围内对宅基地整村退出的村民发放“宅基地复垦票”，搭建交易平台以支持“宅基地复垦票”在市域内流转，其实质就是宅基地发展权的面积凭证。

所谓“宅基地复垦票”，是指将属于村民的宅基地进行整理复垦为耕地，经验收合格后转化为建设用地指标。“宅基地复垦票”交易制度遵循的是先补后占的原则。希望通过“招拍挂”的方式买地从事房地产开发的土地竞买人必须提前购买与出让土地同等新增面积的“宅基地复垦票”，参与土地竞买。土地竞买人购得“宅基地复垦票”之后，就可以参加土地行政主管部门组织的土地“招拍挂”。一旦竞拍成功，购买“宅基地复垦票”的费用就可以冲抵部分城镇建设用地有偿使用费和耕地开垦费。而政府有关部门就会将“宅基地复垦票”销售费用在扣除复垦费及必要成本后的余下收益返还给宅基地退出村民和农村集体经济组织。宅基地复垦为耕地后不再由原宅基地使用者承包经营，但原有农村集体经济组织成员的合法权利不变、权益不受损，由于进城农村村民在有偿退出宅基地使用权的同时，有偿退出了宅基地的资格权，此后不能再次申请农村宅基地的使用权，已经丧失了使用农村宅基地的资格权。但对于那些在城镇生活一定时间后仍觉得不能适应城镇生活的进城农村村民允许其再返回农村，重新变成农村村民，相应地根据政策来申请宅基地和承包地，并及时退出所拥有“宅基地复垦票”的余额。整个运作过程如图 5-10 所示。

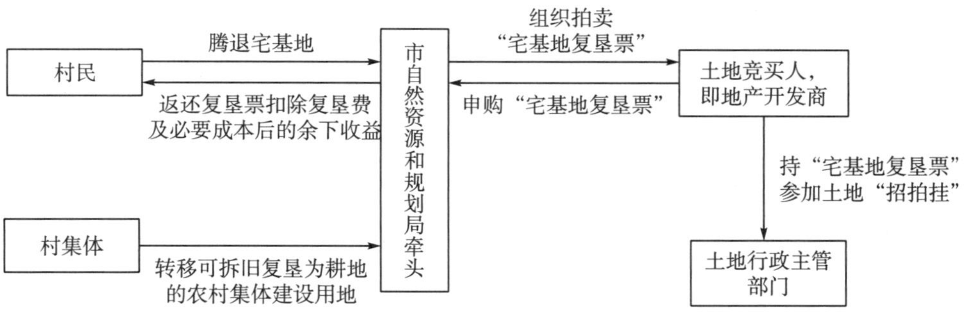

图 5-10　市域宅基地发展权转移市场机制

在省域内，宅基地发展权的转移主要分为五类：本市与外市间（Ⅰ市与Ⅱ市）、本市村到本市（A1 村到Ⅰ市）、本市村到本市村（A1 村到 B1 村）、本市村到外市村（A1 村到 A3 村）、本市村到外市（A1 村到Ⅲ市）。鉴于行政管辖范围，在市域，只有本市村到本市（A1 村到Ⅰ市）、本市村到本市村（A1 村到 B1 村）两种转移形式。具体如图 5-11 所示。

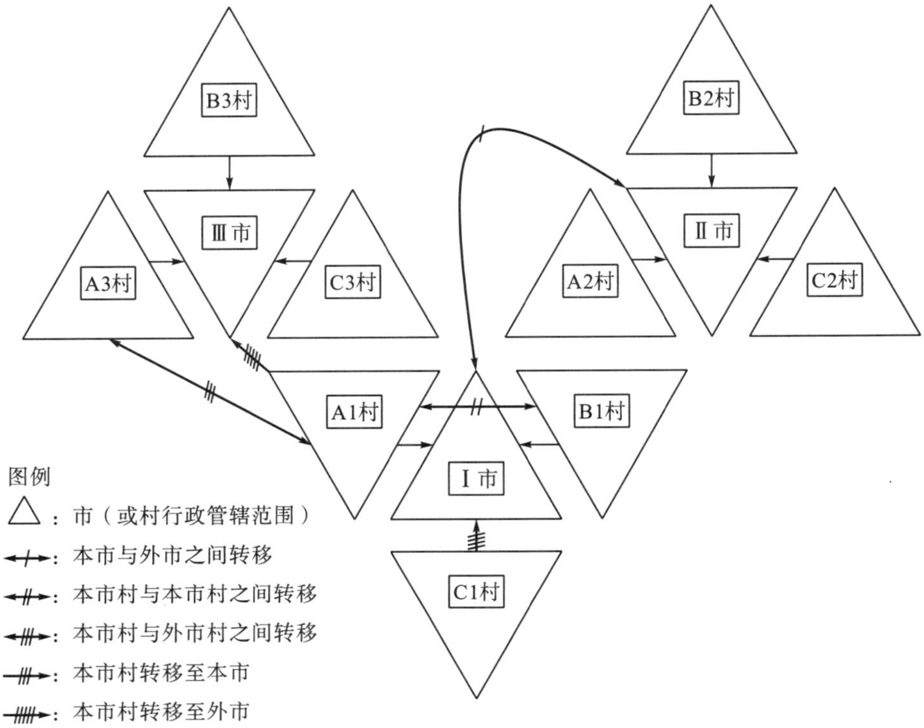

图 5-11　省域的宅基地发展权转移

省域的“宅基地复垦票”交易推行的是“准入式挂钩”模式，即规定“宅基地复垦票”作为经营性建设用地“招拍挂”的准入条件。开发商要想获得新增建设用地的使用权，就必须手持等量的“宅基地复垦票”。鉴于省域内各市各村的宅基地退出时间规模不一、零散化，因此在操作中允许将省域内来自不同地区的指标打包成规模不一的大面值的“宅基地复垦票”，并在政府制定的基准交易价格下进行拍卖，政府获得的只是交易手续费。

省域的市场手段与市域的不同之处在于：市域的土地竞买人只能被动参加土地行政主管部门组织的土地“招拍挂”，而不可以事先选地，但省域的土地竞买人可主动地在省域范围内提前物色好地块，再由省自然资源厅组织该地块的“招拍挂”工作。土地竞买人通过竞标购入“宅基地复垦票”，再选择符合国土空间规划的相应面积宗地，作为拟开发建设用地项目。省域有关部门将土地竞买人选取的土地征用为城镇建设用地并组织该地块的“招拍挂”工作。运作过程如图 5-12 所示。

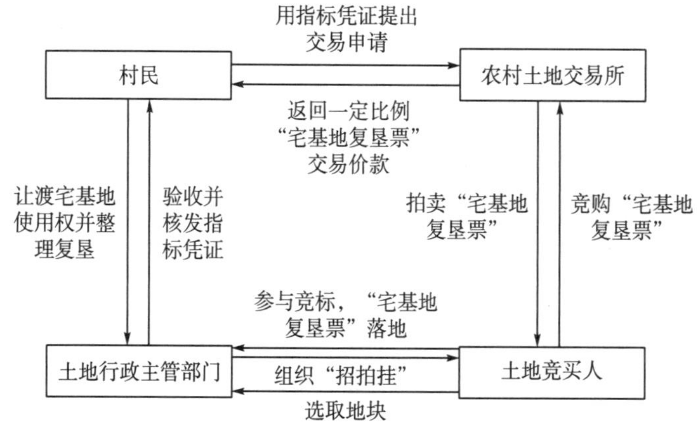

图 5-12　省域宅基地发展权转移市场机制

5.3.4　“宅基地复垦票”用地指标交易流程

为了促进农村闲置宅基地顺利流转、增加进城农村村民的财产性收入及保护被占耕地农民权益不受损，在遵守耕地占补平衡和城乡建设用地指标增减挂钩的原则下，本节创新性地设计了退出宅基地使用权、资格权的政策工具——“宅基地复垦票”，下面将针对“宅基地复垦票”用地指标交易流程进行阐述。

整个用地指标交易过程环节较多，对其进行必要的梳理，有助于明确各方职责、把握先后顺序、抓住关键节点，具体运作流程如图 5-13 所示。

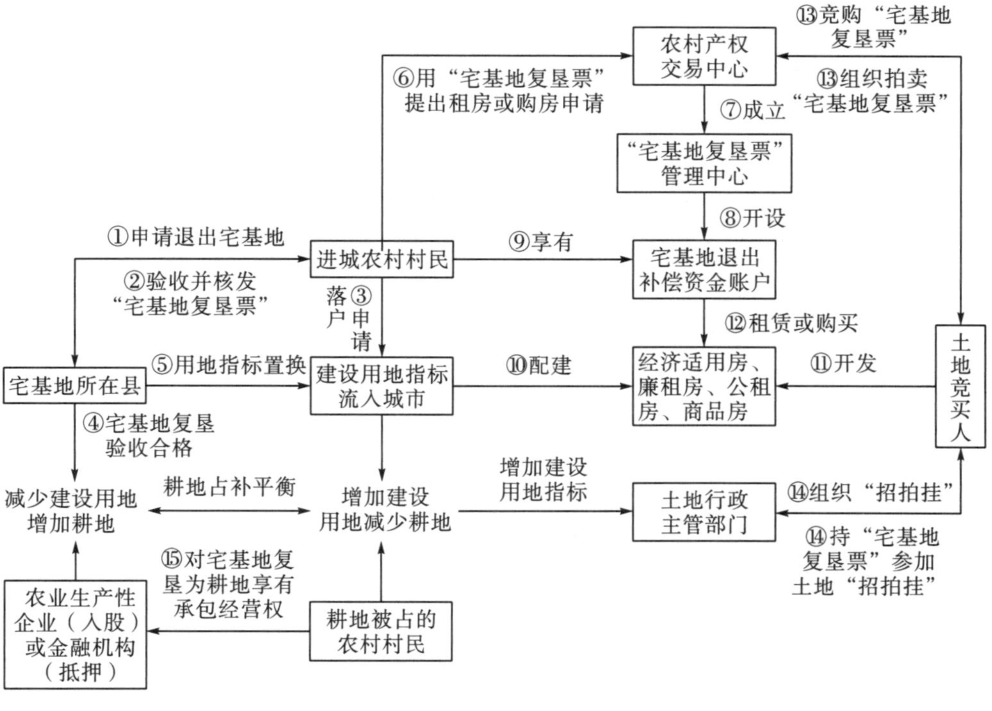

图 5-13　“宅基地复垦票”用地指标交易流程

备注：数字代表该步骤的先后顺序。

第一，区(县)是我国有权分配用地指标以及能够组织实施征地的最低一级人民政府，且考虑到部门和人员配置实际情况，宅基地退出审批及复垦工作应由区(县)一级政府有关部门领导负责、村集体配合。进城农村村民在退出宅基地时需要向原籍所在县政府有关机构申请，工作人员审查宅基地取得的合法性、是否存在面积超限、“一户多宅”等问题，同时对宅基地占地面积、房屋结构年限及质量进行现场取证。为了遵循先补后占的原则，待宅基地整理复垦验收通过后由宅基地所在区(县)有关部门向进城农村村民核发“宅基地复垦票”。

第二，进城农村村民携带“宅基地复垦票”向用地指标流入城市提出落户申请。不管是宅基地所在县还是人口流入城市，双边政府审批的关键是建立一套全国适用的评价标准体系和法律法规，才能做到有法可依、公平公正。意向流入城市在受理落户申请时需综合考虑农户的工作年限、收入水平、适应能力，建立有效的评价系统，接受符合要求的进城农村村民的申请。主要条件包括但不限于：①常年(3 年或 5 年以上)在流入城市从事非农工作但没有稳定的居所；②有工作单位提供的劳动合同和收入证明确认其有稳定的工作和收入来源；③打算长期定居于城市等。

应按照先宅基地复垦验收，再进行用地指标置换，最后进行宅基地退出补偿的顺序开展，避免增加了用地指标却没有增加耕地或增加耕地质量不满足要求的情况出现。该过程应进行标准化电子存档，保留宅基地的地理空间信息、复垦前后的图像或影像资料、宅基地权属用途的前后变化、用地指标流向、补偿价格等，有序推进用地指标置换，在产生纠纷时，可作为判定各方权责的重要依据。用地指标流向是从宅基地所在村集体到农村村民流入城市。进城农村村民退出宅基地复垦为耕地后，所在村集体即减少相应建设用地指标，人口流入城市增加用地指标。当地政府和流入城市双方均通过申请后，该宅基地对应用地指标方可进行转移，做到地随人走、人地挂钩，大致实现用地指标供求匹配。

第三，不仅要实现耕地占补平衡、建设用地增减挂钩，还要实现不同区域农村村民的利益均衡。进城农村村民用退出宅基地换取城镇落户安家的凭证——“宅基地复垦票”，而在用地指标置换过程中，宅基地所在县是减少建设用地、增加耕地，而建设用地指标流入城市则正好相反。需要说明的是，流入城市所减少的城郊耕地实际上属于近郊村集体所有。因此，城郊耕地被占的农村村民对宅基地复垦为耕地享有异地承包经营权。鉴于距离较远这一限制因素，耕地被占的农户无须直接耕种，可以将土地承包经营权入股农业生产性企业或者抵押给金融机构，以此获得失地补偿，具体流程详见“5.3.8 闲置宅基地退出复垦机制”。

第四，进城农村村民将“宅基地复垦票”交至流入城市的农村产权交易中心，且提出租房或购房申请。农村产权交易中心成立“宅基地复垦票”基金管理中心，在确定进城农村村民可获得的宅基地退出补偿后，为进城农村村民开设宅基地退出补偿资金账户。账户基础资金即为进城农村村民退出宅基地补偿所得，类似于城镇职工的住房公积金账户，专门用于解决进城农村村民的城镇住房问题。具体流程详见“5.3.7‘宅基地复垦票’资金运作机制”。

第五，建设用地指标流入城市要配建适当数量的保障性住房，然后进城农村村民利用宅基地退出补偿资金账户租赁或购买保障性住房或商品房。用地指标流入城市应合理使用获得的用地指标。由于进城农村村民收入普遍偏低，所以要适当增加保障房的配建比例。保障房建设目前存在的问题是中央积极倡导、地方消极响应。虽然中央政府给地方下达了保障房配建数量要求，但是地方政府为了实现财政收入最大化，将城市边缘价值较低的地块用于建设保障房，造成保障房提供不了“保障”，居住质量反而下降的情况。根据 2016 年全国保障性安居工程跟踪审计结果显示，空置或搁置的保障房数量达 40 多万套。同时在保障房覆盖比例上大部分地方政府都与中央确定的 20%保持一致，然而一些大城市房价上涨远高于收入增长与 GDP 增速，20%保障房覆盖率明显不够。而一些经济欠发达地区，房价适中，只需要 10%就够了。根据不同城市房价和居民总体收入水平，考虑城市不同区域的房价，制定更具针对性、精细化的保障房建设计划，才能有效保障广大进城农村村民的住房问题，否则很可能出现农民进了城却无房可住的窘境。同时，要从单一的居住保障满足向以人为中心的多元化福利满足转变，避免出现贫民窟、社区衰败、高贫困率等现象。“宅基地复垦票”与保障性住房和商品房之间的互动机制详见“5.3.5‘宅基地复垦票’兑换机制(进城农村村民)”。

第六，宅基地退出补偿资金账户中的资金本质上来源于土地竞买人的购票资金。农民持“宅基地复垦票”进城换房时首先将“宅基地复垦票”交予农村产权交易中心，其获得“宅基地复垦票”携带的相应建设用地指标后，将住房款转入农民个人账户。农村产权交易中心的主要工作，首先是将进城农村村民兑换的“宅基地复垦票”打包压缩并组织拍卖，对拟供应建设用地指标进行公告，包括拟供应面积、起始交易价格等；其次，公告期满后进行竞买，领取竞买须知的土地竞买人之间公平竞争，以拍卖的方式确定指标购得人，价高者得；再次，对指标交易结果进行公示，包括购得人、成交面积、成交价格等，并将交易收益的一部分用于补足农民住房款的垫付支出，一部分给予农村集体经济组织；最后，要对指标成交情况及相应的交易价款拨付情况进行公示。对于“宅基地复垦票”随农民跨省域流转使用的情况，流入省份的农村产权交易中心还须向自然资源部上报申请，经批准的新增建设用地指标数量才可进行后续交易。

第七，虽然我国实行建设用地总量控制和土地用途管制制度，但通过城乡建设用地指标增减挂钩这一政策可以在每年的指标之外增加流入城市的建设用地指标。由土地行政主管部门(一般是市自然资源和规划局或省自然资源厅)组织计划之外的额外指标的土地“招拍挂”，而土地竞买人则须持“宅基地复垦票”参加土地“招拍挂”工作。具体流程详见“5.3.6‘宅基地复垦票’流通机制(土地竞买人)”。

5.3.5　“宅基地复垦票”兑换机制(进城农村村民)

图 5-10 和图 5-12 只是介绍了市域和省域整体宅基地发展权转移市场机制，本部分重点介绍“宅基地复垦票”如何在进城农村村民和“宅基地复垦票”基金管理中心之间流通。

1. “宅基地复垦票”兑换经济适用房

1) 经济适用房兑换可行性

经济适用房面向的人群是城市中低收入的家庭。第一，购买经济适用房。若经济适用房的总价低于“宅基地复垦票”的价值，则在扣除经济适用房价款后以现金方式一次性支付给进城农村村民或者余额继续留存在宅基地退出补偿资金账户中；若“宅基地复垦票”价值不足以抵偿经济适用房总价，则进城农村村民可采用一次性支付、按揭贷款、分期付款等方式补齐差价，政府可适度降低贷款利率水平。第二，转售经济适用房。经济适用房房屋产权归进城农村村民所有，可以转售。但建设时为降低开发商的土地使用成本，其用地性质属于划拨地，免去了土地出让金，进而降低了住房单价。如果进城农村村民想转售，则需要在交易时补齐土地出让金，使其用地性质改变为出让地。此外，在转售时需要对进城农村村民的经济条件与工作状况进行摸底，只有其在城市有生存能力时，才予以批准，从而规避进城农村村民将用“宅基地复垦票”换购的经济适用房转售出去以套取差额利润。该举措实质上确保了“宅基地复垦票”被用于解决进城农村村民在城市的住房问题，防止不正当使用，因此利用“宅基地复垦票”兑换经济适用房是可行的。

2）经济适用房兑换模式

“宅基地复垦票”总价值(V_A)=宅基地券面价值(V_Q)+租房补贴(V_C)

在经济适用房兑换模式中，其实质是“购买”，所以不存在租赁行为。因此，在该模式下，“宅基地复垦票”总价值(V_A)只包含宅基地券面价值(V_Q)，此时“宅基地复垦票”的作用可等同于货币。若经济适用房总房价 $V<V_A$(即 V_Q)，则在扣除经济适用房总房价之后，可将“宅基地复垦票”余额一次性支付给进城农村村民或继续留存在补偿资金账户中由相关部门管理。若经济适用房总房价 $V>V_A$(即 V_Q)，则进城农村村民可根据自身经济情况选择一次性付款、按揭贷款、分期付款等方式支付房款。经济适用房的转售此处不再赘述。

2. “宅基地复垦票”兑换廉租房

廉租房是指政府以租金补贴或实物配租的方式，向符合城镇居民最低生活保障标准且住房困难的家庭提供社会保障性的住房。我国的廉租房只能出租，不能购买，且出租给城镇居民中最低收入者。廉租房的分配形式以租金补贴为主，实物配租和租金减免的形式较少。因此在实际执行过程中，政府积极性较低，廉租房的建设完成数量较少，实际上各地政府几乎没有已经建成的廉租房，并且已经建成的廉租房多数质量都比较差，不能满足与农村宅基地置换的交易条件。更重要的是，2013 年住房和城乡建设部(简称住建部)、财政部及国家发展和改革委员会(简称发展改革委)联合印发《关于公共租赁住房和廉租住房并轨运行的通知》，规定自 2014 年起，全国各地廉租住房和公共租赁住房并轨运行，并轨后统称为公共租赁住房。因此“宅基地复垦票”兑换廉租房实际上不可行。

3. “宅基地复垦票”兑换公租房

1）公租房兑换可行性

公租房，全称为公共租赁住房，是在国家政策支持下，各种社会主体通过新建或者其他方式筹集房源的保障性住房，其申请对象是城镇中等偏下收入住房困难家庭、新进就业无房职工和在城镇稳定就业的外来务工人员，方式有出租和出售两种。公租房的所有权归属政府或公共机构，不归个人所有。政府以较低的价格或承租者能承受的价格向符合条件的人群出租。公租房租赁期最长为 5 年，在租住期间承租者可以依据自身整体经济实力买房，但购房后就必须退出公租房。租期满 5 年，就可以购买公租房。公租房禁止自行转售或转租，只能由政府回购。此种售卖政策使得公租房脱离了“建造—出售—再建造”这种无休止的循环，而是采用“建造—租售—回收—再租售”的持久运行模式，因此使用“宅基地复垦票”兑换公租房是可行的。

2) 公租房兑换模式

“宅基地复垦票”总价值(V_A)=宅基地券面价值(V_Q)+租房补贴(V_C)

在公租房兑换模式中，采取的是租购并举模式，所以租房补贴(V_C)不为零，且租房补贴(V_C)由租住面积和租住时间决定。假设公租房每月租金标准为 x(元/m^2)，租住面积为 S(m^2)，每月租房补贴为 r(元/m^2)，则每月租房补贴为 rS，租住时间为 T 月。每月租房费用在扣除租房补贴 rS 后剩余的租金则从宅基地券面价值(V_Q)中划扣。从每月的租房补贴 rS 这个计算公式看似乎承租者租住面积越大从政府部门所获取的补贴就越多，从而使得进城农村村民更愿意退出农村闲置宅基地而选择面积较大的房屋租住。虽然租房补贴(V_C)不是固定值，但它有一个上限。这个上限根据进城农村村民决定把宅基地券面价值(V_Q)全部用于支付除去租金补贴之外的租金的情况计算得出。在这种情况下我们可以计算利用“宅基地复垦票”承租公租房的最长租赁时间(T_{max})：

$$T_{max} = \frac{V_Q}{(x-r)S} \tag{5-10}$$

最高租房补贴：

$$V_{Cmax} = rST_{max} = \frac{rV_Q}{x-r} \tag{5-11}$$

由式(5-11)可以看出，租房补贴的最大值(V_{Cmax})与租住房屋面积无关，因此租房补贴整体是可控的。但是租住面积会影响宅基地券面价值(V_Q)能支付租金的时间。因此，在可供选择的面积范围内，租住较大或较小的公租房取决于进城农村村民的收入水平和经济实力。结合我国现行的公共租赁住房制度的租售并举的模式，进城农村村民对“宅基地复垦票”大致有三种处置方式。

(1) 在获取“宅基地复垦票”后的前 5 年里的使用方式。

“只租不买”的兑换模式。在获取“宅基地复垦票”后的前 5 年里，符合公共租赁住房申请条件的进城农村村民，凭借持有的“宅基地复垦票”向流入城市的农村产权交易中心申请租赁公租房。在进城农村村民租赁公租房期间，由农村产权交易中心专门成立的“宅基地复垦票”基金管理中心每月按照进城农村村民租赁房屋面积、公租房租金标准、租房补贴标准从各个农户开设的宅基地退出补偿资金账户中划扣相应金额。由于相关规定限制，在租住的前 5 年内，进城农村村民不能购买公租房，“宅基地复垦票”只能冲抵每月月租，并且一般情况下进城农村村民在这 5 年承租期间不需要向公租房管理中心交付任何租金。换句话说，在宅基地券面价值(V_Q)被扣除完之前，进城农村村民不需要向公租房管理中心交付任何租金。当宅基地券面价值(V_Q)被全部扣除后，进城农村村民可选择自行缴纳租金继续租住，或者直接退还公租房。需要指出的是，对于在前 5 年里宅基地券面价值(V_Q)未被扣除完就提前申请退还“宅基地复垦票”的进城农村村民，“宅基地复垦票”基金管理中心应将“宅基地复垦票”的残余价值一次性以现金方式补偿给进城农村村民，或者余额继续留存在个人所拥有的宅基地退出补偿资金账户中交由政府相关部门理财，后续随时可提取。“宅基地复垦票”的余额$V_R = V_Q - (x-r)ST$。

(2)在获取“宅基地复垦票”后满5年的使用方式。

在租赁公租房满5年后，进城农村村民有三种选择。

第一，进城农村村民在租赁5年期满后，用“宅基地复垦票”的残值申请购买所居住的公租房，即“租后购买”的兑换模式。对于租住公租房满5年，并愿意购买该公租房的进城农村村民，可利用“宅基地复垦票”残值支付房款。“宅基地复垦票”余额的计算方式和“只租不买”的兑换模式中的计算方式相同。对于用“宅基地复垦票”余额购买公共租赁住房的，需按照当时公租房管理中心所公布的房屋价格，结合公租房的面积，计算出所要购买的公租房价格V。若拟购买的公租房价格$V<$“宅基地复垦票”余额V_R，则在扣除完公租房总房价之后，将余额(V_R-V)以现金方式一次性支付给“宅基地复垦票”的持有者；若拟购买的公租房价格$V>$“宅基地复垦票”余额V_R，则进城农村村民可自行支付剩余房款$(V-V_R)$，可采用一次性支付、按揭贷款、分期付款三种方式。对于无能力支付剩余房款$(V-V_R)$的，进城农村村民可继续租赁未支付价款部分的房屋面积，并按规定租金标准缴纳租金，对于已购买的房屋面积则无须缴纳租金。但在此种情况下，进城农村村民不再享受每月r元/m^{2}的租房补贴。

也可以用“宅基地复垦票”剩余的价值所能购买到的公共租赁住房面积S_1来阐释。S_1为宅基地复垦票的剩余价值与当地住房保障和房产管理局向社会公布的公租房出售的当期价格的比值。假设进城农村村民拟购买的公租房的面积为S，若S_1大于等于S，则“宅基地复垦票”基金管理中心需将超出所购买的公租房价款部分的余额以现金方式一次性退还给进城农村村民。若S_1小于S，则进城农村村民又有两种选择：一是，购买$S-S_1$面积部分，购房款可选择一次性付款、按揭贷款、分期付款。如果进城农村村民选择一次性付款或按揭贷款的，则不再支付租金，如果选择分期付款的，未付款面积需按照规定租金标准缴纳租金。二是，进城农村村民租赁$S-S_1$面积部分，每月按照租金标准支付$S-S_1$面积部分的租金。

第二，进城农村村民在租赁5年期满后，用“宅基地复垦票”的残值继续租赁所居住的公共租赁房。对于用“宅基地复垦票”继续租赁公租房的，公租房管理中心每月按照租金标准和进城农村村民租赁公租房的面积继续在进城农村村民的宅基地退出补偿资金账户余额中提取租金，直至进城农村村民申请购买公租房或者进城农村村民“宅基地复垦票”账户中的余额被提取完毕。

第三，进城农村村民在租赁5年期满后，主动向“宅基地复垦票”基金管理中心申请退还“宅基地复垦票”的残值。进城农村村民在租赁5年期满后，放弃用“宅基地复垦票”置换公共租赁房的，进城农村村民需将“宅基地复垦票”退还给“宅基地复垦票”基金管理中心。同时，“宅基地复垦票”基金管理中心以当期的公共租赁房的出售价格乘以进城农村村民所持“宅基地复垦票”可置换的面积得到置换公租房的房屋价值，再以当期的人民银行所公布的5年期存款利率对房屋价值进行复利计息的最终价值对进城农村村民进行现金补偿。公共租赁房属于共有产权性质，政府鼓励购买公租房的群体在经济富裕后尽快换购商品房，并以房屋购买价加上同期银行存款利息回购其拥有的部分房屋产权，以便提供给新的需要住房保障的对象，真正实现“建造—租售—回收—再租售”的可持续供给模式，减少政府公租房的投入。

(3) 进城农村村民不满足承租公租房的情况。

与进城农村村民在租赁 5 年期满后主动向“宅基地复垦票”基金管理中心申请退出租赁公租房不同，此处是指进城农村村民不满足承租公租房时被动要求退出租赁公租房。当进城农村村民由于收入增加或其他条件不符合时，在退出公租房时，“宅基地复垦票”基金管理中心收回该进城农村村民的“宅基地复垦票”，同时以房管局公布的当期的公租房的出售价格乘以持票人所持“宅基地复垦票”可置换的面积得到持票人置换公租房的房屋价值，再以当期的人民银行所公布的持票人持有“宅基地复垦票”期限的存款利率对房屋价值进行复利计息的最终价值对持票人进行现金补偿。

4. “宅基地复垦票”兑换商品房

对于大部分收入较低、没有城镇住房的进城农村村民，“宅基地复垦票”可以用来兑换经济适用房或公租房，并享受一定额度的优惠及贷款支持。而对于一小部分经济富裕的进城农村村民可直接用“宅基地复垦票”购买商品房，与经济适用房、公租房不同的是，进城农村村民对商品房拥有完整的国有土地使用权和房屋所有权，可以自由进行商品房交易。

关于用“宅基地复垦票”兑换商品房又分为以下三类：第一，对于那些有一定经济能力、有意愿购买首套商品房的进城农村村民，“宅基地复垦票”可用于购买商品房时冲抵价款，类似住房公积金的用法，还可享受一定额度的低息贷款；第二，对于已经购买首套商品房且是唯一居所，但尚有剩余房贷的进城农村村民，“宅基地复垦票”可用于冲抵房贷，且对剩余一定额度的房贷可以享受低利率优惠；第三，对于已有城镇住房，没有房贷或不愿意接受前两种使用方案或急需现金的进城农村村民，可直接提取账户资金，但有关部门要严格审查此类人群长期在城市生存的能力。

我国东部地区城镇化率较高，城乡发展协调，属于上述三类的进城农村村民较多，但以往的研究中对该部分群体的需求关注欠缺，不利于解决经济发达的东部地区宅基地闲置率高的问题。各个城市根据自身的实际情况，如房价水平、财政收入、常住人口数量等制定更为详细可行的操作方案。但不论哪种方案，均由进城农村村民向城市有关部门提出申请，工作人员分批审查进城农村村民的收入水平、不动产资产状况，协商确定切实可行的使用方案，保障公平、公正和城市住房资源的最优化配置。

例如，在棚改实践中，大量采用现金补偿，促使大批购买力在短时间内释放，造成 2018 年上半年全国范围内特别是三四线城市房价猛涨，该教训值得反思。鉴于此，对于宅基地退出补偿资金使用也应严格监管。一方面，“宅基地复垦票”的使用范围限定在用地指标流入城市，避免转移到一些热点城市或置房成本更低的城市，导致“人、地、钱”分离，助长炒房势力。另一方面，对于未购买房屋的进城农村村民，应限定“宅基地复垦票”补偿资金仅仅用于住房支出，不能申请现金补偿，避免因不正当使用导致财产损失，增加社会不稳定因素。

5.3.6 “宅基地复垦票”流通机制(土地竞买人)

进城农村村民获取“宅基地复垦票”的前提是自愿退出其在农村闲置的宅基地，因此在“宅基地复垦票”流通机制中退还土地的环节主要涉及农村土地如何退还，以及退还的农村土地怎么处理等问题。鉴于目前我国的农村土地属于村集体所有，所以进城农村村民将其自己核发拥有的宅基地向宅基地所在县(一般交由村集体组织主导开展)申请退还，同时由村集体组织对进城农村村民土地面积、地理位置、权属关系等进行核实以后，再批准其退出申请并向县自然资源和规划局提交《农村土地退还确认书》。此后，由自然资源和规划局将进城农村村民退还出的宅基地进行整理后复垦为耕地，并随同进城农村村民退还的承包地一并承包给新的农户，以达到农村土地的规模化经营。需要指出的是，鼓励进城农村村民在退出闲置宅基地的同时一并将其承包经营的耕地退出，但不做强制要求。

进城农村村民用“宅基地复垦票”向流入城市的农村产权交易中心提交租房申请或购房申请，接着农村产权交易中心将零散的“宅基地复垦票”整理打包，放到土地产权交易中心平台上组织拍卖。土地竞买人(即指房地产开发商)先竞购一定的“宅基地复垦票”，再持“宅基地复垦票”参加土地行政主管部门(市自然资源和规划局或省自然资源厅)组织的新增建设用地指标“招拍挂”。

“宅基地复垦票”流通机制的本质是增减挂钩。进城农村村民退出的闲置宅基地整理复垦为耕地后，我国的耕地总量就必然会增加。考虑到目前我国各城市建设用地指标十分紧缺的情况，国家开始推行城乡建设用地指标增减挂钩的土地政策。而“宅基地复垦票”流通机制的土地退还环节就是践行增减挂钩土地政策的代表之一。例如，农村村民甲向村集体退还了 $150m^2$ 的宅基地，那么 A 市的自然资源和规划局负责把这 $150m^2$ 的宅基地复垦为耕地并承包给新农户；同时 A 市的自然资源和规划局根据增减挂钩的土地政策，在城市近郊区征收近郊农村一块 $150m^2$ 的耕地为城镇建设用地，再组织新增建设用地指标的土地“招拍挂”工作，并规定参与土地竞拍者必须手持相应数量的“宅基地复垦票”。

5.3.7 “宅基地复垦票”资金运作机制

在“宅基地复垦票”资金运作机制中，在闲置宅基地退出环节，县自然资源和规划局相关部门要负责对宅基地的整理复垦，即需要土地整治成本；村集体组织对退出农村土地的农房和承包土地需要进行补偿；进城农村村民租赁或购买城镇住房，城市需要建设更多的公租房，需要支出更多的建设成本；进城农村村民退还“宅基地复垦票”后需要给予“宅基地复垦票”残值补偿，需要支出补偿金。以上所述的资金来源渠道、运作流程是“宅基地复垦票”资金运作机制的核心命脉之一。

具体为，在各城市设立一个农村产权交易中心，再下设一个资金运作平台——“宅基地复垦票”基金管理中心，专门用于管理拍卖“宅基地复垦票”交易获得的部分收益、进城农村村民“宅基地复垦票”的残值补偿，以及公租房管理中心提取进城农村村民公租房租金等。因此，“宅基地复垦票”资金运作机制主要有以下几个流程。首先，将进城农村村民所交付的“宅基地复垦票”进行打包并在农村产权交易中心进行拍卖，拍卖后所得的收益，在扣除宅基地的复垦费用及融资费用后，参考重庆的“地票”收益分配方案将剩余资金的 85%按照各个进城农村村民家庭的宅基地面积进行利益分配。而考虑到宅基地归集体所有，在扣除宅基地复垦成本及融资费用后剩余资金的 15%分配给原村集体组织。每个进城农村村民家庭所获得的利益分配，全部存入“宅基地复垦票”基金管理中心。“宅基地复垦票”基金管理中心为各个退出宅基地的进城农村村民单独设立账户，并把各个进城农村村民获得的“宅基地复垦票”收益存入各自的账户中。其次，为了保障进城农村村民家庭能在城市中有足够的资金以支付日后租赁公租房所需的租金，退出宅基地的家庭应获得一定的住房补助。例如，可以按退出宅基地的进城农村村民家庭的法定人口，给予每人一定金额的补助，并将这笔补助资金存入对应家庭的“宅基地复垦票”账户。也可以设定每月租房补贴标准 r(元/m^2)，根据租住面积 S(m^2)给予每月租房补贴 rS(元)。而这笔资金的来源是土地行政主管部门(市自然资源和规划局或省自然资源厅)组织新增建设用地指标“招拍挂”所获得的土地出让金收入的一定比例。最后，站在政府层面上，政府应该从财政方面支持“宅基地复垦票”机制，加快进城农村村民所流入城市的城市化进程，政府可以给予退出宅基地的进城农村村民一定金额的生活补助，具体数额由当地政府参照地区经济实力来制定。所以，“宅基地复垦票”资金运作示意图如图 5-14 所示。

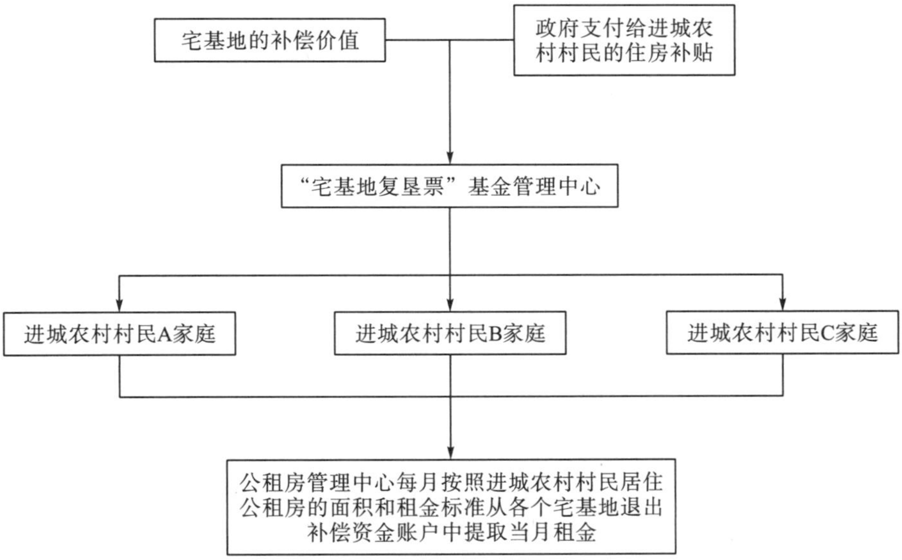

图 5-14　“宅基地复垦票”资金运作机制示意图

需要说明的是，根据不同类型进城农村村民的具体情况和实际需求，利用多种政策金融工具，将宅基地退出补偿资金用好用活，放大宅基地退出补偿的吸引力，可以提高农村村民退出宅基地的积极性，加速进城农村村民市民化进程。“宅基地复垦票”基金管理中心可以对所有进城农村村民的“宅基地复垦票”账户进行统一管理，账户中补偿资金可用于支付住房款，不管是租房还是购房，对于进城农村村民解决城市住房问题意义重大。对于选择跨省流动的进城农村村民，在省外选择符合条件的租赁住房，可以从个人“宅基地复垦票”退出补偿资金账户中提取住房款支付租金，除了解决其城镇住房问题，此类人群还享受一定的政策优惠与社会福利保障。从某种程度上来说，“宅基地复垦票”补偿资金用于租赁住房也是对当前社会呼吁租购同权的大力支持，响应国家政策，助力租房事业的发展。

5.3.8 闲置宅基地退出复垦机制

政府已出台明确宅基地发展权配置和转移的政策，强调要综合考虑国土空间规划和市场需求状况，做好农产品主产区、生态功能区复垦宅基地产生的新增建设用地指标的转移规划。而做好闲置宅基地退出复垦工作，严格审查宅基地复垦后的用途变化并做好变更登记也是构建宅基地退出机制不可或缺的一环。闲置宅基地退出整理后的用途通常取决于宅基地退出工作的动机。在城乡建设用地增减挂钩的政策背景下，闲置宅基地退出工作主要细分为三类：一是将城市近郊或者城乡接合部的农村宅基地退出整理后直接用于城镇建设用地，扩大城市建设面积，如天津“宅基地换房”模式、“北京模式”；二是用于集体公共服务设施建设、村庄基础建设，在不突破农村建设用地指标的情况下，将宅基地退出整理用于村庄集体经营性建设用地，招商引资建设工业园，如上海“中心村”模式；三是在欠发达地区或者村集体组织成员大多数打算退出所拥有宅基地，为了统筹城乡一体化发展，将宅基地整理复垦为耕地，置换城市建设用地指标，并留下部分作为农村建设用地，以改造农村脏乱差的面貌并提供给那些不适应城市生活而被迫返乡的进城农村村民。但不论哪一种方式或者几种方式的组合，都要充分尊重农村村民的意愿，不能被迫“上楼”，切实保障进城农村村民的利益。

宅基地复垦后的利益分配方式与土地用途密切相关，然而在以往的宅基地退出补偿实践中，宅基地复垦所产生的增值收益完全由政府主导分配且被政府拿走了一大部分，退宅农民没有话语权，基本无法分享土地发展权带来的增值收益。毋庸置疑，宅基地归集体经济组织所有，村集体和退宅农民才是享受宅基地增值收益的合法主体。与上述宅基地退出动机一一对应：一是假设宅基地复垦为城镇建设用地的，土地性质由集体所有变为国家所有，集体经济组织和农户将永久失去对原有宅基地的所有权、资格权、使用权及用益物权，无法参与分配宅基地整理复垦后的经营收益权；二是假设宅基地复垦为农村集体建设用地的，农民可以将拥有的宅基地作价入股或者享受租金收入；三是假设宅基地复垦为耕地，农户获得“宅基地复垦票”并移居城镇长期生活，退宅的进城农村村民不再继续拥有宅基地复垦为耕地的承包经营权。而为了实现不同区域农村村民的利益均衡，宅基地复垦为耕地的承包经营权归属于城郊耕地被占的农村村民。鉴于距离较远这一现实因素，耕地被占的农村村民可以以股权转让的方式进行自愿有偿退出，或者以代耕代种、联合经营的方式与集体共享土地增值收入。但不论哪一种方式，政府占主导地位的状态都应该被打破，让宅基地的所有者和投资者共同分享增值收益。

在上述第三种宅基地退出复垦机制中，出现了两类农户：一是退出宅基地进城落户的农村村民，其原先承包经营的耕地尚未退出，但由于长期居于城镇肯定无法进行耕种；二是耕地被占的农村村民(为满足城乡建设用地指标增减挂钩政策，城镇通过占用城郊耕地来增加城镇建设用地指标，而农村通过将闲置宅基地复垦为耕地以减少农村建设用地指标，详见图 5-13），其对闲置宅基地退出复垦为耕地享有异地承包经营权，由于农户和承包经营的耕地不在一处，所以该类农户也无法耕种。有鉴于此，笔者提出以下两种解决异地耕种问题的方法。

(1) 以土地承包经营权入股农业生产性企业。进城农村村民获得城镇住房后，为了保证能稳定持续地生活下去，可凭土地承包经营权入股农业生产性企业，进城农村村民拥有土地承包权，农业生产性企业拥有土地经营权。进城农村村民以土地承包经营权入股与大型的农业生产性企业合作，即引入社会工商资本，采用现代技术发展农业，实现农业现代化。进城农村村民凭借土地经营权在农业生产性企业中所占的股份长期享有金额不定的股利，以此作为城镇稳定生活的保障。为了确保即使在农业生产性企业经营不善的状况下，进城农村村民依然能享有最低收益，政府财政部门应出资建立农业保险联动机制，将干旱、洪涝等自然灾害带来的影响降到最低。耕地被占的农户也可如此，以土地承包经营权入股农业生产性企业来增加财产性收入。

(2) 以土地承包经营权抵押给金融机构。政府现已逐渐放开对土地承包经营权流转的限制，因而可把土地承包经营权抵押给金融机构让进城农村村民的城镇生活获取金额固定的资金支持。银行等金融机构不善于土地经营，因此引入第三方土地经营管理公司。由土地经营管理公司对抵押的土地进行统一整理，使承包的土地连片且面积达到一定规模，从而进行农业产业化生产、规模化经营，经营收入一部分作为土地经营管理公司的管理费用，剩余部分作为金融机构的收益。基于大部分经营收入都归金融机构，因此金融机构承担全部风险。进城农村村民只是定期获得金额固定的资金，就相当于获得银行存款的固定利息。此外，进城农村村民想抵押多久就抵押多久，抵押越久，获取的定期收益就越大。耕地被占的农户也可以采用此种模式。

5.3.9　配套保障机制

1. 构建闲置宅基地退出补偿资金保障体系

在“宅基地复垦票”用地指标交易流程中涉及四类费用：闲置宅基地整理复垦费用、对退宅进城农村村民的补偿费用、公租房建设费用、退还及提取“宅基地复垦票”余额的补偿费用。“宅基地复垦票”这一政策工具运用好坏的关键之一在于能否构建强劲的闲置宅基地退出补偿资金保障体系。现阶段农村宅基地退出补偿资金来源不足，应构建以政府为主导、社会资金积极参与的资金整合模式，最大限度地发挥市场在闲置宅基地退出资金配置中的基础作用，同时加强政府的监管力度，对市场进行宏观调控，构建有效弥补市场缺陷的体制机制。创新土地管理投融资模式，确保农村闲置宅基地退出工作的可持续推进，譬如 BOT、TOT、PPP、ABS、PFI 等投融资模式。目前最突出的问题就是交易信息的不对称，以致社会资金参与度偏低，且退宅农村村民对基层政府的财政实力信任度不高，严重阻碍了农户退出闲置宅基地的积极性。政府有关部门应出台完善的、可信度高的权威文件，详细阐述社会资金在整个闲置宅基地退出过程中的参与流程、收益机制、风险管理，提高潜在社会投资人的兴趣，有效利用社会大量闲置资金。给予农村村民更大的发言权，让农村村民更多地参与到资金的循环运作体系中，一方面能够提高农村村民对退出闲置宅基地、整理复垦工作的热情度，另一方面可以降低闲置宅基地退出工作的风险，提高资金的利用效率，确保闲置宅基地退出与补偿工作的顺利进行。

2. 加快户籍制度改革及落实城镇社会保障

第一，加快户籍制度改革。对于退出闲置宅基地、进城居住工作的农村村民，不管是流向本地还是流向外地城市，只要退出农村宅基地，在户籍方面，流入城市都应解决其户口问题，即由农业户口转为非农业户口。为避免在原城镇居民和进城农村村民之间形成一个新的二元结构，建议有计划落实取消农业户口和非农业户口的划分，建立统一的户口登记制度，明确退出宅基地进城农村村民的相应权益，妥善安排并落实养老、失业、医疗等各项社会保障，确保进城农村村民与城镇户籍居民享有同等权利。对于携带“宅基地复垦票”跨省流动的进城农村村民，即流向外地城市的农业转移人口，本省和外省之间的户籍管理部门做好户口交接工作，认真落实进城农村村民顺利取得外地城市城镇居民户口的工作。需要说明的是，要循序渐进地处理进城农村村民在原村集体组织所享有的土地承包经营权和集体收益分配权，不能一刀切斩断进城农村村民与土地之间的联系，允许暂时保留土地承包经营权和集体收益分配权，即农户携带权利进城以缓解城镇生活压力，等到进城农村村民完全适应城镇生活，且有关部门的审核评估合格后，此类人群可以选择合理的方式退出所持有的土地承包经营权和集体收益分配权。政府相关部门要同步做好对该类群体的两种权利退出补偿工作，确保进城农村村民在流入城市经济立足、社会融入、心里有归属，从而实现人的市民化、城镇化。

第二，落实城镇社会保障。总体来说，现阶段农户参与退出宅基地的积极性并不高，归根结底在于宅基地退出补偿标准过低，以农村居民的生活水平给予的退宅补助难以长期支撑农户在城镇长期的消费费用，即农户退出宅基地后的城镇生活得不到切实保障。而农村宅基地是农户无偿取得的，对农户来说具有福利性质，为农户提供了社会生活保障。倘若农户进城退出宅基地，即便在城镇获得了一套同等面积的城镇住房，但城镇的高消费加之农户原有的社会保障不复存在，大大降低了进城农村村民的社会安全感。这就需要进城农村村民获得非农业户口后，同原城镇居民一样享有包括医疗、就业、养老、失业及子女教育等方面的社会保障。在医疗方面，将进城农村村民纳入城镇医疗体系中，解决此类群体城市看病难、看病贵的难题。在就业方面，进城农村村民与原城镇居民享有同等就业权利。政府应该鼓励进城农村村民自主创业，譬如凭借自身优势开设餐饮店，且为其提供政策优惠和低息或无息小额贷款。在失业方面，进城农村村民可以申请参加失业保险，依照规定缴纳失业保险，一旦失业了能够享受失业保险金补偿。在其他公共服务方面，流入城市相关部门应该确保进城农村村民的医疗卫生服务、其子女在城镇能接受到平等的教育。

3. 积极解决进城农村村民的就业及子女教育问题

积极妥善解决退出宅基地进城农村村民的再就业及子女教育问题。进城农村村民市民化是一个漫长而复杂的过程，若想使进城农村村民真正地摆脱对农村土地的依赖，真正融入城镇生活，有关部门就必须着力解决进城农村村民的再就业问题，并给予其子女城镇教育补贴。文化程度不高及职业技能匮乏使进城农村村民在城镇稳定择业有一定的难度，并且缓慢增长的工资收入与快速增长的物价之间的矛盾凸显。因此，流入城市当地政府应加大对进城农村村民的人力资本投资力度。具体而言，政府有关部门应加大对进城农村村民的教育培训投入力度，多渠道宣传，组织人力、物力、财力对进城农村村民开展免费的职业教育、技能培训，健全进城农村村民的职业技能培训制度。进城农村村民所工作的企业应该为该类群体缴纳社会保险并定期组织进城农村村民进行免费的职业培训。对于此类企业，地方政府应给予一定的奖励，如减免税收，以降低企业的生产成本、激发企业的生产积极性，从而为进城农村村民创造更多的就业机会。除对进城农村村民开展免费的职业教育及技能培训之外，政府部门也应该调整产业结构，大力发展城镇二三产业，根据地区优势有针对性地发展劳动密集型、技术密集型的行业，构建就业平台，创造更多的就业机会。对失业农民进行技能培训；为能力较强的农民创造良好的创业环境，给予较宽松的政策支持。对于进城农村村民的子女教育问题，应摒弃“择校费”“城公农私”等门槛，真正做到农民子女与城镇子女享有同样的教育资源。全面提高农民子女的人力资本水平，使其快速适应并融入新的学习环境，为快速实现城乡一体化培养一批高素质的后备军。通过积极解决进城农村村民的就业及其子女受教育问题，能够帮助农户更快地在城市安居乐业，使进城农村村民无后顾之忧，吸引更多农民退出闲置宅基地。

4. 构建“宅基地复垦票”机制—占补平衡—增减挂钩—户籍制度—住房制度衔接回路

推行农村闲置“宅基地复垦票”制度不仅是对耕地占补平衡、城乡建设用地指标增减挂钩政策、户籍制度的有效结合，而且还是对现行住房制度(经济适用房、公共租赁房、商品房)的革新与突破。为确保“宅基地复垦票”制度的顺利实施，应构建“宅基地复垦票”机制、耕地占补平衡、增减挂钩、户籍制度及住房制度有效衔接回路。该衔接回路的构建不仅保障了进城农村村民宅基地财产性收入的权利，同时也将此类群体纳入了我国的城镇住房保障体系；一定程度上不仅能坚守国家 18 亿亩耕地红线不被突破，也能合理有效地利用配置闲置的土地资源，缓解目前我国城镇建设用地指标日益紧缺的困境；通过试点先行可以解决部分进城农村村民的户口问题，有效化解目前我国三四线城市商品房库存较大的难题。所以，构建“宅基地复垦票”机制具有一定的必要性、可行性及迫切性。结合现阶段我国的实际情况，在实施“宅基地复垦票”制度的过程中需要注意两个方面的内容。

一是营造充分的政策环境，推动农村闲置宅基地退出置换“宅基地复垦票”制度。鉴于“宅基地复垦票”机制涉及与耕地占补平衡、增减挂钩、户籍制度、住房制度的良好结合，所以营造充分有利的政策环境以激发各参与方的积极性并推动“宅基地复垦票”全域性通用显得尤其关键。在流入城市政府层面上，搭建进城农村村民“宅基地复垦票”信息共享平台，对“宅基地退出补偿资金账户”的运作进行动态管理。在耕地占补平衡上，政府有关部门一定要严格遵守先补后占、质量与数量并重的原则，拒绝先占后补、占多补少、占优补差等不可持续行为。在增减挂钩政策方面，市自然资源和规划局针对农村土地流转工作应做好土地的变更登记、闲置宅基地退出整理复垦工作，并以保障进城农村村民的土地收益为前提制定闲置宅基地、农房及承包土地的补偿标准。在户籍制度上，有关部门对此类满足农转非的进城农村村民给予户籍方面的支持与帮助，实行一元化户籍改革。在住房制度上，尤其是经济适用房、公共租赁住房，政府应该科学合理地编制用地规划，保障这两类住房的建设用地；同时在土地、财税、资金等方面给予相应的政策支持与监督管理。由于我国农村土地流转体系不完善、与户籍制度改革紧密相关的公共服务辐射范围有待扩展、相关配套的平台需要构建等因素的制约，所以建议在实施“宅基地复垦票”制度的同时需要构建良好的政策环境。

二是注重“宅基地复垦票”在时间和空间两个维度的渐进性。由于现阶段我国宅基地确权、转移程序等制度的滞后性，加之我国公共租赁住房发展在房源获取、财政资金压力等方面的瓶颈问题，推行“宅基地复垦票”机制不仅需要因地制宜、因时制宜，而且还要注重在时间上和空间上的循序渐进。要做好政策先行的典型示范工作。在目前我国产业梯度转移、西部发展环境趋好的条件下，可以先在统筹城乡综合改革试验区成都和重庆进行试点推广，等成都和重庆具有成熟经验和制度时，再逐步在更多的城市范围内继续推广。

5. 完善“宅基地复垦票”用地指标转移的法律制度

在我国城市化地区、农产品主产区、生态功能区三大功能区之间，“宅基地复垦票”除进行用地性质转变、用地指标转移之外，还伴随着人口的迁出与迁入。农产品主产区、生态功能区的一些人口适度迁出，一方面能够有效提高这部分进城农村村民的收入和就业，另一方面能够更好地保护环境，实现粮食安全、生态保护、经济发展的多维目标。因此有关政府部门应制定农产品主产区、生态功能区闲置宅基地整理复垦为耕地时产生的新增建设用地指标相关配套法律制度，以保护各参与方的切身利益。

整体来讲，我国现阶段农村土地流转体系有待完善，应制定相应法律条文明晰农村村民所拥有的土地权利及各种土地权利的退出路径。关于由宅基地所有权、使用权、资格权所衍生的“宅基地复垦票”，应该以法律条文的形式明确其合法性，做好其产生的新增用地指标与国有土地、集体土地的区别与联系。关于“宅基地复垦票”与人民币等价值的功能，相应的法律文件也应陆续颁布，确保“宅基地复垦票”在经济适用房、公租房及商品房三类房屋租购方面的金融作用，使得“宅基地复垦票”的流通性更好。关于土地竞买人竞购“宅基地复垦票”，为了最大限度地调动土地竞买人的积极性、确保“宅基地复垦票”补偿资金链不断裂，以法律制度的形式承认持“宅基地复垦票”参加土地“招拍挂”的合理性与优先性。

6. 建立农村村民—城镇居民—农村村民的退出机制

建立农村村民—城镇居民—农村村民的退出机制。对于自愿退出农村宅基地但在城镇居住一段时间后，不愿意再在城镇生活的农业转移人口或者经核实的确无法适应城镇生活的退宅人群，允许该类群体自愿申请退出“宅基地复垦票”机制，并向原村集体组织申请宅基地和承包耕地。需要说明两点：一方面原先退出闲置宅基地时村集体应留存适量的农村建设用地，以防进城农村村民不适应城市生活而返回农村；另一方面政府部门要严格控制进城农村村民重返农村的数量，确保整体来看大多数进城农村村民最终实现了市民化，不可出现逆城镇化现象。而构建此退出机制的主要目的是最大限度地保障进城农村村民的基本生存权利。

5.4　小　　结

推行“宅基地复垦票”制度，对于最大化保障进城农村村民的土地权益、增加其财产性收入、解决其城镇住房问题、缓解我国城镇建设用地指标紧缺及推进我国城市化发展水平具有极大的推动作用，因此实施“宅基地复垦票”具有一定的必要性和紧迫性。本章介绍了所有权、使用权、资格权“三权分置”下闲置宅基地和房屋价格的评估，研究了宅基地发展权配置与转移政策工具——“宅基地复垦票”的制度背景，设计了“宅基地复垦票”的运行机制。“宅基地复垦票”运行机制主要涵盖“宅基地复垦票”的产生过程、突出特征、配置模式、用地指标交易流程、兑换机制、流通机制、资金运作机制、闲置宅基地退出复垦机制及相关配套机制。农村征地制度改革成功的核心在于政策工具的创新。新的征地价格测算机制(以区片综合地价取代原来的土地年产值倍数法，另外在原来的土地补偿费、安置补助费、地上附着物三项的基础上又增加了农村村民住宅补偿和社会保障费)代替了旧的征地价格测算机制(以土地征收的原用途来确定土地补偿，以年产值倍数法来确定土地补偿费和安置补助费)。本书中的“宅基地成本价格的测算机制”政策工具，与以往研究测算宅基地退出补偿水平最显著不同的是，本书包含了跨区域交易新增建设用地指标产生的级差地租的价值。进城农村村民有偿退出闲置宅基地政策工具——“宅基地复垦票”的提出，为进城农村村民携带“宅基地复垦票”跨区域迁移提供了理论依据。

第6章　全域性的建设用地、补充耕地指标跨区域交易机制设计

全域性建设用地、补充耕地指标跨区域交易的具体实现方式为“宅基地复垦票”跨区域交易。“宅基地复垦票”是进城农村村民有偿退出宅基地、实现宅基地发展权配置与转移的政策工具。本章首先明确“宅基地复垦票”跨区域交易的供需主体，然后构建交易机制框架，最后对具体的交易模式进行设计。其中，“宅基地复垦票”跨区域交易模式主要有两种：一是以进城农村村民为主导的“宅基地复垦票”跨区域交易；二是以政府为主导的“宅基地复垦票”跨区域交易。

6.1　“宅基地复垦票”跨区域交易供需主体分析

6.1.1　建设用地供给及人口流动现状

在我国现行的增量指标计划管理模式下，存在较为严重的建设用地在不同地区之间的配置失衡问题。由于中部崛起、西部大开发等中、西部地区社会经济发展战略的实施，全国建设用地供给多以划拨的方式向中西部地区倾斜，这在一定程度上造成了建设用地供需不平衡的问题。图6-1为2010～2019年全国建设用地情况。

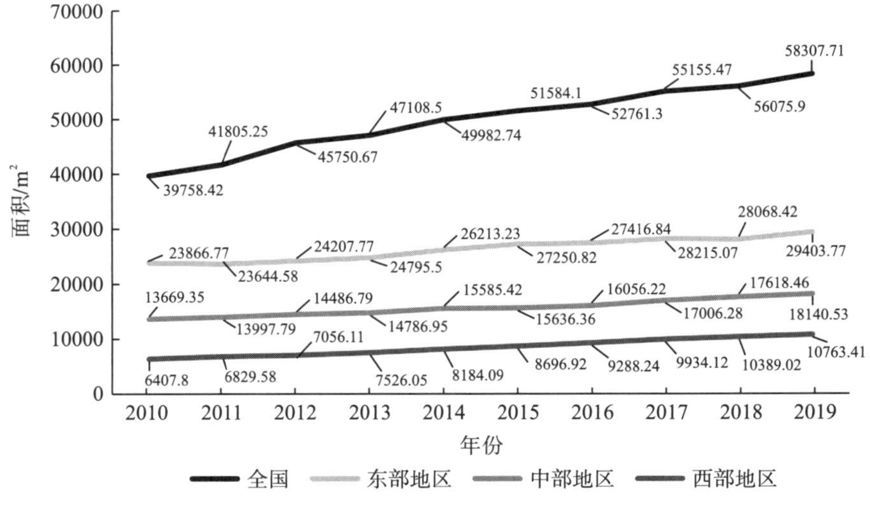

图6-1　2010～2019年全国建设用地情况

数据来源：《中国城市建设统计年鉴》（2010～2019年）。

从图 6-1 可以看出，全国建设用地面积从 2010 年的 39758.42m^2 增长到 2019 年的 58307.71m^2，年均增长率为 4.35%；东部地区建设用地面积则从 23866.77m^2 增长到 29403.77m^2，年均增长率为 2.35%；中部地区建设用地面积从 13669.35m^2 增长到 18140.53m^2，年均增长率为 3.19%；西部地区建设用地面积从 6407.8m^2 增长到 10763.41m^2，年均增长率为 5.93%。显而易见，2010～2019 年建设用地面积扩张速度为西部地区＞全国平均＞中部地区＞东部地区。

而对于单位建设用地面积非农 GDP 的产出而言，2019 年全国均值为 15.69 亿元/m^2，东部地区为 17.36 亿元/m^2，中部地区为 14.05 亿元/m^2，西部地区为 13.89 亿元/m^2。由此可见，东部地区的建设用地对非农 GDP 增长贡献最大，中部其次，而西部最小。从经济角度来说，为了获得更大的非农 GDP 收益，应该大力增加东部地区建设用地面积投入、中部次之、西部最少，而现实情况却恰恰相反。

对于人口迁移而言，我国流动人口规模巨大，2010～2019 年流动人口均在 2.2 亿人以上。其中，在外务工农民占很大比例，从 2015 年的 16884 万人增长至 2019 年的 17425 万人，占流动人口的比重则从 68.4%增长至 73.8%。对于跨省流动人口而言，从较不发达的中西部地区流向较发达的东部地区，并集中迁向长三角、京津及福建等地区，随着人口的增加，这些地区相应地应有较大的新增建设用地需求，而迁出地区的新增建设用地需求应相对较小。

因此，在目前以政府为主导的按计划分配建设用地为避免“厚此薄彼”问题而采用“量”的平均分配供给模式，虽在一定程度上保护了耕地、控制了城市随意扩张，但却存在较大的资源错配问题。为了弥补这一制度的先天性缺陷，就全国范围来看，为了使单位建设用地面积产出最大的价值并满足人口流向对建设用地的需求，应该实施城乡建设用地的跨省占补平衡政策，解决较发达的东部地区土地政策导致的建设用地资源错配从而造成的建设用地稀缺的问题，并可在尝试利用“宅基地复垦票”这一政策工具实现建设用地的跨区域交易的同时，满足农业转移人口退出宅基地发展权获得补偿收益用以购买城市住房的需求。

6.1.2　“宅基地复垦票”的需求主体

城市化进程伴随着农村剩余劳动力向城市地区聚集，一方面，城市新增人口的衣食住行需要消耗土地资源，另一方面，新增人口为城市经济所做的贡献刺激了各省对新增建设用地的需求。但根据上文所述，在我国现行的增量指标计划管理模式下，经济发展较快的东部地区建设用地指标和耕地指标存在短缺错配的问题，难以实现本省内的耕地占补平衡。因此，这些地区迫切希望能让其他耕地后备资源相对充足的区域承担耕地补充任务，以此来获得用地计划外的建设用地指标。

“宅基地复垦票”实质是一种土地利用年度计划外的城乡建设用地增减挂钩指标，兼具新增建设用地和耕地占补平衡的功能。可见，人口流入越多、经济发展越快的省份，如上海、北京等建设用地资源越稀缺的地区，对“宅基地复垦票”的需求也就越强烈。“宅基地复垦票”在落地使用时应该符合该地区土地利用总体规划和耕地占补平衡的要求，一方面占用耕地的面积应该不大于“宅基地复垦票”标注的面积，另一方面对于耕地质量达不到要求的地区，必须通过产能折抵、补改结合等方式保证耕地质量不下降。

6.1.3 “宅基地复垦票”的供给主体

“宅基地复垦票”一般产生于深度贫困的偏远山区，一方面，与东部沿海发达地区相比，西部地区地广人稀，耕地后备资源本身比较丰富，经济发展较为缓慢，建设占用耕地的矛盾没有那么突出；另一方面，这类地区由于缺乏产业的支撑，人口大量外流，因此农村宅基地大量闲置，土地整治潜力巨大。在农业转移人口市民化的背景下，非农农民退出宅基地的诉求非常强烈，他们希望通过处置自己所拥有的土地财产获得进城落户的资本，但由于缺乏土地治理和补偿资金，贫困地区政府往往无力开展宅基地复垦和土地整理工作。

2017 年，为攻克深度贫困的壁垒，国务院部署了脱贫攻坚工作的任务，强调要加强土地政策对深度贫困地区的扶持力度，通过增减挂钩结余指标流转收益来支持贫困地区脱贫攻坚和易地搬迁工作的开展，将“三区三州”和其他 214 个深度贫困县作为挂钩指标的主要来源。这类地区在确保耕地面积不减少、建设用地面积不增加的情况下，实施土地治理工作；在满足本区域发展建设用地需求的前提下，剩余的耕地或其他农用地以省国土资源主管部门为单位通过跨省转让而获得更多的挂钩收益。

而农村闲置宅基地复垦为耕地是挂钩指标的最大来源，所以农业转移人口才是“宅基地复垦票”真正的供给主体，但跨省交易的住房券包含了多个农业转移人口的土地指标，加上政府掌握更多的信息和管理权力，因此，省政府应该成为农业转移人口的代言人，负责整理土地和聚集农业转移人口手中的“宅基地复垦票”，成为跨区域交易住房券的主体。

6.2 “宅基地复垦票”跨区域交易机制构建

“宅基地复垦票”跨区域交易是一个集农民意愿、进城农村村民宅基地资格权与使用权的退出与补偿、配套政策于一体的系统性工程。本章机制构建主要包括两部分：民主机制和配套机制，配套机制则包含进城农村村民宅基地资格权与使用权的退出工作开始前与之工作开展关联性很强的农村村民宅基地产权登记制度的完善及进城农村村民宅基地资格权与使用权的退出工作结束后能够解决进城农村村民后顾之忧的社会保障制度的完善。

6.2.1 民主机制

根据上文对现有宅基地发展权配置与转移模式的分析，现有模式整个流程都是由政府所主导，农村村民作为宅基地的使用权人，对整个交易过程应该具有知情权和发言权，但现实实施过程当中，其处于弱势地位。而农民权利的保护是宅基地退出的核心问题之一，应该让农村村民对整个宅基地退出模式拥有充足的知情权，对其是否退出宅基地拥有充分的发言权，完全遵从农村村民的意愿，采用民主决议的方式去决策涉农的重大问题。

在进行农村村民退出宅基地项目之前，政府或村集体应该向村民对其有偿退出农村宅基地资格权、使用权的全流程及补偿政策等进行全面的宣贯，可选择张贴宣传海报、向每户派发宣传页、组织科普活动为农村村民解决相关政策疑问等方式。宣传的同时组织人员对每户居民进行宅基地资格权、使用权退出意愿的调查，初步统计了解农村村民整体对宅基地退出的意愿及他们的顾虑与建议。

关于宅基地是否退出这一重大事宜则需由村民大会进行民主决议后确定，村民以户为单位进行投票表决。此项会议主要的事项包含是否退出、退出方式和具体要求等内容。若同意退出宅基地资格权、使用权的户数占全村总户数的比例超过 90%，则该项目可以实施，剩下的不同意退出宅基地的农村村民不得强制要求其退出宅基地；若同意退出宅基地资格权、使用权的户数占全村总户数的比例小于 90%，则该项目不能实施。

因此，民主机制主要通过健全项目意愿调查制度、村民会议制度及对退出宅基地资格权、使用权的充分宣贯来保障农民的合法权益。

6.2.2　配套机制

1. 完善农村村民宅基地产权登记制度

农村村民宅基地产权确权并登记是农村村民能够证明其拥有宅基地资格权及使用权退出权利的凭证，对于农村村民有偿退出宅基地资格权、发展权这一流程来说非常重要。但目前现有的宅基地产权登记制度存在一些问题，这些问题也同样会影响农村村民有偿退出宅基地资格权、发展权这一流程的运行。

第一个问题：法律上一户一宅，实际上一户多宅的问题。一些农民家庭为拥有更多的宅基地，投机取巧，抓住农户界定比较模糊的漏洞，将本属于一户的夫妻及父母子女单独立户，持独立出来的户口本申请更多的宅基地。这样的行为虽巧妙地避免了《中华人民共和国土地管理法》中一户一宅的规定，但实质上仍是一户多宅。这种行为增加了宅基地确权难度，扰乱了登记秩序，并且若在设计进城农村村民有偿退出宅基地资格权、发展权机制时，将分配机制与所拥有的宅基地面积相挂钩，则会造成不公平的现象发生。

第二个问题：农村村民私自流转宅基地使用权造成难以确权的问题。一些农村村民为了获得更多的收益，私自将宅基地使用权转移给非集体经济组织成员，主要表现形式为将宅基地的自有房屋进行转让。根据法律规定，将宅基地使用权转让给非集体经济组织成员是无效的，但从现实中来看，农村村民转让这一行为确实获得了宅基地使用权退出收益，从这些农村村民签订转让合同的行为上来看其自身对于宅基地使用权退出是认可的。这两者的矛盾使宅基地使用权的确权工作变得困难。而这一问题对农村村民退出宅基地资格权、使用权这一机制同样造成了影响，若按前者，对这些私自流转宅基地使用权的村民进行了宅基地使用权确权，使其不仅从非集体经济组织成员获得转让收益，而且还获得来自政府的宅基地使用权退出收益，则对于那些未违规的村民来说是非常不公平的；若按后者，默认私自违法流转宅基地使用权的村民已经退出宅基地使用权，不对其进行确权，其不能获得宅基地使用权的补偿，则农村村民退出宅基地资格权、使用权这一机制将设计两种补偿方式，一种只补偿宅基地资格权，另一种对宅基地资格权及使用权进行补偿。

因此，为解决以上两个重要问题，应完善农村村民宅基地产权登记制度。可以从两个角度进行考虑，第一个是完善法律法规及地方规章制度，第二个则是加强监督管理。现实中，村委会未履行自己的管理责任，纵容一些违法行为，造成了农民敢于私自建房、一户多宅的问题。除此之外，相关管理部门对一户多宅、非法转让宅基地房产等违法行为的处罚手段和力度均不足，导致这些投机行为不断发生。所以，对于村委会来说，应深度学习相关法律法规及规章制度并加强自身管理意识与工作责任心，将管理行为落实到位。对于相关管理部门来说，应采取相应的处罚手段及加大处罚力度，杜绝这些投机行为。

2. 建立健全社会保障制度

建立健全农村村民社会保障制度，不仅是一种保障机制也是一种激励机制，激励有条件的进城农村村民退出宅基地资格权及使用权，在城市中能够与城镇户籍人口获得相同待遇，获得更完善的社会保障，解决其退出宅基地的后顾之忧。

进城农村村民退出了其宅基地资格权及使用权，即退出了其作为农村村民所拥有的区别于城镇居民的最重要的权益，变相地退出了集体身份，在城市工作、生活、定居。但目前针对他们设立的社会保障制度，不足以让他们的生活得到足够的保障。这主要包含以下三个方面的问题：首先，其社会保险相对于城镇居民来说不够全面完善，只包含最基本的养老和医疗保障，因此，应该与城镇居民相同，将其社保范围逐渐扩大到教育、就业等方面，如适龄儿童能够获得九年义务教育、贫困家庭能够获得居民最低生活保障，让其享受最低生活标准等；其次，城镇住房保障体系无法保障他们的居住权益，对于经济适用房来说，只有城镇居民才能购买，农村村民由于户籍限制无法购买，对于廉租房、公租房来说，城镇居民拥有优先租赁权，一般而言，城镇居民已占满了所有名额，农村村民没有租赁名额，针对这一点，城镇住房保障体系应该将或许相对于城镇居民而言更加贫困的农村村民涵盖在内，保障其居住权这一最基本的生存权利；最后，对于农村村民而言，他们大多数文化程度较低，生存技能较少，或许只能从事一些体力劳动，进入城市后不具备太大的竞争力，面临着非常高的失业风险，但却没有享受与城镇居民相同的失业保险保障，这是极其不合理的。因此，要将退出宅基地资格权与使用权的进城农村村民纳入失业救济体系内，使其有足够的时间及保障去适应城镇社会环境，能够在城镇立足。

6.3 “宅基地复垦票”跨区域交易模式设计

进城农村村民有偿退出宅基地使用权、资格权主要有两种运行模式，即以进城农村村民为主导的“宅基地复垦票”跨区域交易模式和以政府为主导的“宅基地复垦票”跨区域交易模式，通过这两种运行模式实现多渠道筹集宅基地退出资金。

6.3.1　进城农村村民主导的“宅基地复垦票”跨区域交易模式

以进城农村村民为主导的“宅基地复垦票”跨区域交易模式指进城农村村民退出宅基地使用权、资格权，宅基地复垦后获得的建设用地指标随进城农村村民流动，由进城农村村民和流入地政府进行交易的模式。

以农业转移人口为主导的“宅基地复垦票”跨区域交易是农业转移人口将持有的“宅基地复垦票”在流入地交易所与开发商进行的公开独立的交易，实现农业转移人口“地随人走”的权益。

1. 交易程序

如图 6-2 所示，此种交易模式包括四个方面：进城农村村民获得“宅基地复垦票”；进城农村村民进入流入地“宅基地复垦票”交易所交易；流入地开展“宅基地复垦票”交易；拍卖、落地使用“宅基地复垦票”。

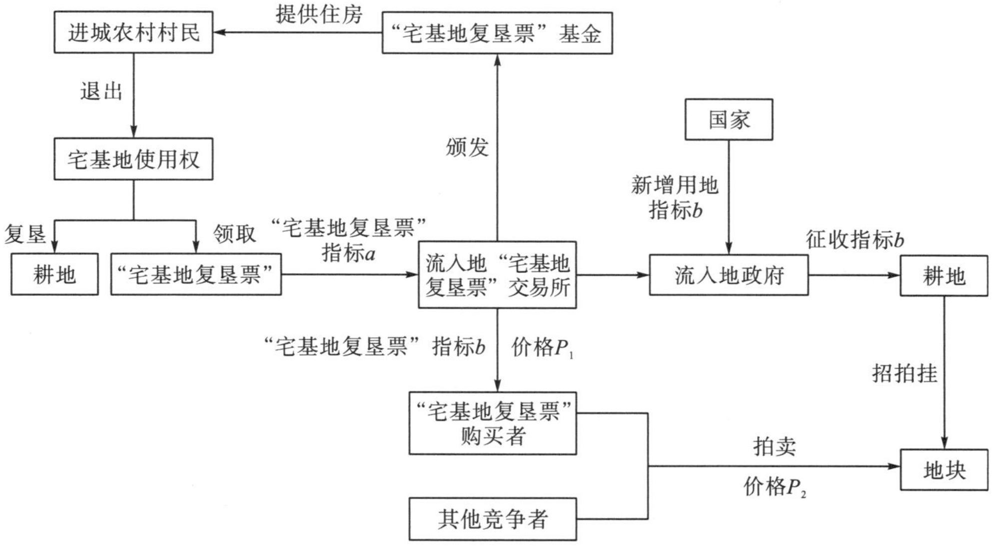

图 6-2　“宅基地复垦票”跨区域交易模式一

1) 进城农村村民获得“宅基地复垦票”

进城农村村民退出宅基地使用权、资格权后，由当地政府主持将宅基地复垦为耕地，实施复垦工程的可以是个人、农村集体组织、第三方经济实体，政府国土主管部门根据各村民退出的宅基地复垦后可转化为城市建设用地指标的面积颁发“宅基地复垦票”，并在全国“宅基地复垦票”信息管理系统注册登记。

2) 进城农村村民进入流入地“宅基地复垦票”交易所交易

进城落户的农村村民流入中心城市、大都市圈、城市群后，将“宅基地复垦票”移交流入地“宅基地复垦票”交易所进行登记。由于不同区域耕地质量不同，流入地政府不应直接以流出地新增耕地的指标来占用流入地耕地或农用地。为保证全国耕地的等质平衡，占用指标应为流入的“宅基地复垦票”指标经调节系数换算后的结果。

根据《耕地质量调查监测与评价办法》(农业部令 2016 年第 2 号)和《耕地质量等级》(GB/T 33469—2016)将全国耕地质量划分为十个等级。将十等耕地看作 1，每一级别以 0.2 的系数增加，则第 m 个等级为 $1+0.2\times(10-m)$，$1\leqslant m\leqslant 10$。将流出地第 i 个等级的耕地置换成流入地第 j 个等级的耕地调节系数为 $\dfrac{1+0.2\times(10-j)}{1+0.2\times(10-i)}$。具体调节系数见表 6-1。

表 6-1 调节系数表

	十等	九等	八等	七等	六等	五等	四等	三等	二等	一等
十等	1	1.2	1.4	1.6	1.8	2	2.2	2.4	2.6	2.8
九等	0.83	1	1.17	1.33	1.50	1.67	1.83	2.00	2.17	2.33
八等	0.71	0.86	1	1.14	1.29	1.43	1.57	1.71	1.86	2.00
七等	0.63	0.75	0.88	1	1.13	1.25	1.38	1.50	1.63	1.75
六等	0.56	0.67	0.78	0.89	1	1.11	1.22	1.20	1.44	1.56
五等	0.50	0.60	0.70	0.80	0.90	1	1.10	1.20	1.30	2.00
四等	0.45	0.55	0.64	0.73	0.82	0.91	1	1.09	1.18	1.27
三等	0.42	0.50	0.58	0.67	0.83	0.83	0.92	1	1.08	1.17
二等	0.38	0.46	0.54	0.62	0.69	0.77	0.85	0.92	1	1.08
一等	0.36	0.43	0.50	0.57	0.64	0.50	0.79	0.86	0.93	1

那么，易得，“宅基地复垦票”指标 b=“宅基地复垦票”指标 $a\times\dfrac{1+0.2\times(10-j)}{1+0.2\times(10-i)}$。

3)流入地开展“宅基地复垦票”交易

流入地“宅基地复垦票”交易所将换算后的“宅基地复垦票”投入市场，有意愿、有能力的法人可通过公开竞价购买“宅基地复垦票”。流入地土地交易所依据“宅基地复垦票”竞购价扣除交易成本后，剩余的价款分成三部分：宅基地流出地农村集体组织出让宅基地所有权收益、宅基地复垦费、进城农村村民退出宅基地使用权和资格权收益。宅基地复垦后产生建设用地指标流出区域与“宅基地复垦票”流入区域，实现耕地跨区域占补平衡。实现了先补后占、占补平衡、数质对等，守住我国耕地红线。

4)拍卖、落地使用“宅基地复垦票”

流入地政府依据收取的“宅基地复垦票”向国家申请扩大建设用地指标计划后，国家审批“宅基地复垦票”指标 b，审批通过后允许流入地扩大建设用地指标。“宅基地复垦票”购得者寻找城市规划区范围内，且满足土地利用总体规划的农用地，提出用地申请。政府审核通过后将选中地块征收、公开“招拍挂”，“宅基地复垦票”购买者和其他竞争者一同参与地块竞拍，地块竞拍中未拍得土地使用权的“宅基地复垦票”购买者，由“宅基地复垦票”流入地政府从拍卖地块获得的土地出让金中拿出相应资金，补偿“宅基地复垦票”购买者购买“宅基地复垦票”所支付的费用。

2. 运行机制

1) 宅基地发展权配置主体

综合考虑我国土地用途管制制度、农村集体具有农村土地所有权、农民拥有宅基地的使用权、资格权和增加农民退出宅基地使用权、资格权补偿收益四个方面，本模式土地发展权的配置主体为“公私兼顾”。配置主体包含政府、村集体和农民三类。

2) 宅基地发展权转移要素

本模式宅基地发展权转移的发送区为农村村民流出区域的国土空间规划“三区”中农业空间中的宅基地区域，接收区为农村村民流入区域的建新区的耕地。并且发送区只能转出土地发展权，接收区只能转入土地发展权。

3) 宅基地发展权配置模式

为保证配置的公平性，本模式采用人地结合配置模式，每人可配置的发展权数量=可配置发展权宅基地面积 / 总人数。为了避免人少地多村庄存在土地发展权配置超量及人多地少村庄存在土地发展权配置不足等不公平事件的发生，故而设置宅基地发展权配置的村域“天花板”。

4) 价格机制

此种模式下，交易过程中的价格运行机制涉及“宅基地复垦票”竞购价 P_1 和地块拍卖价 P_2。P_1 是“宅基地复垦票”流入地市场拍卖成交价格，在“宅基地复垦票”基准价格的基础上由市场供需情况决定；“宅基地复垦票”基金是 P_1 扣除流入地交易所的交易成本之后的剩余；P_2 是“宅基地复垦票”落地使用时，地块的“招拍挂”成交价格。

5) 补偿机制

本模式是为进城农民退出宅基地资格权、使用权专门设计的，它们已经在城镇就业及定居或者已在城镇就业并有着强烈的城镇定居意愿，这两类农村村民的宅基地都长期处于闲置甚至废弃的状态。由于这些进城农村村民所选择的流入城市地点不尽相同，如果进行房屋补偿，则政府无法统一这些居民的需求，因此最合适的方式是进行货币补偿，增加这些进城农村村民的家庭财产性收入或为其在城市购买房产提供一份保障。

6) 分配机制

进城农村村民主导的“宅基地复垦票”跨区域交易模式退出宅基地使用权、资格权所产生的收益包含两个方面：“宅基地复垦票”净收益和新增建设用地土地出让净收益。

“宅基地复垦票”净收益=P_1−“宅基地复垦票”交易成本−宅基地复垦费。所有权归集体所有，而农民拥有宅基地使用权及资格权，因此“宅基地复垦票”净收益应在集体和农民之间分配。具体分配比例根据农村村民流出地政府出台的相关文件确定。

新增建设用地土地出让净收益=P_2−新增建设用地土地出让所产生的诸如征地支出、土地出让业务费支出等各种成本之和。本模式考虑到新增建设用地土地出让净收益是由于农民及村集体对于宅基地发展权的退出和政府基础设施建设、规划实施等外部投资双重因素产生的，因此政府应该把部分土地出让净收益分配给农民和村集体。具体分配比例根据农村村民流入地政府出台的相关文件确定。

6.3.2 政府主导的“宅基地复垦票”跨区域交易模式

以政府为主导的“宅基地复垦票”跨区域交易，是“宅基地复垦票”供给区域和“宅基地复垦票”需求区域省级政府“宅基地复垦票”交易平台之间的交易。

以政府为主导的“宅基地复垦票”跨区域交易模式是农业转移人口将“宅基地复垦票”移交给当地政府获得住房补助，当地政府作为“宅基地复垦票”供给城市跨区域与需求城市进行交易。

1. 交易程序

如图 6-3 所示，此种交易模式包括三个方面：进城农村村民获得“宅基地复垦票”后与给当地政府土地交易平台交易；“宅基地复垦票”供给城市与需求城市政府“宅基地复垦票”交易平台之间进行的“宅基地复垦票”交易；“宅基地复垦票”需求城市开展“宅基地复垦票”交易市场，拍卖、落地使用“宅基地复垦票”。

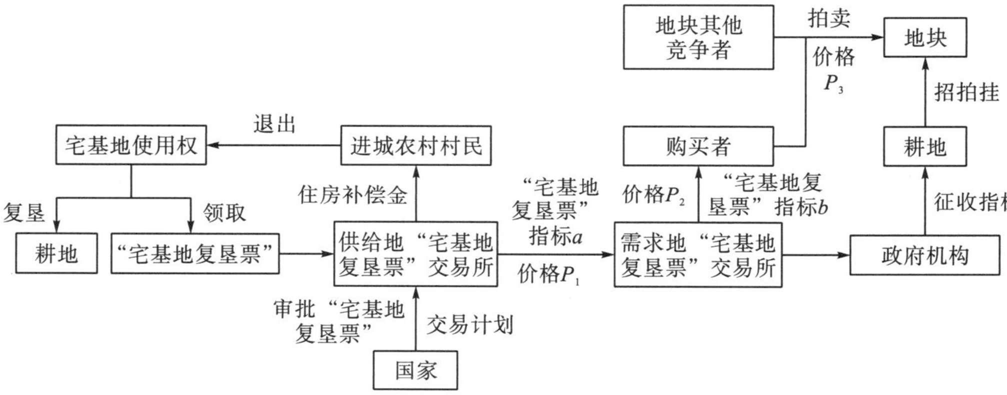

图 6-3 “宅基地复垦票”跨区域交易模式二

1) 进城农村村民获得“宅基地复垦票”与当地土地交易平台交易

进城农村村民退出宅基地使用权、资格权后，同意将闲置的宅基地进行复垦产生新的建设用地指标，将领取的“宅基地复垦票”与当地政府土地管理平台交易，当地政府土地管理平台对持有“宅基地复垦票”的进城农村村民进行资金补偿，进城农村村民获得退出宅基地使用权、资格权的财产性收益。政府土地管理平台将购买的“宅基地复垦票”整理登记，向自然资源部报批“宅基地复垦票”跨区域交易计划，审批后，供给地省级土地管理交易平台才可与相关需求区域省级土地管理交易平台进行交易。

2) 供给城市与需求城市政府交易平台进行 “宅基地复垦票”交易

供给地省级土地管理交易平台在中国农村土地产权交易中心平台上发布“宅基地复垦票”生产信息及规模后，与有意向的“宅基地复垦票”需求区域省级土地管理交易平台进行交易。由于不同区域耕地质量不同，流入地政府不应直接以流出地新增耕地的指标来占用流入地耕地或农用地。为保证全国耕地的等质平衡，占用指标应为将流入的“宅基地复垦票”指标经调节系数换算后的结果。

调节系数确定方式与进城农村村民主导的“宅基地复垦票”跨区域交易模式相同，具体调节系数见表 6-1。

3) 拍卖、落地使用“宅基地复垦票”

需求地省级土地管理平台将“宅基地复垦票”投入市场，政府征收“宅基地复垦票”竞得者的意向地块后，将地块公开“招拍挂”，最终实现新增城市建设用地指标的落地。“宅基地复垦票”交易后必须在一定年限内于城镇规划区范围内落地使用，到期后，由省级土地管理平台实施回购机制。

2. 运行机制

1) 宅基地发展权配置主体

宅基地发展权配置主体包含政府、村集体和农民三类。

2) 宅基地发展权转移要素

本模式宅基地发展权转移的发送区为建设用地过度错配的欠发达区域，如“三区三州”等的国土空间规划“三区”中农业空间中的宅基地区域，接收区为建设用地短缺错配的较发达区域，如北京、上海等地的建新区的耕地，并且发送区只能转出土地发展权，接收区只能转入土地发展权。

3) 宅基地发展权配置模式

为保证配置的公平性，本模式采用人地结合配置模式，每人可配置的发展权数量=可配置发展权宅基地面积/总人数，并设置宅基地发展权配置的村域“天花板”。

4) 价格机制

此种模式下，交易过程中涉及的价格运行机制有“宅基地复垦票”跨区域交易价格 P_1、“宅基地复垦票”竞购价 P_2 和地块拍卖价 P_3。P_1 为“宅基地复垦票”供给省份与需求省份之间“宅基地复垦票”交易的价格，交易过程是供给省份将“宅基地复垦票”代表的城市建设用地指标让渡给需求省份，换取需求省份建设用地的土地发展权。

5) 补偿机制

本模式与进城农村村民主导的“宅基地复垦票”跨区域交易模式相同，采用货币补偿方式。

6) 分配机制

政府主导的“宅基地复垦票”跨区域交易模式退出宅基地使用权、资格权所产生的收益包含三个方面：“宅基地复垦票”净收益、需求地“宅基地复垦票”交易所获得的收益及新增建设用地土地出让净收益。

“宅基地复垦票”净收益=P_1−“宅基地复垦票”交易成本−宅基地复垦费。宅基地所有权归集体所有，而农民拥有宅基地使用权及资格权，因此“宅基地复垦票”净收益应在集体和农民之间分配。具体分配比例根据供给地政府出台的相关文件确定。

需求地“宅基地复垦票”交易所获得的收益＝P_2−P_1，需求地“宅基地复垦票”交易所相当于土地发展权能够发生转移行为的中间商，其自负盈亏，在该阶段产生的收益只与需求地“宅基地复垦票”交易所购买及拍卖宅基地复垦票行为有关，与农村村民及村集体无关，因此农村村民及村集体不参与该部分收益分配。

新增建设用地土地出让净收益=P_3-新增建设用地土地出让所产生的征地支出、土地出让业务费支出等各种成本之和。本模式考虑到新增建设用地土地出让净收益是由于农民及村集体对于宅基地发展权的退出和政府基础设施建设、规划实施等外部投资双重因素产生的，因此政府应该把部分土地出让净收益分配给农民和村集体。具体分配比例根据需求地政府出台的相关文件确定。

6.3.3 “宅基地复垦票”跨区域交易平台的构建

交易平台的构建无论是对于以进城农村村民为主导的“宅基地复垦票”跨区域交易模式，还是以政府为主导的“宅基地复垦票”的交易模式都至关重要。其中，“宅基地复垦票”跨区域交易应该建立各省级的“宅基地复垦票”交易所和中国农村土地产权交易中心两个平台。

各省级“宅基地复垦票”交易所应该由各省级国土资源主管部门负责组织建立，而中国农村土地产权交易中心则应由自然资源部负责搭建。进城农村村民主导的“宅基地复垦票”跨区域交易模式只需利用农村村民流入地省级“宅基地复垦票”交易所这一平台。政府主导的“宅基地复垦票”跨区域交易模式则需利用供给地省级“宅基地复垦票”交易所、需求地省级“宅基地复垦票”交易所及中国农村土地产权交易中心三个平台，图 6-4 为政府主导的“宅基地复垦票”跨区域交易模式各平台的具体组织关系。

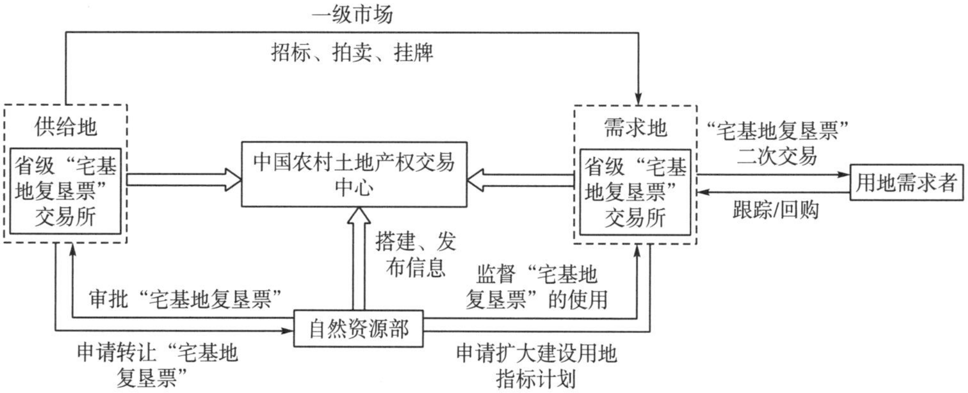

图 6-4 政府主导的“宅基地复垦票”跨区域交易模式平台的组织关系

图 6-4 这一模式中，产生“宅基地复垦票”的省份由其省级“宅基地复垦票”交易所自下而上向自然资源部汇报所节余的“宅基地复垦票”数量。自然资源部接受申请后，委派省级国土资源主管部门按照《耕地质量调查监测与评价办法》(农业部令 2016 年第 2 号)和《耕地质量等级》(GB/T 33469—2016)组织对复垦耕地的质量和数量进行评估论证，并将评估结果上交于自然资源部，自然资源部审核通过后在中国农村土地产权交易中心上传“宅基地复垦票”的项目所在位置、复垦耕地的面积、质量及“宅基地复垦票”节余数量等相关信息。而对于需要使用指标的省份来说，由其省级“宅基地复垦票”交易所向自

然资源部发出缺口数量和使用意向申请，自然资源部根据其省份耕地占用规划要求审核通过后，在中国农村土地产权交易中心发布需求地省份需求指标。

为实现“宅基地复垦票”价值的市场化，无论是农村村民与政府之间的“宅基地复垦票”交易，还是“宅基地复垦票”供给省份与“宅基地复垦票”需求省份的“宅基地复垦票”交易，均通过平台竞价的方式确定交易价格。其中，农村村民与政府之间的“宅基地复垦票”交易，通过进城农村村民流入地省级“宅基地复垦票”交易所进行交易；“宅基地复垦票”供给省份与“宅基地复垦票”需求省份的“宅基地复垦票”交易通过中国农村土地产权交易中心进行交易。“宅基地复垦票”供给省份与“宅基地复垦票”需求省份进行交易后，需签订指标交易协议，并由自然资源部进行监管。

最后，需求地省级“宅基地复垦票”交易所需将在中国农村土地产权交易中心竞价所得的“宅基地复垦票”指标按照调节系数进行换算得到新的“宅基地复垦票”指标。城市建设用地需求者则在需求地省级“宅基地复垦票”交易所进行“宅基地复垦票”的二次交易。省级国土资源主管部门则负责跟踪“宅基地复垦票”的使用情况，并对逾期未用的“宅基地复垦票”进行回购。

为了保证交易过程的顺利进行，中央政府需每年规划指标需求省份可以占用耕地的面积，指标需求省份按照规划严格执行。中央政府还需出台相关文件明确“宅基地复垦票”供给省份与“宅基地复垦票”需求省份双方应尽的责任与义务。其中，“宅基地复垦票”供给省份具有长期保护复垦耕地的义务，“宅基地复垦票”需求省份及农村村民流入地省份则有帮助交易过程中相对应的进城农村村民改善经济状况、提供住房保障的责任，按时拨付流转资金。

另外，中央政府像土地指标跨省调剂机制一样，需要对“宅基地复垦票”的使用范围进行地域限制，指定某几个省通过对口支援的方式实现“宅基地复垦票”和建设用地指标的流转。因为，如果制度不能适当反映资源的稀缺性和经济机会，经济中就会出现行为的扭曲。经济发达地区由于劳动力密集，优质的就业、医疗、教育资源对农业转移人口的吸引力大，若允许“宅基地复垦票”在全国范围内进行交易，则会造成农业转移人口哄抢大城市的住房，而这中间不乏投机行为，从而导致房地产市场失灵。

为了保证整个交易过程的公平、公开、公正，自然资源部应该监督“宅基地复垦票”交易的全过程，及时发布各省份“宅基地复垦票”供给、需求情况，公布节余指标交易信息，包括“宅基地复垦票”供给省份、接收省份、交易数量、交易价格等，并派专门的土地督察小组跟踪交易资金落实情况和土地指标是否严格按照经调节系数换算后的指标进行落地。

6.3.4 “宅基地复垦票”跨区域交易模式比较

1. 相同之处

1）运行机制中的相同之处

宅基地发展权配置主体均采用“公私兼顾”的方式，保障了进城农村村民、村集体和政府三个主体的权益。具体地，保障了进城农村村民退出宅基地的资格权、使用权权益及所拥有的部分的土地发展权权益；保障了村集体所拥有的土地所有权权益及所拥有的部分的土地发展权权益；保障了政府所拥有的绝大部分的土地发展权权益。

宅基地发展权配置模式相同，均采用人地结合的配置模式，并设置宅基地发展权配置的村域“天花板”。此种模式是面积配置模式和人口配置模式两种模式的结合，且较这两种模式考虑得更加全面。而设置村域“天花板”是从社会公平的角度进行考虑，超标的土地发展权权益可通过向市场购买与超标指标等份额的土地发展权或无偿退出超标的土地发展权两种方式进行解决；而对于不足的土地发展权的权益解决方式则与前者相反。

由于这两种模式所针对的主体都是进城农村村民，这些农村村民均分为两类，一类是已经在城镇就业及定居，另一类是已在城镇就业并有着强烈的城镇定居意愿，由于他们所选择的流入城市地点不同，因此对房屋的需求也不同，政府无法统一进行房屋补偿，因此这两种“宅基地复垦票”跨区域交易选择相同的补偿机制，即采用货币补偿，这种补偿机制相对于房屋补偿的优势之一是获得补偿的速度较快。

对于交易机制而言，无论是进城农村村民主导的“宅基地复垦票”跨区域交易模式中的进城农村村民与流入地省级“宅基地复垦票”交易所的“宅基地复垦票”交易，还是政府主导的“宅基地复垦票”跨区域交易模式中的供给地省级“宅基地复垦票”交易所与需求地省级“宅基地复垦票”交易所的“宅基地复垦票”交易，或需求地省级“宅基地复垦票”交易所与建设用地需求方的“宅基地复垦票”的交易，均采用竞价的方式进行，这种方式能够实现“宅基地复垦票”价值的市场化，其价值受到市场供需的影响。

对于分配机制而言，根据进城农村村民在退出宅基地使用权、资格权行为及参与“宅基地复垦票”交易的方式两个维度对各种收益产生的方式进行分析，无论是以进城农村村民为主导的跨区域交易模式，还是以政府为主导的跨区域交易模式，进城农村村民均只能获得部分的“宅基地复垦票”净收益及部分的新增建设用地土地出让净收益。

2）实行效果的相同之处

这两种模式均按照《耕地质量调查监测与评价办法》（农业部令2016年第2号）和《耕地质量等级》（GB/T 33469—2016）国家标准进行质量等级评定，并按照调节系数进行指标数量换算，均能保证耕地占补等质等量平衡。耕地等质占补平衡能够严守18亿亩耕地红线，是保护耕地的一个重要手段，可以防止各相关利益者为了追求自身利益而造成“占多补少，占优补劣”问题的出现。

国内中心城市和城市群建设刚刚起步，城市发展中存在非常大的误区——过于看重城市行政管辖边界范围内的发展空间，这不利于形成一体化的都市圈和城市群。中心城市一定要解放思想，突破行政管辖边界范围，将眼光更多地投向都市圈、城市群，在整个都市圈范围内规划人口和土地。按照都市圈、城市群规划可能就不需要保留太多生态用地和农业用地。进城农村村民通过有偿退出宅基地使用权、资格权置换“宅基地复垦票”，从而获得退出宅基地的财产性收益；凭借退出宅基地使用权、资格权获得的财产性收益，在落户城市能够获得购买住房的资金支持。对于建设用地指标转移方面，这两种模式都能够实现建设用地指标富余的中部、西部特别是“三区三州”区域向东部省份、城市群等建设用地指标匮乏的区域进行转移，解决我国现行的增量指标计划管理模式造成的全国层面建设用地指标资源错配的问题，并且建设用地指标的转移，还能够使东部省份、城市群等资金富裕的区域帮助中部、西部特别是“三区三州”这些资金比较匮乏的区域，使其进城农村村民通过退出宅基地资格权及使用权的方式能够获得应有的资金补偿支持。

这两种模式相对于现有的建设用地增减挂钩模式，如重庆“地票”模式、浙江嘉兴“两分两换”等模式而言，都能增加农民退出宅基地使用权、资格权的补偿收益，使其应获得的权益得到应有的补偿。具体而言，相对于现有的模式，本章这两种“宅基地复垦票”跨区域模式主要基于“由于进城农村村民退出宅基地资格权及使用权这一行为是需求地政府获得需求地耕地土地发展权的必要条件”这一背景来考虑，进城农村村民应具有部分需求地耕地土地发展权权益，因此增加了进城农村村民对需求地新增建设用地土地出让净收益的分配权益。

2. 不同之处

1) 主导主体及交易主体不同

以进城农村村民为主导的“宅基地复垦票”跨区域交易模式顾名思义是以进城农村村民为主导，实现了地随人走，体现了进城农村村民退出宅基地使用权、资格权和选择就业城市的意愿，赋予了进城农村村民对复垦指标入市的跨区域交易权，并且在进行“宅基地复垦票”交易时是进城农村村民与意向流入地省级“宅基地复垦票”交易所进行交易，获得的“宅基地复垦票”的收益是市场化的成果。农业转移人口可在有形市场(如土地交易所)与土地需求者平等交易，政府治理边界收缩而市场治理边界扩张。农业转移人口参与了“宅基地复垦票”市场化的过程，获得的“宅基地复垦票”基金即为住房券市场化的成果，体现了农业转移人口财产权的主体地位。人口流入都市圈、城市群，以此种方式既增加了城市建设用地指标，又留住了劳动力，并且可稳定安置农业转移人口。劳动力的稳定增加可推动流入城市的实体产业发展，促进城市消费市场快速发展和补充城镇就业。因此，对于该种模式而言，应该顺应人口流动的趋势，以及生活水平不断提高以后人民对于美好生活的向往，让进城农村村民能够更加顺畅地从农产品主产区、生态功能区向城市化地区迁移，至少在制度上，不要去阻碍这个进程。

以政府为主导的“宅基地复垦票”跨区域交易模式则是由政府主导，相应地，对于“宅基地复垦票”交易主体而言，则是政府之间的交易，具体为供给地省级“宅基地复垦票”交易所与需求地省级“宅基地复垦票”交易所进行宅基地复垦票的交易。这种模式实现了“宅基地复垦票”供给与需求省份和进城农村村民三大交易主体的互利互惠关系。“宅基地复垦票”供给城市获得流转收益，为城市建设与发展提供较为充足的资金支持。需求城市获得建设用地指标，可用于公租房、商品房、共有产权房的建设，使流动人口能更好地在新环境安居乐业。进城农村村民获得住房资金补偿，可随意选择务工城市，在不开展“宅基地复垦票”跨区域交易的城市也可灵活选择住房类型。然而，此种模式下农业转移人口不具有住房券入市的独立交易权，成为价格的被动接受者。

2) 交易频率不同

以进城农村村民为主导的“宅基地复垦票”跨区域交易模式，由于各村民拥有复垦指标入市的跨区域交易权，此种模式下交易频繁，交易成本较高，对交易市场信息对称性要求较高，否则可能会有损进城农业转移人口的权益，因为受市场供求关系的影响，不同批次的“宅基地复垦票”竞拍价格可能不同，不同的退宅农业转移人口即使持有同等的“宅基地复垦票”也可能产生不同的交易价格。

以政府为主导的“宅基地复垦票”跨区域交易模式交易规模较大，在短时间内交易次数少，操作简单。但同样存在市场供求关系的影响，造成不同批次的“宅基地复垦票”竞拍价格可能不同的问题，从而造成不同的退宅农业转移人口即使持有同等的“宅基地复垦票”也可能产生不同的交易价格等不公平现象。

3）交易方式不同

以进城农村村民为主导的“宅基地复垦票”跨区域交易模式价格机制包含两个价格，一是由进城农村村民将“宅基地复垦票”交由流入地省级“宅基地复垦票”交易所进行竞拍，这个竞拍的“宅基地复垦票”净收益由村民和村集体进行分配；二是流入地“宅基地复垦票”购买者再向当地自然资源和规划局申请拍卖选中的符合规划的农用地，这个竞拍的新增建设用地土地出让净收益由村民、村集体和政府三者共同分配。

以政府为主导的“宅基地复垦票”跨区域交易模式价格机制包含三个价格，一是进城农村村民将“宅基地复垦票”交由供给地省级“宅基地复垦票”交易所，供给地省级“宅基地复垦票”交易所再与需求地省级“宅基地复垦票”交易所进行“宅基地复垦票”的交易，这个竞拍的“宅基地复垦票”净收益由村民和村集体进行分配；二是需求地省级“宅基地复垦票”交易所将经过调节系数换算的“宅基地复垦票”的指标与需求地购买者进行交易，换句话说，同一个“宅基地复垦票”通过需求地省级“宅基地复垦票”交易所与不同交易对象进行竞拍交易产生了两个交易价格，这个交易价格的差距由需求地省级“宅基地复垦票”交易所自负盈亏，与进城农村村民和村集体无关；三是需求地“宅基地复垦票”购买者再向当地自然资源和规划局申请拍卖选中的符合规划的农用地，进城农村村民对宅基地使用权、资格权的退出是新增建设用地能落地的必要条件，因此竞拍的新增建设用地土地出让净收益应由村民、村集体和政府三者共同分配。

这两个模式交易方式的区别有两个：一是进城农村村民获得“宅基地复垦票”净收益的来源不同，第一种模式来源于流入地“宅基地复垦票”购买者在流入地省级“宅基地复垦票”交易所的竞拍，第二种模式来源于供给地省级“宅基地复垦票”交易所与需求地省级“宅基地复垦票”交易所进行“宅基地复垦票”的交易；二是以政府为主导的“宅基地复垦票”跨区域交易模式多出一个交易价格，但这一价格收益与进城农村村民和村集体无关。进城农村村民和村集体的收益来源与第一种模式相同，均来自“宅基地复垦票”净收益及新增建设用地土地出让净收益。

6.4 “宅基地复垦票”二级交易市场设计

建立“宅基地复垦票”（建设用地、补充耕地指标的票证化）二级交易市场是土地要素市场市场化改革必然的选择。“宅基地复垦票”一级市场发展到一定程度，没有二级市场的消化，“宅基地复垦票”交易机制很难发展壮大。当“宅基地复垦票”市场开放后，首先会对一级市场上发行的“宅基地复垦票”进行有效的分配和转让，使其流通到有需要的个人和企业，这样就使得更多人受益于“宅基地复垦票”跨区域交易机制。开放“宅基地复垦票”二级市场后，竞争机制即被引进到“宅基地复垦票”市场上，使整个市场充满活力，这无疑会对“宅基地复垦票”跨区域交易机制的发展起到良好的推动作用，实现建设用地、补充耕地指标更充分地跨区域配置与转移。

“宅基地复垦票”二级市场可以分为证券化市场和非证券化市场。可以先开放建设“宅基地复垦票”非证券化的二级市场，通过开放“宅基地复垦票”非证券化二级市场进一步扩大交易层次。在“宅基地复垦票”交易制度非常成熟时，可以考虑把“宅基地复垦票”二级市场证券化。

设计的“宅基地复垦票”二级市场非证券化交易模型中有三种交易方式。

第一，“宅基地复垦票”持有者直接把“宅基地复垦票”出售给不同层次的“宅基地复垦票”需求者。这种方式最为简单，但是这种交易方式有一定的局限性，就是“宅基地复垦票”持有者想找到合适的买家很困难，很难达到买卖双方都满意的局面，即使能找到合适的买家，卖方也会花费大量的时间和精力。因此，这种方式的效率不高。

第二，通过中介机构出售“宅基地复垦票”。这种方式就是“宅基地复垦票”持有者委托中介对“宅基地复垦票”进行销售。这种方式克服了第一种交易方式的弊端，能缩短交易时间，提高效率，扩大交易范围。缺点是要缴纳一定的中介费用。

第三，“宅基地复垦票”持有者直接把“宅基地复垦票”出售给政府机构，政府组建“宅基地复垦票”二级交易市场，“宅基地复垦票”需求者直接在“宅基地复垦票”二级市场购买“宅基地复垦票”（图 6-5）。这种交易方式使“宅基地复垦票”持有者能以最快的速度把手中的“宅基地复垦票”变现。但是可能出现政府机构在购买“宅基地复垦票”时进行价格垄断，不按市场价值进行交易，在实行时要考虑到这个因素。

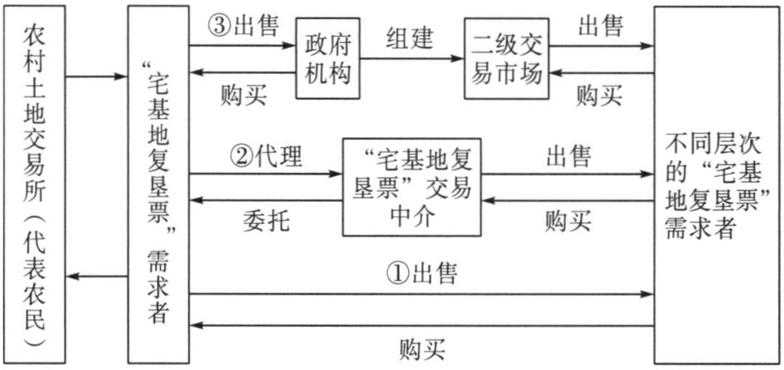

图 6-5　“宅基地复垦票”二级市场非证券化交易模型

由图 6-6 可知，在“宅基地复垦票”二级市场证券化交易流程中有五个参与主体，分别为“宅基地复垦票”持有者、商业银行、特设机构“宅基地复垦票”、政府机构和证券投资者，其中也包括一些辅助参与者，通过这样一个流程，使得他们共同组成一个证券化的“宅基地复垦票”二级市场。该流程主要包括四个步骤：第一，“宅基地复垦票”持有者把“宅基地复垦票”抵押给商业银行，通过这一步，可以使“宅基地复垦票”的受益主体扩大，持有者可以多一个融资的途径，银行也可以获得收益，同时，提高了“宅基地复垦票”的流通效率，使资源得到了充分的利用；第二，建立“宅基地复垦票”证券化的载体，具体是组建特设机构，特设机构成立之后，与原始权益人签订买卖合同，原始权益人将被证券化的资产过户给特设机构，实现真实出售；第三，完善资产证券化的交易结构，这个过程中主要有资信评级机构、资信增级机构、保险公司和政府担保参与进来，通过对特设机构的信用进行评级和增级来扩大证券化资产的吸引力，保障“宅基地复垦票”证券的销售；第四，销售“宅基地复垦票”抵押证券，发起人(商业银行)可以与证券交易商签署协议，由证券交易商代销或包销抵押证券，其“宅基地复垦票”基本原理与股票发行中的代销与包销一致，最后由证券交易商通过证券市场将“宅基地复垦票”抵押证券卖给最终投资者。

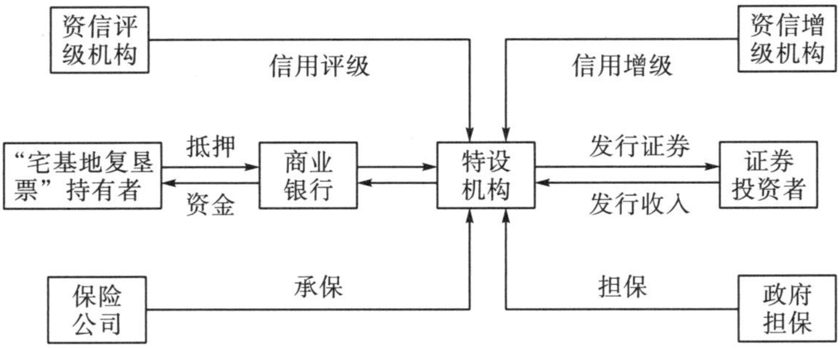

图 6-6 “宅基地复垦票”二级市场证券化交易流程

城乡二元土地制度是我国的特有制度，两种土地权属不可互通的现实阻碍了农村宅基地建设用地指标和城镇建设用地指标在市场上的交易，大大降低了宅基地资源节约集约利用效率，缺乏相应的政策工具来调节，这是阻碍土地要素市场化改革的关键因素。本书通过“农村闲置宅基地成本价格的测算机制”工具研究、“宅基地复垦票”制度设计，以及构建建设用地指标、补充耕地指标一级市场和二级市场，从而实现国土空间规划体系下建设用地的跨区域利用。

本书对国土空间规划体系下建设用地跨区域利用的研究有以下特点。

(1)国土空间规划体系下建设用地跨区域利用不触动我国农村土地归集体所有的基本制度。

农村宅基地所有权、使用权、资格权的“三权分置”制度，为农产品主产区、生态功能区进城农村村民用市场化的方式退出宅基地提供了政策上的可行性。国土空间规划体系下建设用地跨区域利用不改变农村集体组织对宅基地的所有权。在不改变农村建设用地集体所有制的前提下，通过所有权与使用权、资格权分开的产权制度改革，解决城乡建设用地的市场分割问题，完善城乡建设用地增减挂钩政策。

(2)国土空间规划体系下建设用地跨区域利用不改变农村宅基地的建设用地性质。

国土空间规划体系下农产品主产区、生态功能区的进城农村村民有偿退出的是宅基地的使用权、资格权，退出的宅基地被复垦为耕地，新增加的耕地使原退出宅基地的村民拥有优先承包权，扩大了农村集体组织的耕地规模，原宅基地具有的农村建设用地指标跨区域配置转换为城市化地区城市建设用地指标，建设用地的性质没有发生改变。

(3)国土空间规划体系下建设用地跨区域应用的政策工具设计中注重预期研究。

买卖农村宅基地是没有价值的。农产品主产区、生态功能区闲置的宅基地通过复垦产生的建设用地指标，在我国严格耕地保护制度、严格土地用途管制下是有价值的。鼓励农产品主产区、生态功能区的进城农村村民用市场化的方式退出宅基地，不是单纯让进城农村村民卖掉农村宅基地，而是通过复垦农村宅基地产生新增加的、国家和省每年下达的建设用地指标以外的城市建设用地指标，让农产品主产区、生态功能区的进城农村村民获得更多的财产性收益，其价值在于此。存量宅基地入市不是允许农民把自己家的宅基地卖了入市，而是把闲置的宅基地复垦变成耕地，新增加的建设用地指标在土地要素市场上进行交易，这才是农产品主产区、生态功能区的进城农村村民退出宅基地可选择的路径。

国土空间规划体系下建设用地跨区域利用，农产品主产区、生态功能区的进城农村村民有偿退出宅基地的使用权、资格权，不涉及其农用地的承包权。农用地的承包权是退出宅基地进城农村村民的经济保障。

第 7 章　新增建设用地指标的跨区域落地政策研究

7.1　宅基地复垦后新增建设用地指标落地区域的国土空间规划政策研究

我国经济发展的空间结构正在发生深刻变化，城市化地区正在成为承载发展要素的主要空间形式。“十四五”规划建议提出，要逐步形成立足环境承载能力，发挥各地比较优势的城市化地区、农产品主产区、生态功能区三大空间格局，并支持城市化地区的经济和人口高效聚集，支持农产品主产区、生态功能区的人口逐步有序转移。构建三大空间格局有利于发挥各地比较优势，从而形成优势互补，构成高质量发展动力系统，促进区域各类要素合理流动和高效集聚，增强创新发展动力，实现高质量发展目标。在这种新空间格局背景下，城市化地区聚集经济和人口的优势更加突出，发展要素更加向城市化地区集中。

7.1.1　城市人口流动现状和问题

城市化地区的功能定位就是要推动高质量发展，加快转变发展方式、优化经济结构、转换增长动力，优化空间结构、城镇布局、人口分布等，要成为体现我国国家竞争力的主要区域，成为以国内大循环为主体、国内国际双循环相互促进的新发展格局的主体。在长期的城市化进程中，城市化地区的劳动力从第一产业向第二、第三产业逐渐转移，城市人口规模和城市用地规模均扩大，相比于农产品主产区和生态保护区具有更多的经济积累、资源优势，以及其他更完备的经济发展条件。城市化地区快速的经济发展又继续吸引着人口、经济和创新资源的持续高效聚集，这为实现制造业和服务业的比较优势创造了条件，使其能够充分发挥人口聚集地的规模经济效益。

为保持开发和保护并重，维持区域协调发展，当一些地方聚集制造业和服务业时，其他地区相应来讲就应该更多地承担农业功能和生态保护区功能，在经济上更多地承载农业、旅游以及自然资源等非制造和服务行业。并且在这些农产品主产区和生态功能区中适度减少相关产业的从业人口，可以有效提高人均资源占有量，具体来讲就是在农产品主产区中，适度的人口转移，既能够有效提高这部分人群的收入水平和增加就业机会，又能够更好地实施农业规模经营和耕地保护，实现经济发展和生态保护双赢。这样各个区域就形成了分工协调、可持续的发展模式。

制造业和服务业在城市化地区得到了快速发展，其中服务业发展水平与城市化程度密切相关。当前我国城镇常住人口城市化率已经超过 60%，进入了城市化发展的中后期阶段，从国际经验来看，城市化发展中后期正是服务业规模提升、结构升级、空间布局分化和就业率加速增长的关键时期。然而我国的服务业在 GDP 和就业总规模中的占比情况却不容乐观。虽然目前国内服务业在 GDP 和就业总规模中所占比重已经超过制造业，但跟世界上一些发达国家和地区的历史同期发展水平相比，服务业占比仍然偏低，部分原因是中国城市化走出了低密度的发展模式。

服务业的发展水平与人口密度联系紧密。服务业具有消费型的特点，这种消费大多是在面对面交流的情况下发生的，因此服务业的发展离不开较高的人口密度，它需要借助高人口密度来实现生产和消费。而过去一段时期，虽然城市化水平不断提高，但是我国城市人口密度下降了一半，这对城市服务业的发展极为不利。导致城市人口密度下降的主要原因是一段时期，体制性和结构性的障碍，各项政策都是将人口从密度高的地方引向密度低的地方从而控制人口的空间分布，而这与服务业的发展需求大相径庭。

一直以来人们对缓解城市人口压力都有种误解，认为只要将人口从高密度地区转移到低密度地区，通过增加可消耗的农业生态资源和土地资源就能有效缓解城市人口压力。这确实能在短期内达到一定效果，但在长远来看，这种做法并不是可持续的，向农村转移或土地资源转移人口压力的做法利小弊大。受生产方式决定，同等面积的耕地所能承载的人口远小于其所能承载的非农人口数，这是一个基本常识。而盲目将人口往密度低的农村地区转移，不计土地承载力而进行农业移民，必然导致对土地的低效性利用和掠夺性经营，从而造成水土流失、生态失衡，使生态环境出现不可逆的灾难性后果。并且目前农村并未形成广泛的规模化生产，这使得土地和资源的利用管理效率低下。相反在城市化地区，各个城市所体现出来的不仅是“生产有效性”，还体现出“生态有效性”，这突出表现在城市人均占用的土地资源远低于农村。虽然城市作为一个独立的生态子系统，在发展过程中会出现不同程度的环境污染、交通阻塞、社会管理成本上升等所谓的“城市病”，但从宏观和发展的眼光来看，保持甚至增加城市人口密度会提高土地的使用效率，减少对土地的消耗。并且，城市的规模效应也能使环境的治理更加有效。因此，应该改变以往高密度人口阻碍城市发展这一固有思想，科学看待城市里的流动人口，为城市依靠高密度人口发展抢占先机，利用人口、人才优势积极发展各类产业，提升服务业水平，推动城市化进程。

从人口空间分布角度来讲，通过提高城市人口密度来提高服务业占比的必经之路，就是把人口从低密度地区向高密度地区进行迁移，但这目前仍存在一些制度障碍。人口从低密度地区向高密度地区的迁移主要包括小城市人口向大城市迁移和农村人口进城。就小城市人口向大城市迁移来说，城市间的人口迁移受各类制度限制，其中尤为突出的是不合理的城市户籍管理制度。城市户籍管理制度的“高门槛、严把关”阻碍了城市人口在各城市间的迁移。就农村人口转移来说，农业就业人口减少是经济增长过程中的一个普遍规律，而在长期的城市化进程中，政策引导习惯性地将城市的人口压力向农村和土地转移，将人口由人口密集地区向人口稀疏地区扩散。具体来说，就是我国不合理的户籍管理制度以及城市内的城乡就业保护政策、农村土地使用和流转制度的不完善不健全，以及土地城市化进程与人口城市化进程不匹配等阻碍了农村人口向城市转移，抑制了城市人口密度的增长。

中国户籍制度是影响中国城乡人口流动最为突出的制度障碍[145]，其是 20 世纪 50 年代的遗留产物。近些年，这一制度虽然已经过逐步改革在一定程度上响应了以农民工为主体流动人口的利益诉求，但这些改革仍具有鲜明的选择性和条件性，而非普惠性，对于农村人口进城和城市间的人口流动而言，这项制度仍然存在许多限制，尤其对北京、上海和深圳等规模大、国际化程度高的城市而言更是如此。这样一些制度障碍限制了城市人口密度的增长，并在一定程度上抑制了城市内的消费，对于发展服务业非常不利。

这些限制具体体现在以下方面：首先，居住证制度仍然将城镇常住人口分为户籍人口和外来人口两大“阵营”，这两类人群在基本公共服务和社会保障享受上仍存在显著的差异；其次，按照不同城镇规模，居住证申请条件仍具有较大差异，特别是大城市办理居住证的门槛仍然较高，需要长期连续的纳税或社保记录，这对于农民工而言绝非易事；再次，在跨省落户上限制较大，集中表现在仍缺少明确的实施方案和跨省间的利益协调转移办法；最后，各地推行的具体居住证条例也并没有有效解决农民工随迁子女、老人家属的落户问题，特别是广大农民工普遍关心的子女教育问题、高考问题、老人的养老和就医问题。因此，居住证制度虽然初步实现了权利随人走，但对于权利的转移并不彻底，仍抑制了农村人口向城市化地区转移的进程。不适应城市发展阶段的户籍管理制度不仅是城乡人口自由流动的最大障碍，它还削弱了经济要素的自由流动，阻碍了经济的可持续发展；阻碍了城市化进程，遏制了消费市场的进一步发展，使城市需求及消费畸形发展；加剧了城乡割裂，阻碍了城乡统筹，加剧了社会分化；户籍与住房、消费、教育、社会保障等利益直接挂钩，不同的户籍有不同待遇，导致城市外来人口无法充分享受城市的福利资源。由不合理的户籍管理制度带来的机会和资源的不平等限制了农村人口向城市的转移。

户籍制度改革亟须实现实质性的突破，但户籍“含金量”越高的地区，户籍制度改革越困难[146]。户籍制度的存在造成了这样一种政策悖论：与户籍直接挂钩的个人权利及福利待遇越好，与非城市户籍差异越大的城市，越难以实现户籍制度改革。因此对户籍制度的改革必须保持对与户籍直接挂钩的社会保障制度及其他享有权利的改革。

社会保障制度的不均等，尤其是基于户籍的医疗、养老、失业、低保、住房保障、计划生育等诸多政策仍然保持着与户籍类别的高度挂钩。所有的社会保障和基本公共服务依旧是根据因户籍性质不同而有差异的，所有的社会福利政策都是依据不同的户籍针对不同人群而实行的。农业转移人口与市民虽然居住在同一个城镇、从事着相同的工作，但是由于户籍的差异，无法享有与市民同等的权利、社会保障和基本公共服务待遇。农业转移人口要想真正实现市民化，不仅需要突破以城乡二元户籍制度为表现形式的“显性户籍墙”，还要打破以社会保障制度、基本公共服务为主要内容的“隐形户籍墙”。城乡二元的社会保障体系，使农业转移人口被隔离在城镇社会保障及基本公共服务之外，不能与城镇市民享有均等的基本公共服务和社会福利。尽管一些地方已经实施了以居住证为基础的相关配套制度改革，但由于成本高，并未有效解决农业转移人口普遍关注的养老、医疗、失业、最低生活保障等问题。

另外，新型农村社会养老保险和新型农村合作医疗制度近几年才在农村开展，流动于城乡之间的农业转移人口的社会保障制度仍处于比较滞后的状态，再加上城乡社会保障的“碎片化”，使得现有社会保障制度不能满足农业转移人口的需求。而且，城乡社会保险统筹上还存在制度的缺失，即使农业转移人口在城镇缴纳了医疗、养老、工伤、失业等社会保险，但是这些保险仅能够停留在原缴纳地，难以实现随其迁移，这也在一定程度上削弱了农业转移人口缴纳社会保险的意愿。因此，现有社会保障制度无法满足农业转移人口在城镇长期生存与发展的需要，阻碍了农业转移人口顺利退出农村，实现市民化。

城乡就业歧视政策是城乡人口流动长期以来的一项重要隐性障碍。为寻求更多就业机会，拥有稳定的职业，获得高于农村的收入，农村人口尤其是农村青壮年更愿意进入城市并最终留在城市。而城市内所实施的创造就业、缓解就业压力的优惠政策措施一般是优先考虑城市户籍的居民，并且一些原本可以供农村人口就业的工作岗位也被收回，因而这些城市就业政策潜在地剥夺了农村人口在城市的就业机会。农业转移人口市民化的前提和基础是农业转移人口在城镇实现稳定就业，其在城镇生存和发展有必要的物质支撑。农业转移人口就业主要取决于城市所能提供的工作岗位，但同时与各级地方政府所制定的各项就业制度有着密切的关系。在我国城乡分割的户籍制度下，我国劳动力市场具有严重的城乡分割特征，为一种典型的制度性分割。各级地方政府会采取就业保护等措施，形成歧视性的就业安排，使农业转移人口难以在城镇正规部门就业，非正规部门成为农业转移人口最主要的就业领域。

《2019 年农民工监测调查报告》显示，从事第二产业的农民工比重为 48.6%，其中制造业占比为 27.4%，建筑业占比为 18.7%；从事第三产业的农民工比重为 50.5%，其中批发和零售业占比为 12%，居民服务、修理和其他服务业占比为 25.2%。虽然城镇非正规部门为农业转移人口提供了就业岗位和获得收入的机会，但这些工作以体力劳动为主，安全条件差，缺少必要的危险防范措施，导致工伤事故比例较高，而且还普遍存在同工不同酬、工资克扣拖欠等现象，农业转移人口的劳动权益往往得不到应有的保障。在经济收入较低，劳动权益得不到有效保护的双重压力下，农业转移人口在城镇的就业预期和落户期望降低。另外，城镇非正规部门岗位普遍存在工作不稳定的状态，而且缺失相关岗位的技能培训，导致工作流动性很强，缺少职业的上升途径，阻碍了农业人口转移及其在职业上的长期发展，进一步降低了他们实现城镇落户的可能性。因此，当前城乡分割的就业制度，使得农业转移人口在就业准入、职业培训、薪酬待遇、职业发展等诸多方面存在不平等，一些歧视性的政策为农村人口向城市转移带来了隐性障碍，降低了农业转移人口市民化的意愿和能力。

滞后的土地流转和使用制度是影响城乡人口流动的又一重要隐性障碍。我国农村土地主要包括承包地、宅基地和农村集体建设用地三部分，农业转移人口在农村享有宅基地权益、承包土地权益及集体经济成员资格权益，农业转移人口不愿意彻底市民化，在于农村土地具有的潜在价值始终对农村人口具有吸引力，使得进城农民不愿意轻易放弃农村户口，并且农村人口进城后还会受到不公平的待遇，因此进城农村人口在城乡之间“往返”“摇摆”，成为事实上的“两栖”居民[147]，这对提高城市人口密度极为不利。同时，农村农地流转仍缺乏科学的经营流转机制，尚未建立起健全的农村土地产权流转交易市场，农业转移人口并不能充分享有土地流转的收益。农村宅基地交易并不被政策法律允许，没有合法的宅基地市场。在这种情况下，农业转移人口即使期望进城落户，但却难以从农村的“三权分置”获得应有的收益，进而降低了农业转移人口进城落户的意愿。不合理的农村土地制度导致农业转移人口无法完全脱离土地的制约，彻底地放弃农村户口，进而安心融入城镇，实现其市民化的转变。

地方政府阻碍改革深化。2001 年以来，中央政府将农业转移人口市民化相关制度的改革权下放到地方，允许各级地方政府自行确定具体的改革措施，鼓励和支持地方政府进行因地制宜的试点探索，为全国性的制度改革积累经验，但是在分级管理体制下，存在地方政府与中央政府利益相悖的一面。首先，在当前分税制的财政体制下，地方政府承担了大部分农业转移人口的成本，但是却没有相应财政上的支持，造成中央政府和地方政府之间缺乏有效的成本分担机制。其次，在以财政收入为核心的政绩考核体制下，缺少对地方政府推动农业转移人口市民化的考核指标。因此，各地方政府往往将农业转移人口看成负担，缺乏接受的热情，存在典型的地方保护主义、重收益轻成本的倾向。另外，随着大规模的农业转移人口进入城镇，各地方城镇政府并未实行相应的城镇配套管理，反而视农业转移人口为城镇公共秩序不稳定的因素。

不合理的户籍管理制度、差异化的社会保障制度、产生隐性障碍的城乡就业保护政策，以及不完善不健全的农村土地使用和流转制度，加剧了城乡割裂，阻碍了城乡统筹发展，抑制了农村人口进城后的发展空间，使得本就因为农村土地的潜在价值而在农村和城市之间摇摆不定的进城农村人口留在城市的意愿更低。一个城市想要依靠高密度人口实现城市化的飞速发展，首先就要吸引足够多的人口，给外来流动人员提供更宽松的生活和就业环境，使得流动人口愿意来，并愿意长久性地留下来，才能给城市发展注入更多新鲜血液。而想要进一步提高人口密度，除需要大量吸引外来人口外，土地规划也扮演着重要角色。土地作为经济和人口的承载物，是生活和生产等经济活动能够发生的根本，而可利用的土地本身又是一种有限资源，因此需要对土地进行统筹规划。

7.1.2 区域国土空间规划政策

面对城市化地区人口密度的降低，以及城市化进程中服务业和现代化发展的需要，应该顺应人口流动的趋势，以及生活水平不断提高以后人民对于美好生活的向往，让人口能够更加顺畅地从农村转移至城市，从小城市迁移至大城市。历史教训告诉我们，一直试图用行政手段干预城市的发展，其结果往往是不仅总量控制无法实现，还会导致十分突出的结构矛盾，包括城市产业结构、就业结构、功能分区、基础设施和环境建设问题等。应该减少制度上的障碍，深化户籍制度和福利制度的改革，降低进入大中城市的入户门槛；调整具有保护性质的城市就业政策、加快农村土地使用和流转制度改革等，解除农民进城的后顾之忧，并鼓励适当的人口走出农村，在为城市吸引人力资源的同时，为农村实现规模经营和生态功能区的规模发展创造条件；应该走出短缺经济的思维困境，在经济发展状况超越某项短缺条件后，应当首先权衡是否能够提高其利用率，而不是只盲目地追求更多的资源消耗。虽然人口大量流入导致城市人口压力过大，但是在较高的人口密度环境下，消费反而能成为刺激经济增长的主要动力，此时城市活动人口增加、产生了更多商品和服务需求，产生的利益远大于弊害，因此盲目排挤农村人口并不是好方法。在城市化地区、农产品主产区和生态功能区三大空间格局的建立过程中，对这种在一个国家内部能够实现不同地区按照自己的比较优势进行分工的区域发展格局就应该顺应市场经济规律，至少在制度上，不要去阻碍这个进程。

推进三大空间格局形成，使各区域能够充分发挥地方优势，使城市化地区人才和经济的聚集效应更加明显，此时农产品主产区和生态功能区会出现较多的土地闲置，尤其是宅基地闲置。为了适应各地区发展需要，农产品主产区和生态功能区在满足本地区经济发展用地需求的同时，可以将进城农村村民有偿退出使用权、资格权的宅基地进行复垦，新增的建设用地指标可跨区域转移至建设用地指标匮乏的城市化地区。

由进城农村村民有偿退出使用权、资格权的宅基地复垦所新增的建设用地指标主要产生在经济水平相对落后和人口密度相对较低的西北部。我国西北部有着丰富的自然资源和得天独厚地理环境，适合农业、旅游业的发展，主要发挥农产品主产区和生态功能区的优势。而我国中部及经济发达的东部沿海地区的一些城市群主要发挥着城市化地区的优势，人口密度相对较高。为因地制宜协调发展，推动经济整体发展，实现城市现代化，应该顺应人口流动趋势，借助城市人口高密度实现发达的服务业，使消费成为经济发展的强大动力。而顺应人口流动趋势必然需要更多的用地指标，此时就可以把我国西北部农产品主产区和生态功能区、闲置区域的相应新增用地指标转移到东部沿海及中部城市化地区。这样就能使得各个区域发展分工更加专业化，在因地制宜发展地区优势的基础上达到保护生态环境和实现农业规模化经营的目的。

要实行新增建设用地指标的跨区域转移，首先应该将国土空间进行合理规划。从规划层级和内容类型方面，可以按照“五级三类”的新时代国土空间规划实施，其中“五级”指全国、省级、市、县和乡镇五个层级，“三类”指总体规划、详细规划、专项规划三种类型。国土空间规划的核心在于对空间边界的划定与管控，即“三区三线”。具体为，根据城镇空间、农业空间、生态空间三种类型的空间，分别对应划定的城镇开发边界、永久基本农田保护红线、生态保护红线三条控制线。在三条控制线的划定下，分别对应着禁止建设区、限制建设区、有条件建设区和允许建设区，如图 7-1 所示。在“五级三类”的空间规划背景下，因地制宜确定“三区三线”并将其作为不可动摇的开发红线，能够确保走经济和生态保护并重的可持续发展路线。

按照国土空间规划中的“五级三类”，将宅基地发展权配置与转移的范围划分为三级：三级(县域、市域)、二级(省域)、一级(全国，即跨区域)。考虑到我国的省级区划管理制度，在三级和二级范围内借助市场手段进行宅基地发展权的配置与转移，在一级范围内采取行政手段推行宅基地发展权的配置与转移。进行三级和二级范围内的宅基地发展权配置与转移的市场手段在很多地方已经试点完成，如郑州“宅基地复垦票”交易、重庆“地票”制度、天津“宅基地换房”及深证宅基地入股模式等。另外，也有一些新概念的提出，包括宅基地换取住房券及“宅基地复垦票”交易等。试点情况表明，这些市场手段至少在省域范围内能够实现且表现良好，可以在全国其他省份内根据各自地区优势，取长补短地借鉴发展类似的宅基地发展权的配置与转移的市场手段。而在考虑跨地区的宅基地发展权的配置与转移时，应该采用强有力的行政手段进行控制，通过制定相关政策和制度，确定进城农村村民有偿退出使用权、资格权的宅基地复垦所新增的建设用地指标转出、转入地区的准入条件，以及对流出地指标流出的限定等。从而从宏观层面总体把控整个国家的经济、农业与生态发展。

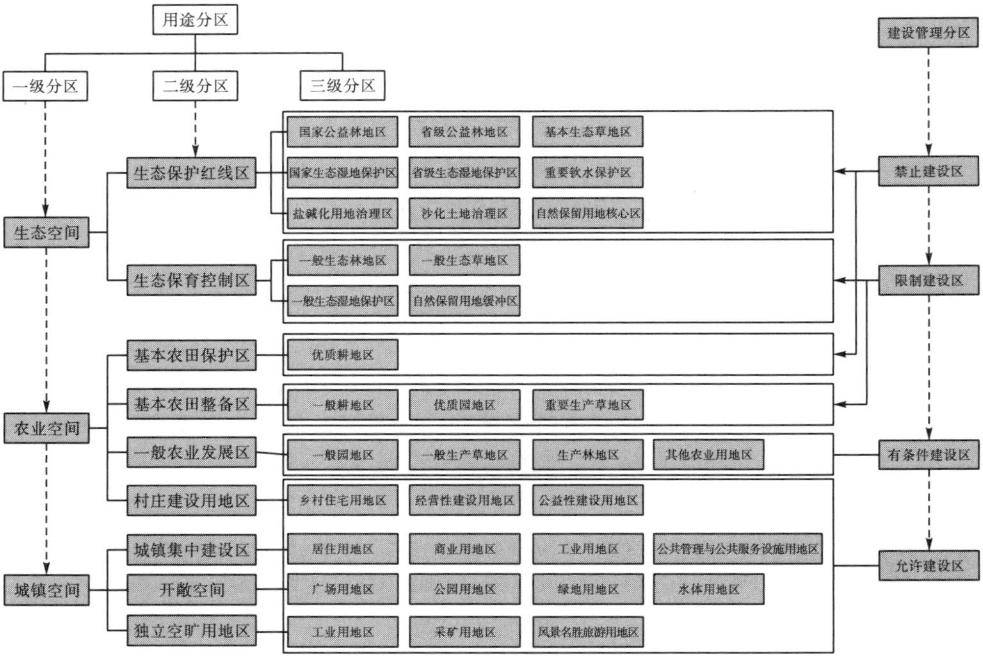

图 7-1 “三区三线”及各类建设区

国土空间规划虽然划定了城镇开发边界、永久基本农田保护红线、生态保护红线三条控制线，但在我国经济发展的空间结构发生深刻变化的背景下，针对人口流动与建设用地指标错配的局面，需要借助市场机制(“看不见的手”)和行政手段(“看得见的手”)的双手段，对城市化地区、农产品主产区、生态功能区三大空间进行进城农村村民有偿退出宅基地复垦产生的新增建设用地指标跨时空配置与转移，从而实现土地要素、人口要素、市场要素的对应配置。

宅基地发展权配置与转移“三级双手段”运作流程如图 7-2 所示。

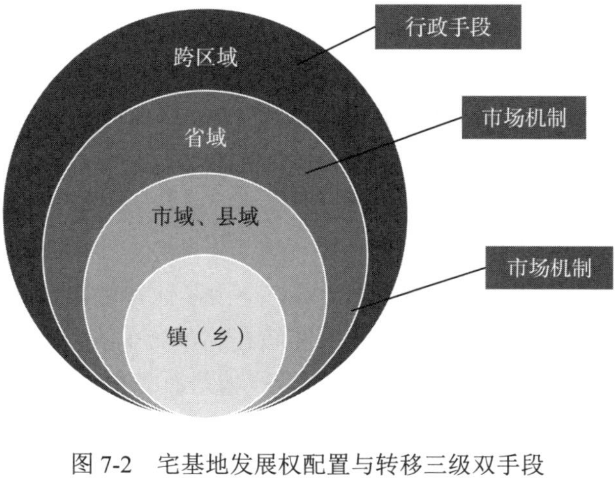

图 7-2 宅基地发展权配置与转移三级双手段

为了使农产品主产区、生态功能区将进城农村村民有偿退出使用权、资格权的宅基地进行复垦新增的建设用地指标在城市化地区顺利落地使用，城市化地区的区域国土空间规划应该进行局部调整，推进以人为核心的新型城镇化，合理规划人口和土地要素，科学确定城市化地区的城镇空间、农业空间、生态空间，确定合理的城市规模、人口密度、空间结构，构建国土空间规划新格局。

新增建设用地指标落地的城市化地区区域国土空间规划中的社会发展规划核心内容是改革户籍政策。目前国内已全面放开城区 500 万人以下城市的落户限制，接下来要重点推进城区人口在 500 万人以上的中心城市和超大城市的改革。目前城区 500 万人以下的城市，已经在制度上全面放开，接下来要切切实实为新增城市人口提供更好、更优质的公共服务。城区 500 万人以上的中心城市和超大城市，要增加公共服务基础设施的投入，要在户籍制度改革的同时保持社会保障制度改革的同步，逐步在实质上缩小外来人口和本地人口的差别对待，为进城农村村民市民化创造更多条件。

进城农村村民退出宅基地复垦后产生的新增建设用地指标落地区域的户籍制度改革要加快速度、降低门槛，抢占人才抢夺战的先机。第七次人口普查数据显示，目前我国人户分离人口为 49276 万人，其中市辖区内人户分离人口为 11694 万人，流动人口为 37582 万人。而流动人口中跨省流动人口为 12484 万人。与 2010 年相比，人户分离人口增长 88.52%，市辖区内人户分离人口增长 192.66%，流动人口增长 69.73%。我国流动人口规模进一步扩大，当前仍然有大约 1/3 的城市常住人口没有本地城镇户籍，这部分人口中有大量进城农村村民已经长期稳定居住在所工作的地方，他们市民化的需求极其紧迫。如今人口已成为城市竞争指标和经济发展动力，人口流入量大的城市应该抢占人口争夺、人才争夺的先机，加速户籍制度改革，降低门槛，简化流程，促进流动人口落户。

在这些中心城市和超大城市进城农村村民市民化的过程中，除现行的改革措施外，应该创新落户方式，从多角度判定流动人口落户资格，根据现实需要灵活合理地调整各项条件权重，以多样化的形式实现流动人口的落户。例如，按照居住年限和实际就业年限、社保缴纳年限来安排落户的优先次序，将农民是流动人口主体这一情况考虑在内，降低甚至取消教育水平在落户中所占的权重；重新定义落户条件的判定范围，在城市群内部而非单个城市内部进行判定，尝试对进城农村村民在城市群内部不同城市之间的居住年限或就业年限进行累计，申请落户时异地累计互认。同时对进城农村村民在所在的城市群内部，实行异地缴纳社会保障年限申请本地积分落户时累计承认。

加快户籍制度改革，顺应人口流动趋势，因地制宜地转移用地指标既能解决城市化地区亟待解决的用地问题又能坚持生态底线不被打破，还能给农产品主产区及生态功能区的农民增收。如果能够把持有“宅基地复垦票”的进城农村村民的户籍制度改革重点推进到城区人口在 500 万以上的中心城市和超大城市，进行一场攻坚战，那么中国的城市化进程将走得更为顺畅，可为经济和社会可持续健康发展注入新活力。

2019 年 5 月，中共中央、国务院《关于建立国土空间规划体系并监督实施的若干意见》更是将国土空间规划上升到“保障国家战略有效实施、促进国家治理体系和治理能力现代化”的空前高度。国土空间规划是一个高度复杂的系统，这种复杂性不是简单依靠“设计”就能解决的，只有在不断“使用”的过程中逐步解决。而国土空间规划高度依赖的“宅基地复垦票”跨区域流动模式也应该和国土空间规划一起从试点开始逐步发展，在逐步推进城市化地区、农产品主产区和生态功能区三大空间格局形成的过程中，从“五级三类”的角度以“三区三线”为底线，将“宅基地复垦票”跨区域流动模式由点到面全面推进。

7.2 进城农村村民退出宅基地复垦后产生的新增建设用地指标落地的区域土地利用政策研究

7.2.1 城市土地利用现状和问题

经济飞速发展的四十条年，可以说是城市化推动着中国经济一跃而上。而这种城市化的主要动力既不来自企业，也不来自中央政府，而是来自地方政府。在1998年的住房制度改革和国土资发〔2004〕71号之后，地方政府开始通过“招拍挂”出让土地，自此土地成为地方政府的主要收入来源。而这种通过出让土地获得资本的资本型经济增长方式就可以称为土地金融。由于土地公有制这一特殊的国情，土地给中国地方政府提供的资本之巨大，在世界上没有其他任何一个国家可以相比。资本主义国家通过侵略才能完成的资本积累，中国通过土地市场在短短几十年的时间就完成了。可以说，“土地金融”就是“中国奇迹”的底层原因。没有“土地金融”，不可能有过去四十余年中国“现象级”的大增长。

“土地金融”是一套将土地作为信用基础的制度，它使各大城市地方政府能够通过出售土地完成地方资金的原始积累，并且完成速度在城市化发展初期前所未用，除迅速偿还城市基础设施的债务外，甚至还超前开始修建高铁、机场等。虽然卖地确实解决了修建城市基础设施的第一批资金来源的问题，但是却无力解决地方持续性的现金需求的问题，也就是说卖地来投资路桥建设确实可行，但“过路费”才是路桥设施真正能够持续创造的收入。实际上，地方政府管辖范围的地是有限的，想要通过卖地长期获得持续性收入显然是不可能的，因此想要让城市化增长从卖地获得原始资本的资本型增长转向通过运营带来持续现金要求的运营型增长，土地就必须从“金融”转向“财政”[148]。“土地财政”从字面意思来看就是通过合理利用土地来帮助地方政府获得地方持续性的财政收入，这时的“土地财政”是指已经从“土地金融”转变过来的“土地财政”，不再是单纯地靠出让土地来获得收入，而是注重借由土地利用效果来获得持续性的财政收入，因此未来城市化的持续发展必然离不开土地利用的转型和土地利用效率的提高。

目前我国土地利用规划管理存在诸多问题，如土地资源紧缺和土地资源浪费现象并存且趋于严重化；缺乏长远性的规划和管理机制使土地资源利用与市场经济高效匹配获得长远效益；缺乏有效监管机制对土地利用的不合理现象进行监督整改；在土地资源利用规划过程当中与其他资源的规划工作脱节；大部分管理者对土地资源管理的认识程度和重视程度不足，尤其是城市化程度相对落后的地区，仍高度依赖“土地金融”带来的资本型收入，并且管理者对土地资源的专业管理能力和工作方法也亟待提高[149]。城市发展对土地的高度依赖性，决定着城市化地区必须在规划好土地资源、实现土地资源高效利用的基础上，才能拥有实现城市现代化的发展空间。

面对土地资源利用低效和城市化发展土地需求大这样一个极不匹配的局面，土地利用转型成了我国各地地方政府刻不容缓的工作。土地利用转型分为显性形态转型和隐性形态转型，显性形态转型是指在土地利用空间形态上进行的转型变化，而隐性形态转型是指在土地利用功能形态上的转型。地方政府既要在显性的土地利用空间上实现转型，即在实体上对土地区块表现出来的景观格局和经营格局进行转型升级，也要在隐性的土地利用功能形态上实现转型变化，即在土地利用活动中的多种产出效应或土地承担的角色作用上进行转型[150]，以便推动地方土地资源管理方式从单一注重土地数量增长向注重土地数量增长和质量提升并重，从注重土地经济效益向注重土地综合利用效益的方向转变[151]，从而全面适应地方发展需要。在有限的土地资源之上，实现多功能的土地利用，满足多方面的发展需要，是目前各地区土地资源规划管理的重点。尤其是对城市化地区来说，在目前生态文明建设大背景下，我国各大城市进入了土地资源紧约束时代，扩张式发展逐渐被内涵式发展所替代[152]，城市土地从增量发展走向了高质量存量发展的新时期。

7.2.2　城市化地区的土地利用政策需要突出主体、区别对待

土地利用转型是我国各地经济发展目前面临的一个重要转折点，城市化地区的城市化水平又使得土地资源的稀缺性尤为突出，因此解决好城市化地区的土地利用问题，整个国家的土地利用效果就会得到极大提升。2017 年全国 661 个设市城市建成区总面积为 56200km^2，到“十三五”期末，我国城市数量达到 684 个，城市建成区面积达 60300km^2，我国整体城市建设发展成就显著，新型城镇化深入推进。虽然相比于我国国土总面积和可利用总面积来说，这部分城市化的面积微不足道，但是在这部分土地上产生的经济效益却对国家经济产生着绝对性的引导作用。而目前，城市化地区却面临着严峻的土地短缺问题，以及粗犷的城镇土地利用模式导致的建设用地不合理、空间布局分散和土地利用效率低等国土空间问题[153]。为此，城市化地区要想通过改革土地利用政策创新性转型土地利用模式，要从两个方面入手：一方面，对城市进行更精细化的分类，区分“行政区城市”和“实体城市”，突出“实体城市”的主体地位，差别化对待城市化地区的各类土地，有针对性地制定土地利用策略；另一方面，在大的区域范围内一体化规划利用城市土地，即在城市群层面而非单个城市层面进行总体规划。这里讲到的区分和一体化并不是两个矛盾的概念，而是指在区域总体统筹规划的基础上，有针对性地制定具体的土地利用政策。

首先来看“行政区城市”和“实体城市”。“行政区城市”也叫城市行政地域，这是为区分“实体城市”，即城市实体地域所提出的概念。“行政区城市”即将城市作为行政区域看待，这是中国特有的行政建制所衍生出来的产物，也被学者称为城市行政区，而“实体城市”是按照城市发展定义所判定的城市地域，即非农产业和一定规模的非农人口集聚为主要特征的聚落。城市实体地域概念的提出就是为了突破行政区域的限制，构建与城市型景观实际相匹配的城市实体地域[154]。在我国因为有行政区划的限制，使得学者难以获得附着在城市实体地域上的人口、生产总值等人文要素属性的数据，难以精确

判断我国城市的发展状况，行政区域的设置影响着城市地域范围和城市发展规模的界定[155]。从两个概念的定义就可以知道，发挥着主要经济贡献的城市实体地域甚至比城市行政地域还要小，在国家可利用面积的总占比相对更小。但是它却是国家和地区经济社会发展的核心区域，是辐射带动国家和地区快速发展的主要驱动力，甚至一些大城市、特大城市等成为我国参与国际竞争的主要竞争力。因此对于这样的核心区域应该将其与城市化地区内的非城市实体地域区分开来，将城市化地区与农产品主产区、生态功能区区分开来，有针对性地在各个层面实施相应的土地利用政策。做好区域层面的“总体规划—单元规划—详细规划”三级国土空间规划体系，使各类功能区按其功能定位发挥功能优势，同时突出城市实体地域，即“实体城市”的主体地位，使其充分发挥经济活力及引领带动区域经济社会发展的功能。要差别化对待各功能分区，甚至可以对城市实体地域采取适当的偏向政策，放宽一些发展限制，对各类分区因地制宜地选择土地利用方式，让各功能区为国家经济社会发展、生态环境可持续发展贡献力量。

7.2.3 城市化地区的土地利用政策需要统筹规划、一体化利用

在区域层面一体化规划城市土地利用之前，首先要了解一下城市的发展规律。城市优渥的发展资源、发展要素和完备的基础设施建设，吸引着大量的非农产业和非农人口不断聚集，而集中程度越高，城市规模就越大，聚集效应就越明显，公共服务水平也就越高，这些聚集效应又正向反馈出城市更大的吸引力，从而良性循环地促使城市发展壮大，这就是城市发展规律，即“城市可生而不可造”。城市作为一种有机体，其发生、发展、发达都是有规律的，应该顺应城市发展规律，而不是人为地抑制其发展。这给我们一种启示，就是顺应城市化地区高效聚集经济和人口的趋势，根据城市化地区客观准确地反映出我国城镇化的实际情况，可以通过复垦进城农村村民退出使用权、资格权的宅基地获得新增建设用地指标，解决城市化地区因城市发展和人口压力增大而导致的建设用地指标不足的问题，避免不合理的土地利用政策影响城市化地区的发展历程。

“城市可生不可造”的发展规律，使得中心大城市在产业总量和人口规模逐渐增加，发展壮大的过程中，与周围的小城市之间或者另外一些大城市之间在空间范围上发生碰撞，或者突破了行政管辖边界，发生了合并融合等，同时在社会、经济等领域上表现出更为密切的联系，这样这个中心城市和周围的小城市就联合成了一个区域层面的整体，即城市群。城市群就是通过利用发达的交通通信等基础设施网络在城市群内部各城市之间形成空间组织紧凑、经济联系紧密，并最终能够实现高度同城化和高度一体化的城市群体[2]。城市群一般依附于特大城市或者多个大城市而产生，覆盖范围基本按照地理位置呈现，具有覆盖城市数量多、多核心、多层次的特点。城市群也是一种有机体，它产生的社会经济效益远大于各个城市经济效益之和，其中心城市产生的要素资源吸引力远大于其本身所能创造的吸引力，具有创新要素聚集、人口密度高、产业竞争力强、经济效率最优等优点。城市群的发展对区域发展及城市群内部各城市自身的发展具有重要意义。例如，城市间可以取长补短、互通合作，在城市群层面对自然资源、生产要素进行合理规划配置，实现资源最大化利用，同时能以城市群为单位优化城市群内部产业结构，还能加强各城市间资金

流、信息流等方面的合作，最终不断加快城市化进程和区域发展。

目前我国已经规划有 19 个城市群，这 19 个城市群以 25%的土地集聚了 75%的人口，创造了 88%的 GDP，其中城镇人口占比为 78%。虽然数据显示我国城市群已为国家经济发展做出了主要贡献，但由于我国城市群起步晚，其发展水平与国际上先进城市群的建设形态仍有着不小差距。一方面，我国多数城市群还在集聚阶段，对周边中小城市基本没有太大的辐射带动作用，目前排名前 30 的大城市仍然有进一步扩大、形成与周边中小城市连片发展的潜在可能性；另一方面，城市群在发展过程中不免存在竞争思维，产生了资源利益的争夺与博弈，却又没有合理高效的协调机制，而这一缺点在城市化地区土地利用政策中就表现为城市管理者过于看重城市行政管辖边界范围之内的发展空间。地方政府过于看重自己管辖范围内的发展空间，常常忽略了相邻城市之间的协同作用，使得一些大城市或超大城市难以发挥以点带面，以局部带动地区全局发展的作用，并且使得大城市周围的小城市发生资源单方面向大城市倾斜的“虹吸效应”，从而使得周围小城市难以实现进一步发展。因此，对于已成长为城市群的地区，中心城市和周围城市都需要有走出狭隘、解放思想、以区域协同发展的大局观，参与城市群的发展建设。城市群内部各个地方政府应该适度转移注意力，将着力于地方发展的眼光转移到整个城市群的发展和区域发展上来，中心城市照顾周围城市，周围城市配合中心城市，而不只限于关注自身发展，从而充分发挥区域协同优势，实现土地资源最优利用。

目前，在城市土地拓展方式由盲目增量扩张向高质量的存量发展转变的过程中，各城市化地区正在积极探讨创新性的土地利用政策，长江三角洲和粤港澳大湾区已经率先开始了土地利用政策创新改革。长江三角洲和粤港澳大湾区从统筹、激活、稳定及提升区域发展各个层面对地方土地利用进行了改革。从统筹区域发展来看，以建立跨区域的统一指标标准、构建一体化示范区的“总体规划—单元规划—详细规划”三级国土空间规划体系来一体化统筹区域发展，并建立跨省补充耕地的国家统筹机制，按照国家统筹、地方分担的原则，优先保障跨区域重大基础设施项目、生态环境工程项目所涉及新增建设用地和占补平衡指标。从激活区域发展来看，试点探索差别化供地方式，采用弹性出让年限及长期租赁、先租后让、租让结合的土地供应方式，采取协议收地、以房换地、兼并重组等方式全面盘活低效用地。另外，实施公益性和经营性设施混合的供地政策，鼓励产业用地混合利用。从稳定区域发展来看，采用“带产业项目”挂牌方式供应、对于重大基础设施项目所在地自主落实耕地占补平衡或被直接划入省级补充耕地指标储备库的指标，给予新增建设用地计划指标或城乡建设用地增减挂钩指标奖励来强化产业用地保障；同时提出“点状”和“带状”布局，鼓励建设用地和农用地复合利用，强化农村建设用地保护。从提升区域发展来看，长江三角洲和粤港澳大湾区各地方政府也在简化审批流程、细化用地分类管理上做出了努力[156]。高质量利用存量土地是提高人口密度、提升服务业水平、推动城市化进程的关键所在，甚至是根本所在，也是目前消灭“鬼城”的指导方向，而对于城市化程度相对较高的城市群中心城市，在进一步城市化需求当中仍只有通过满足土地扩张来发展城市，但这个时候的土地扩张就应该不再是盲目的、毫无统筹规划的了。

城市群可以按照 50km，甚至 80km 的长轴半径，对区域范围内的土地进行统筹规划。目前国际公认的城市区域发展的三大尺度由低水平到高水平分别是“城市”“都市圈/大都市区”“城市群/大都市带”。有学者研究国际发达都市圈东京都市圈和纽约都市圈发现：大都市圈的长轴半径稳定在50km左右是合理的，因为这两个都市圈的长轴半径在20年的时间里都稳定在50km左右[157]。这意味着我国定位的城市群作为比都市圈更高水平的城市发展尺度，其长轴半径最终可以保持在50km以上，甚至当城市人口密度达到一定程度时还可以适当增加这个半径到80km。因此，对城市群的长远规划可以在50km或者80km范围内进行。城市管理者应该从行政管辖边界范围开始突破，将眼光更多地投向城市群。随着未来发展空间半径的确定，区域范围内可规划的土地增多，存在大量土地可以转化为城市发展用地，这个时候拓展建设用地的指标来源就应该是进城农村村民退出宅基地使用权、资格权时，对闲置宅基地进行复垦产生的新增建设用地指标。

这个新增建设用地指标可以来自全国其他区域，也可来自城市群内部的边缘小城市。城市化地区的土地资源相当宝贵，每单位建设面积带来的边际经济效益和边际社会效益远高于其他地区，这在农产品主产区和生态功能区是不可能实现的。因此可以利用城市化地区土地能高效发展经济的区位优势，将高效经济区域的土地与低效经济区域的土地的发展权进行置换。具体来说，就是可以将城市化地区的非城市实体地域与非城市化地区的进城农村村民有偿退出宅基地使用权、资格权复垦获得的新增建设用地指标跨地区转移至城市化的城市实体地域。这样既保持了非城市实体区域的建设用地，增加了耕地面积，满足了农业、生态和经济发展需求，又解决了城市实体地域日益增长的土地需求。

在全域范围内规划人口和土地，可以使目前按行政管辖边界划定的中心城市内部进一步增加人口，并相应增加建设用地，使得行政管辖边界范围内不保留过高比例的生态用地和农业用地。对于来自全国其他区域的闲置宅基地复垦产生的新增建设用地指标，就按照“宅基地复垦票”跨区域交易模式进行交易；而对于来自城市群内部边缘小城市提供的新增建设用地指标，除按照“宅基地复垦票”跨区域交易模式给予农民相应补贴外，中心城市还应该给小城市地方政府相应财政补贴或者定向扶持小城市相关产业，使得在促进中心城市高度城市化的进程中，能够带动周边小城市的社会经济发展，激励周边城市和中心城市一起协同发展。

以深圳为例，深圳人口众多但城市面积并不大。在有限的发展范围内，生态用地和农业用地仍按照较高标准保留既不利于高度集聚人口和经济活动，也不利于服务业的发展和城市化进程。但这并不是意味着生态用地和农业用地不重要，只是说明在这些中心城市中用复垦进城农村村民有偿退出宅基地使用权、资格权的新增建设用地指标替换生态用地和农业用地的效果更好。这既发挥了土地的最大经济价值，又在区域上或者全国范围内保持了生态用地和农业用地的占比。因此，在整个城市群全域范围之内来规划各土地利用方式，不局限在中心城市目前的管辖范围之内，能够最大化地实现中心城市的城市化发展。另外，对于核心商务区和人口聚集区等已经形成的建设用地可以进一步提高使用效率，适度提高建筑的容积率，可以增强城市对人口的容纳能力；对于新增土地，则相应增加住宅用地的比重。这样在区域层面上的统筹规划不仅实现了高效利用存量土地，还能为城市未来产业发展提供符合城市发展定位的土地利用政策。

我国城市群发展目前还处于初始阶段，需要不断加强城市土地利用水平，尤其是在进城农村村民有偿退出宅基地使用权、资格权的“宅基地复垦票”制度的落地区域。一方面，要突出城市实体地域在社会经济发展中的主体地位，将其与非城市化地区、城市化地区的农业空间、生态空间区别对待，完善区域层面的“总体规划—单元规划—详细规划”三级国土空间规划体系，有针对性地制定相关政策；另一方面，要在整个城市群层面进行土地统筹规划和一体化利用。我国相对较成熟的大型中心城市和城市群(如上海及周围城市、深圳和周围城市)是跨越了省级或者市级的行政管辖范围的，如果仍按照传统的行政管辖边界进行规划和建设，很有可能会继续走上各自规划和各自建设的老路，从而使得城市群各城市在保护农业用地、规划供应建设用地，甚至土地利用方针政策的出台上出现差异化，在基础设施及跨越省市边界的轨道交通的修建上出现投资建设争议等。因此，要突破既有行政管辖边界对城市发展和都市圈形成产生的制约作用，在城市群层面对土地统筹利用，使得城市群能够在公共服务、产业发展、户籍制度、基础设施建设等方面实现整体规划和区域规划，并使城市群各城市能够按照各自的功能定位稳步发展。这样既能避免资源过度集中于中心大城市，减缓“虹吸效应”，又能给予中心大城市足够宽松的发展环境，真正形成以中心城市为核心的城市群层面的规划及基础设施公共服务的供给，从而给城市发展和整个经济发展产生强大的增长极作用。

7.2.4 人口和土地错配在速度及空间上的表现

中小城市的土地和人口的错配突出表现为土地城市化与人口城市化在速度上的不匹配，主要有两个原因，一是前面提到过的不利政策抑制人口流动，二是之前采用的是盲目扩张式的土地利用方式。城市化发展高度依赖服务业，而服务业与人口密度联系紧密，城市人口密度不仅和人口数量有关，还和城市土地有关。人口密度增长的滞缓不仅因为存在许多抑制政策对农村人口进城及城市间人口迁移产生了众多障碍，影响了城市化地区人口数量的增长，还因为我国先前的城市化进程高度依赖于城市土地的扩张，土地出让主要提供给新增建设用地，而对存量土地的再开发利用率低，形成了不利于新型城镇化建设的盲目外向扩张模式[158]。对城市人口的抑制和土地的盲目扩张在区域层面上就表现为人口城市化速度大幅度滞后于土地城市化速度，这两个速度的不匹配也最终导致了城市人口的低密度，从而影响服务业发展和城市化进程。

城市群中心城市的土地和人口的错配主要表现在空间上。一方面，人口流动受到制度障碍抑制后，影响着城市劳动力的再配置及就业结构；另一方面，在人口持续流入的中心城市和城市群出现了土地供应收紧的现象，而在人口大量流出甚至出现人口负增长的中小城市反而放宽了土地供应，投入了大量建设用地指标。土地供应收紧可以理解为那些中心城市和城市群在先前快速发展的过程中已经供应了大量土地，现存的建设用地指标相对较少。这个问题可以通过本书提出的使用跨区域进城农村村民有偿退出使用权、资格权的宅基地复垦后得到的新增建设用地指标来解决。而在人口大量流出的中小城市继续搞盲目扩张的土地利用方式，这显然是不合理的。实际上，在人口增长缓慢甚至出现负增长的地区，应该要适当地对城市土地做减量规划，并减少宅基地的占地规模，提高土地利用率，同时中心城市和城市群应该鼓励人口向自身集中，这样不仅有利于中心城市服务业的发展，也能够更加有效地提高人们的生活质量，并依托中心城市的经济驱动作用，带动周围城市的经济发展。根据国际先进城市群的经验，在中心城市的产业结构中，服务业占据着绝对主导的地位，大量就业岗位和新增收入会集中在中心城市和城市群。因此，这些城市城区应该实现紧凑型发展，顺应城市本身的发展规律，不用过多的行政手段干预人口密度的增长。另外，一些新建设的城市正在进行着较为迅速的土地扩张，但吸纳人口的能力又略显不足，这又加剧了城市人口密度的下降，最终使得城市服务业不能得到充分发展，因此应该探寻新生小城市的发展模式，根据科学的城市定位进行全方位的统筹规划。

目前各城市的这种土地城市化和人口城市化在发展速度和空间配置上的不匹配，导致城市群特别是中心城市房价的抬高，从而进一步影响劳动力的生活成本；同时人口和土地的空间错配又会导致城市难以实现产业升级，进而影响城市就业结构升级，最终影响人口收入和地区经济。这样就使得收入增长水平与房价增长水平不匹配，增加了生活压力，影响人们的幸福感。对于人口增长缓慢甚至负增长的中小城市，大量已经规划建设的工业园和新城逐渐成为“空城”，这不仅造成了土地资源的浪费，还使政府背上了高负债的财政压力，影响欠发达地区经济发展和地方财政收入的可持续性。因此，应该顺应满足经济规律性的人口流动，促使人口从农村流向城市，从小城市流向大城市，从发展条件比较差的地方流向资源要素集中的地区，不采用行政力量去强制干预，而应该通过户籍制度、社会保障、就业政策、土地流转政策、公共服务等方面的改革，鼓励人口向中心城市和城市群流动。另外，应该依据人口规模合理提供土地，适当放宽中心城市的土地供给，将进城农村村民有偿退出使用权、资格权的宅基地复垦后获得的新增建设用地指标跨区域配给中心城市，对人口流出的中小城市应该适当减少土地规划，提高城市实体地域的人口密度，推动发展核心区的经济带动作用，加速中小城市的城市化发展。

7.2.5 注重农业、生态空间，保证国家粮食安全

在目前经济发展和生态保护并重的时代背景下，城市化地区的发展重心不应该仅停留在城市空间，也就是城市实体地域，也应该注重城市化地区的农业空间和生态空间。我国虽然国土面积辽阔，但却面临着耕地面积绝对量小、人均耕地占有量少的问题，并且耕地后备资源不足，开发难度大[159]。由于我国耕地长期处于高负荷的紧平衡状态，因此为确保我国现有的耕地规模和粮食安全，不得再通过单纯地占用耕地来满足城市发展所需的建设用地指标。因此，应该坚守农产品主产区、生态功能区及城市化地区农业空间、生态空间的用地底线，不得过分压缩这些非城市实体地域的土地空间。对此，可以将进城农村村民有偿退出使用权、资格权的宅基地进行复垦所产生的新的建设用地指标配置到人口大量流入、产业高度聚集的城市实体地域。这样既可以在区域上或者全国范围内保持农业空间、生态空间的占比，又能够满足城市化地区经济活跃发展、人口迅速增长对土地扩充的需要，形成新的发展空间，还能够减少人口流出地的宅基地闲置情况，从而提高土地利用率，减少地方政府财政负担。

无论是城市群中心城市还是周围的中小城市都应该遵循“城市可生而不可造”这一城市发展规律，顺应人口流入的客观经济规律，对土地实现按需分配的理念，不过多抑制较成熟城市化地区的土地供给，也不放纵中小城市发展过程中的土地规划，切合实际解决

土地需求，提高土地利用率。在使用跨区域流转的新增城市建设用地指标时，顺应城市化地区城市建设的发展，不在数量上对流转的新增建设用地指标进行限制。

人口和土地空间错配对我国城市化进程造成的影响非常大。通过对进城农村村民退出宅基地复垦后产生的新增建设用地指标落地的城市化地区的区域国土空间规划政策的调整、区域土地利用政策的改进的研究，逐步形成城市化地区、农产品主产区、生态功能区三大空间格局，实现城市化地区高效集聚经济和人口，实现农产品主产区、生态功能区的人口逐步有序转移，实现城市发展和国家现有耕地规模不再减少的目标，保障国家粮食安全。

第 8 章　基于国土空间规划体系的建设用地跨区域利用的应用价值和社会意义

8.1　研究内容总结

在城市化进程中确保现有耕地面积不再减少和城市化地区建设用地指标严重匮乏，是影响我国经济发展全局的关键性问题。在我国未来城市化进程中，城市化地区城市建设用地指标不能采取占用现有耕地的方法来获取。从第三次全国国土调查数据看，在非农建设占用耕地严格落实了占补平衡的情况下，与第二次全国土地调查相比，全国耕地仍然减少了 1.13 亿亩，我国人均耕地面积仅为 0.1hm^2。

在国土空间规划体系下实现建设用地跨区域利用，可以实现农产品主产业、生态功能区闲置宅基地的复垦和建设用地指标、补充耕地指标跨区域配置与转移。我国坚持最严格的耕地保护制度，这就确保在为了缓解城市建设用地指标紧缺而不得不征用城郊农用地时，能够补齐等量等质的耕地，实施耕地“占补平衡”。在全国范围内实现城镇建设用地指标增加与农村建设用地指标减少相挂钩的政策目标。

第三次全国国土调查数据显示，城镇建设用地总规模有 1.55 亿亩，村庄用地规模高达 3.29 亿亩，村庄用地总量较大，布局不尽合理，农村建设用地盘活利用具有较大潜力。只有在国土空间规划体系下实现建设用地跨区域利用，才能盘活农产品主产区、生态功能区存量建设用地，构建城市化地区建设有用地指标供给的长效机制，实现农村耕地不再减少、城市人口增加的目标。

以往关于宅基地发展权配置与转移的地方实践模式适用范围狭窄，不能在大范围内推广实践。其不仅阻碍农产品主产区、生态功能区进城农村村民退出宅基地，也有悖于我国促进城市化地区成为经济增长极的发展趋势。宅基地所有权、使用权、资格权“三权分置”以前，闲置宅基地找不到合法的退出途径，进城农村村民财产性权利无法表达，进城农村村民在农村和城市两头占地，导致快速城镇化进程中农村宅基地面积不减反增。农产品主产区、生态功能区闲置宅基地的腾退复垦、合理退出、跨区域流转，将大大提高土地资源利用率，实现土地要素市场化改革。

2004 年出台的《国务院关于深化改革严格土地管理的决定》提出，县域之内城市建设用地增加和农村集体建设用地减少挂钩，即城乡用地增减挂钩制度。2006 年，国土资源部选定四川、山东、江苏、湖北、天津作为首批增减挂钩试点地区。此后又扩大了试点范围及规模。起初，增减挂钩的建设用地节余指标只能在县域范围内流转。2008 年汶川地震后，国土资源部为支持四川灾后重建，允许都江堰等地将节余指标在市域范围内流转买卖。此后，为支持脱贫攻坚，又允许贫困县增减挂钩节余指标在省内流转，深度贫困地区可跨省流转，但节余指标的流转受额度限制。

本书通过创新宅基地所有权、资格权、使用权“三权分置”的实现形式，实现宅基地所有权、资格权、使用权跨区域三层次配置与转移，盘活农产品主产区、生态功能区进城农村村民迁移所衍生的农村大量闲置、低效利用宅基地，让进城农村村民退出闲置宅基地的使用权、资格权，将宅基地复垦为耕地产生新的建设用地指标，新增建设用地指标配置已转移到城市化地区作为新增城市建设用地指标，实现农村大量闲置宅基地自愿、有序、合法、合规、合理地有偿退出，增加进城农村村民财产性收益，实现土地要素、人口要素、资本要素在城市化地区等经济发展优势区域的最优化配置。

通过宅基地所有权、资格权、使用权“三权分置”的跨区域三层次配置与转移，创新宅基地所有权、资格权、使用权“三权分置”的实现形式，盘活农产品主产区、生态功能区大量闲置的宅基地，将闲置的宅基地复垦为耕地，产生新增的建设用地指标，将这些新增的建设用地指标通过跨区域三层次配置与转移，为我国城市化地区的城市建设提供新增建设用地指标，实现全国范围内的“占补平衡”、增减挂钩。使我国现有耕地规模不再随着城市化进程的推进而减少，构建建设用地补充耕地指标的跨区域交易机制，以及构建复垦宅基地产生的新的建设用地指标跨省域的交易机制和协同机制，增加进城农村村民财产性收益，解决城市化地区建设用地指标匮乏的问题。

我国的城镇化进程已步入中后期，正在经历的是城市化进程。城市化地区正在成为承载发展要素的主要空间形式。蕴含增长潜力的、经济发达的城市化地区凭借其优质的社会公共资源配给、完备的产业链和良好的就业机会，将对流动人口形成巨大的吸引力。进城农村村民在就业城市所面临的最突出、最根本、最迫切的问题就是“住有所居”难以实现，而最有效的应对之策就是增加进城农村村民的财产性收益；将问题聚焦于由于农产品主产区、生态功能区进城农村村民迁移所衍生的农村大量闲置、低效利用宅基地的使用权、资格权的退出之上，通过创新宅基地所有权、资格权、使用权“三权分置”的实现形式，实现资源合理配置、生态环境保护、经济全面发展等多重目标。

在本书中，主要研究如何有效利用农产品主产区、生态功能区中因农村村民进城而大量闲置的宅基地及低效用地，提出了“宅基地复垦票”这一政策工具，借由这一政策工具，构建建设用地指标跨区域流转的机制，满足城市化地区经济建设发展需要，同时兼顾我国耕地保护政策，增加我国耕地后备资源，保障国家粮食安全以及促进乡村振兴。书中的研究成果主要解决了以下几个问题。

(1) 在我国未来城市化进程中现有耕地规模不再减少。在城市扩张的同时，让农产品主产区、生态功能区进城农村村民退出宅基地使用权、资格权，复垦闲置的宅基地变为耕地，让城市化地区“占耕地”和农产品主产区、生态功能区“补耕地”，实现跨区域“占补平衡”。由此避免在我国未来城市化进程中耕地规模不断减少的问题。

(2) 解决我国城市化地区城市建设用地指标匮乏问题。我国经济发展的空间结构正在发生深刻变化，医疗、教育及其他社会资源均在向城市地区倾斜，新兴产业也多集中在城市化地区，越来越多的人口涌入城市地区。城市化地区正在成为承载我国当前发展要素的主要空间形式。由于产业和人口向城市化地区集中，对城市基础设施配套的要求也更高，产业越是聚集，人口越是增加，城市越是需要增加产业园、住宅、商业等建设。城市基础设施建设是以土地为载体的，要发展符合当前城市产业与人口状况的城市建设，就必须解决城市化地区城市建设用地指标匮乏的问题，形成以城市群为主要形态的增长动力源，进而带动我国经济总体效率提升。

(3)增加进城农村村民的财产性收益。通过创新农村宅基地所有权、资格权、使用权的实现形式，让农产品主产区、生态功能区的进城农村村民在退出宅基地使用权、资格权后，能获得一定的经济补偿，进而增加他们的财产性收益，为这些进城农村村民提供在城市中“安家落户”资本，并且能够起到调动农民群体参与宅基地复垦工作积极性的作用。

(4)农村集体组织凭借宅基地所有权实现形式创新获得城市反哺农村资金。通过创新农村宅基地所有权、资格权、使用权的实现形式，让农产品主产区、生态功能区的农村集体组织凭借宅基地所有权获得城市反哺资金，农村集体组织可以将这笔资金用于发展乡村基础设施建设、医疗教育建设及文化旅游建设等，使乡村地区得到更好的发展，从而助力乡村振兴。

随着我国经济发展进入新常态，传统的经济发展结构已经不足以支撑我国经济发展，需要进行资源配置与经济发展方式的转变。国家提出要进行经济发展的供给侧结构性改革，土地资源是供给侧结构性改革的一大资源要素。加之我国城镇化进程的推进，越来越多的农村转移人口进入城市中，城市住房需求紧张，而 18 亿亩耕地的红线标准是不可突破的，不能再像发展初期一样大规模占用耕地，建设用地指标有限导致建设用地供给不足。与此同时，农村人口涌入城市造成了大量的农村建设用地闲置，使得农村土地资源利用率下降，这种在耕地总量红线限制下城市建设用地指标短缺与农村建设用地大量限制的矛盾在我国尤为突出。

本书研究了宅基地所有权、资格权、使用权“三权分置”下的农产品主产区、生态功能区进城农村村民迁移所衍生的农村大量闲置、低效利用宅基地如何通过特定的土地流转机制得到有效利用的问题。这种跨区域的建设用地指标流转能有效化解经济发展和保护耕地之间的矛盾，同时能满足农产品主产区、生态功能区通过政策工具进行宅基地所有权、使用权、资格权的跨区域配置转移，分享城市化地区因产业和人口聚集而产生的经济效益。

我国目前宅基地所有权、使用权、资格权的跨区域配置转移尝试主要在省域或者更小的地域单位内进行，由于不同地区土地价值差异较大，涉及多个地方政府利益及相关法律机制欠缺等原因，这种宅基地所有权、使用权、资格权的跨区域配置转移在全国范围内尚未推行，如何实现我国宅基地发展权在全国范围内进行跨区域配置与转移，为宅基地所有权、使用权、资格权的实现形式提供新的范式值得深入研究和探索。

我国国土空间规划的核心在于对空间边界的划定与管控，即“三区三线”。具体为城镇空间、农业空间、生态空间三种类型的空间，分别对应划定的城镇开发边界、永久基本农田保护红线、生态保护红线三条控制线。国土空间规划中的“五级三类”，土地发展权配置与转移的范围划分为三级：三级(县域、市域)、二级(省域)、一级(全国，即跨区域)。考虑到我国的省级区划管理制度，在三级和二级范围内借助市场机制进行宅基地发展权的配置与转移；在一级范围内采取政府行政平台推行宅基地发展权配置与转移的方式。虽然划定了城镇开发边界、永久基本农田保护红线、生态保护红线三条控制线，但人口流动与建设用地指标错配的矛盾局面依旧存在，这就需要借助市场机制(看不见的手)和政府行政平台手段(看得见的手)，在城市化地区和农产品主产区、生态功能区允许进行节余建设用地指标的跨区域配置与转移，从而实现土地要素、人口要素、市场要素的对应配置，满足人口流动与经济发展的需求。

以宅基地发展权为切入点进行分析，创建复垦闲置宅基地新增建设用地指标在不同区域间的流转机制，保证全国范围内耕地总量的动态平衡。人口流出的农产品主产区、生态功能区减少农村建设用地中的宅基地，增加耕地，而人口流入和产业流入且经济发展迅速的城市化地区减少耕地，增加建设用地，通过创新政策工具进行跨区域交易建设用地指标，实现城乡建设用地的异地增减挂钩和耕地的异地置换，从而保障国家现有耕地规模不再减少。

本书的创新政策工具设计是指通过使用“宅基地复垦票”的形式，借助政府行政平台，将农产品主产区、生态功能区退出使用权、资格权的宅基地复垦成为耕地，产生新的建设用地指标跨区域转移至建设用地指标匮乏的城市化地区。

进城农村村民通过退出自己的宅基地使用权、资格权，同意将自己闲置的宅基地复垦为耕地，从而获得“宅基地复垦票”。“宅基地复垦票”直接进入农村产权交易市场，其价值通过农村产权交易中心体现。进城农村村民通过“宅基地复垦票”交易，获得财产性收益。

全国统一“宅基地复垦票”的交易方式有利于我国的耕地保护和全国范围内的耕地占补平衡，确保 18 亿亩耕地红线不被突破。首先，“宅基地复垦票”的使用可以为城市化地区在自然资源部下达的建设用地指标之外寻求新的建设用地指标资源，供城市发展使用，缓解城市建设用地紧张的情况；其次，“宅基地复垦票”有助于进城农村村民获得城市租购并举的住房权，拉动国内消费大循环；最后，运用“宅基地复垦票”可保证农民对于退出宅基地使用权、资格权产生的用地指标在落户城市进行异地交易，将农村建设用地中闲置宅基地复垦产生的新建设用地指标在全域内进行市场化配置。

8.2 研究价值

(1)构建宅基地所有权、资格权、使用权实现形式的跨区域配置政策工具。

我国经济发展的空间结构正在发生深刻变化，城市化地区正在成为承载发展要素的主要空间形式，城市建设用地需求量大，供给却不足，面对这种城市建设用地供需不平衡的土地结构，构建新宅基地发展权配置与转移模式，推出“宅基地复垦票”，将“宅基地复垦票”作为实现进城农村村民有偿退出宅基地使用权、资格权的创新性政策工具，拓宽了宅基地使用权、资格权自愿有偿退出的新路径，创新“复垦闲置宅基地转化为耕地后产生的新的建设用地指标跨区域转移”的新模式及这一模式的落地利用政策。

(2)实现宅基地所有权、资格权、使用权的跨区域三层次配置与转移。

在我国经济发展的空间结构发生深刻变化的背景下，建立跨区域复垦宅基地为耕地后产生的新的建设用地指标流转制度，对进城农村村民退出使用权、资格权的宅基地的发展权进行价值测算，并且对退出使用权和资格权的宅基地发展权在市域、省域、跨区域三层次重新配置与转移进行了理论分析与实证分析，并结合农业、生态、城镇三种空间格局，统筹城市化地区和农产品主产区、生态功能区建设用地资源合理配给，实现产业和人口向优势区域集中，形成以城市群为主要形态的增长动力源，进而带动经济总体效率提升，为城市化地区建设用地供给构建长效机制。

(3) 为城市化地区反哺农村和助力乡村振兴提供了新路径。

振兴乡村是我党和国家一直以来坚持的方针政策，我国幅员辽阔，有一大部分土地都是农村地区，农村地区发展的好坏一直是我国政府关心的问题，党中央近年来也积极开展各种扶持农村经济的工作，各地领导干部上山下乡。乡村发展难，人口纷纷向大城市涌入，研究发现，农村建设用地闲置数量与该地的经济发展程度呈正相关关系，越是经济发展落后的地区，越是有大量的农村土地闲置，这不仅不利于当地经济发展，也降低了土地利用率。

本书通过创新宅基地所有权、资格权、使用权的实现形式，设计了农村闲置宅基地、闲置农房的合理合法退出路径；建立了将跨区域三层次配置与转移的闲置宅基地复垦为耕地后，产生的新增建设用地指标进行流转的制度，通过这一制度，因农业转移人口流入城市而闲置的农村宅基地能够跨区域流转，转化成城市建设用地指标，满足城市化进程下城市建设用地的需求，并且复垦后的闲置宅基地能够得到有效利用，从而可以提高农村土地利用率，满足土地发展的占补平衡。同时，这一土地跨区域流转制度能够实现产业和人口向城市化地区优势区域集中，从而能够使这些区域得到更好的发展，得到更好发展的城市化地区又能够利用自身资源去反哺大农村，走具有中国特色的农村乡村振兴发展道路。

(4) 为我国城镇化进程中的生态补偿机制提供了新的途径。

从改革开放起，我国的城镇化历程已有近五十年，2020 年末，我国的常住人口城镇化率已超过 60%，在快速城镇化的过程中，大兴土木、大量占用耕地林地、生态功能区的过度开发及生态资源浪费，对我国生态环境造成了很大的影响，以生态环境为代价的发展模式对未来的社会经济发展极为不利。生态功能区的生态环境补偿已成为我国生态文明建设的关键。

在后城市化时代，应当做的是合理的、高质量的、兼顾环境影响的城市开发建设。在城市发展中坚持可持续发展的原则。本书所提及的“宅基地复垦票”这一政策工具，能够使农产品主产区和生态功能区闲置的宅基地与低效用地得到复垦，形成新的耕地和林地等，补偿由于快速城镇化导致的国家生态环境损失，为我国生态环境补偿机制的建立提供了新的思路。

8.3 应用价值

(1) 解决城市化地区建设用地指标匮乏和农产品主产区、生态功能区宅基地大量闲置的问题。

“宅基地复垦票”在一定程度上打破了土地资源不可移动的固有属性，通过具有全域性三层次跨区域的建设用地指标配置和转移模式设计，利用政策工具“宅基地复垦票”制度，提供一套完备的、系统的、可操作的、市场化的建设用地指标交易机制，对于供给区，将进城农村村民有偿退出使用权、资格权后的宅基地复垦为耕地，对于需求区，由宅地基复垦为耕地的农村建设用地以建设用地指标的形式，跨区域流转到建设用地指标匮乏的城市化地区，使城市化地区在国家下达的建设用地指标以外，能够有途径去获得新的建设用地指标，满足城市建设需求。这一制度既能够使农产品主产区、生态功能区大量闲置的宅基地得到利用，提高我国的土地利用率，又能化解城市化进程中，城市建设用地需求量与实际建设用地指标不平衡的矛盾，满足城市化地区的发展需求，从而极大地提高我国的土地资源利用率。

(2)提出耕地跨区域“占补平衡”新的模式。

通过对进城农村村民有偿退出使用权、资格权的宅基地的整理复垦，增加全社会的耕地总量，利用“宅基地复垦票”这一政策工具，本书设计出了两种类型的耕地跨区域“占补平衡”模式。

第一种是农村地区与城市化地区之间的耕地“占补平衡”。以往的耕地“占补平衡”是小区域内自我“占补平衡”，土地指标仅在市域、省域内小范围流转，而在新的耕地“占补平衡”模式下，凡是满足条件的建设用地资源匮乏的城市化地区都能够同满足条件的农产品主产区、生态功能区之间进行耕地“占补平衡”的土地指标流转，新的耕地“占补平衡”模式能实现建设用地土地指标跨省市交易。

第二种是不同农村地区之间的耕地“占补平衡”。在这种模式下，耕地指标在农村与农村之间的跨区域交易，实现增减挂钩、“占补平衡”。这一模式下，借助耕地指标跨区域交易，能够实现市场化优化配置。

跨区域的耕地“占补平衡”机制，能够消除满足建设用地需求与全社会的耕地总量不再减少之间的矛盾，确保守住我国 18 亿亩耕地的红线和基本保护农田的底线，保证国家粮食安全。

(3)补充土地管理制度，使优势地区有更大的发展空间。

复垦农村地区闲置宅基地及低效用地，形成新增建设用地指标并进行跨区域流转的形式，打破了以往土地制度中，由国家分配建设用地指标，指标流转也仅仅在部分省域内实现的局限性，对建设用地指标的分配制度做出了补充，使我国的土地制度更加完善。通过建设用地指标流转，基于我国国土空间规划原则及农村土地确权基本完成的情形，充分利用农村闲置土地资源和低效用地，并在充分考虑各地需求的情况下，由政府统筹规划建设用地指标的分配，让建设用地资源向大中城市化地区倾斜，使优势地区具有更大的发展空间。

(4)优化国土空间结构，使国土空间功能划分更加明确。

在我国国土空间规划中，城市化地区一般经济基础较强，人口稠密，资源环境问题突出或者资源环境承载能力较强，通过宅基地所有权、资格权、使用权的跨区域三层次配置与转移，让农村地区作为耕地储备地区，保障国家粮食安全及完善补偿生态机制，将闲置宅基地复垦的农村地区打造成农产品主产区和生态功能区，同时将新增建设用地指标流转到亟须更大发展空间的城市化地区，使城市化地区承担我国产业建设、创新发展、科研教育等重任，有利于形成城市经济群，由此使我国的国土空间结构得到优化，国土空间功能划分更加明确，充分发挥我国各地区的资源优势，推动形成优势资源互补的格局。

(5)促进我国农业转移人口市民化进程。

改革开放以来，我国出现了越来越多的农业转移人口，他们成为城市的新鲜血液，为城市建设、产业发展提供了大量劳动力，农业转移人口与我国的工业化、城镇化、农业机械化密切相关，推动在城镇就业的农业转移人口市民化，是我国新型城镇建设的重点任务之一，未来城镇化的发展方向，将是进一步扩大城市群规模，放开大中城市的落户条件，使越来越多涌入城市的农业转移人口市民化，要推动这一进程，意味着城市建设规模依旧要扩大，都市圈也要不断扩大，而城市流入人口与城市建设用地指标错配的矛盾阻碍了农业转移人口市民化的进程。利用“宅基地复垦票”，将宅基地所有权、资格权、使用权跨区域三层次配置与转移，将“人地钱”挂钩，把农村建设用地指标腾挪到城市化地区，让城市建设用地指标与其流入人口规模相匹配，实现土地资源最优化配置。

8.4 社 会 意 义

(1) 宅基地所有权、资格权、使用权跨区域三层次配置与转移的实现形式，有助于我国现有耕地面积规模的保护。

我国土地荒漠化严重，并且土地利用率低，总体呈现平原少、山地多，人均土地占有量少的情况[160]，因此我国耕地后备量严重不足，耕地一直处于紧平衡的状态，同时城市建设用地扩张也威胁到我国的耕地保护。2020 年，我国粮食产量创历史最高水平，达到6695 亿公斤，连续六年稳定在 6500 公斤以上，但年人均只有 480 公斤。习近平总书记说，“中国人的饭碗任何时候都要牢牢端在自己手中”，并多次强调：“保障国家粮食安全是一个永恒的课题，任何时候这根弦都不能松。”[161]2020 年，全国新建高标准农田 8000万亩以上，到 2022 年全国要建成 10 亿亩。耕地总量关系到国家粮食安全，只有耕地数量得到保障，耕地作物产量提升，国家粮食供给才能有所保障，未来我国城市化地区的城市建设，不能动 15.46 亿亩基本保护农田，不能突破 18 亿亩耕地保护红线。在土地资源总量有限的情况下，一边要满足越来越紧张的城市建设用地需求，一边要保障耕地数量，当前最有效的方法就是复垦农产品主产区、生态功能区闲置的宅基地，增加复垦地区的耕地数量，使城市化地区能产生新增建设用地，用于城市化地区的城市建设。

“宅基地复垦票”政策工具的使用基于“占补平衡、数质对等”的原则，并充分尊重进城农村村民和农村集体经济组织的意愿，在“住有所居”的前提下由进城农村村民、农村经济集体组织自愿申请闲置用地复垦，政府不下达指标，不搞“被复垦”。秉持可持续利用土地资源的原则，采用政府调控与供需两地市场化运作机制相融合的形式，让复垦按规程组织实施，形成的新增耕地仍归农村集体经济组织所有，优先由原农户承包使用，充分保障农民群体的土地权益。此外，复垦闲置宅基地的价值经过专业评估[162]，以保障农民群体权益为基础开展复垦工作。

将农产品主产区、生态功能区的进城农村村民及农村集体经济组织有偿退出使用权、资格权后的宅基地复垦为耕地，解决了我国耕地后备资源不足的问题，使我国 18 亿亩耕地规模得到保障，国家现有耕地规模不再减少，也满足了农民群体的经济利益诉求，供给地与需求地双方各取所需，合理配置土地资源，提高土地资源的利用率。

(2) 宅基地所有权、资格权、使用权跨区域三层次配置与转移的实现形式，有助于增加进城农村村民的财产性收益。

随着越来越多的农业转移人口流入城市，各类社会资源都向城市化地区倾斜，城市房价居高不下，财产积累较少的大多数进城农村群体要在城市实现“住有所居”面临着很大的困难，具有全国通用性的复垦闲置宅基地产生新增建设用地指标跨区域三层次配置和转移宅基地所有权、资格权、使用权“三权分置”的实现形式，可以充分体现宅基地发展权的权利归属和权利价值，可以增加退出宅基地使用权、资格权的进城农村村民群体的财产性收益，从而能够为进城农村群体在城市定居提供一定的资本，实现他们在城市化地区的“住有所居”。

同时，宅基地复垦工作的展开与农民群体参与的积极性有很大的关系，许多进城务工的农民群体，把自己在农村老家的宅基地当作是生活的退路，不愿意放弃宅基地，这对复垦工作的展开造成了阻碍。对自愿退出农村闲置宅基地的农民群体提供财产性补偿，打消农民群体的后顾之忧，能够极大地提高农民群体参与宅基地复垦工作的积极性，有利于复垦工作的展开。

此外，这种财产性收益在用于购房时还能享受到一定的政策优惠。

第一，对于进城务工而无城镇住房的农村家庭，可利用宅基地退出而获得的财产性收益租赁或购买保障房，并享受一定额度的优惠及贷款支持。第二，与住房公积金的使用方式类似，对有经济能力并愿意购买首套商品房的进城农村家庭，退出宅基地而获得的财产性收益可用于冲抵购房款，并享受一定额度内的低息贷款。第三，对持有唯一商品房并且尚有贷款的进城农村家庭，宅基地退出补偿可用于冲抵房贷，并享受一定额度内的低息贷款。第四，进城农村家庭通过宅基地退出而获得的财产性收益也可以直接提取使用[163]。

宅基地退出补偿机制，站在农民群体的角度思考问题，为进城农村群体提供了权益保障，进城农村群体凭借这种财产性收益进入城市，会更容易在城市中获得住房权，成为安居乐业的新市民。

(3) 宅基地所有权、资格权、使用权跨区域三层次配置与转移的实现形式，有助于乡村振兴。

习近平总书记在党的十九大报告中提出乡村振兴战略，并指出农业农村问题关乎国计民生，“三农”问题是全党工作的重中之重。近年来，我党也在大力发展农村产业，推动乡村经济发展，力争实现乡村振兴，缩小区域经济差距，促进城乡协调发展。

在进城农村村民和农村集体经济组织自愿有偿退出宅基地的使用权、资格权的过程中，农村集体组织退出宅基地的所有权，作为指标供给区，获得新增建设用地指标的城市化地区将会对建设用地指标作经济支付，农村集体组织能从中获得城市反哺农村的资金，这一笔财产性收益可以用于乡村建设，发展乡村基础设施建设及乡村基础医疗、教育等。由此可构建城市化地区对偏远乡村的“远距离、大范围”的区域反哺、异地帮扶机制，有助于乡村振兴战略的实施。既能够有利于我国耕地保护，又能在促进城乡一体化、区域经济协调等方面发挥积极作用。

(4) 宅基地所有权、资格权、使用权跨区域三层次配置与转移的实现形式，有助于形成立足国内大循环的双循环格局。

经济发展进入新常态，在新的发展格局之下，我国必须进一步扩大内需，“市场”“资源”均在外的国际大循环模式动能明显削弱，我国应当激发国内潜能，发挥国内需求潜力，发展以国内经济循环为主的国内国际双循环[164]。产业发展与城市繁荣息息相关，产业兴旺，城市就业机会多。城市基础设施建设是城市产业发展的基础，利用“宅基地复垦票”这一政策工具，一是可以实现土地资源有效利用，解决城市化地区发展建设用地指标不足的问题，促进城市建设；二是进城农村群体在退出闲置宅基地所有权后，能够得到的财产性收入可以作为他们进城立足的资本，让他们更加安心地在城市就业生活，也能够带动城市消费；三是复垦后的宅基地丰富了我国耕地后备资源，保证国家粮食安全，为国家建设发展提供了后备保障。因此，宅基地所有权、资格权、使用权跨区域三层次配置与转移的实现形式，促进了城市经济发展，有利于国内经济大循环格局的形成。

(5)宅基地所有权、资格权、使用权跨区域三层次配置与转移的实现形式，有助于构建高质量发展的区域经济布局。

进城农村村民有偿退出宅基地使用权、发展权，实现了农民退出宅基地发展权的市场化资源优化配置，盘活了农村土地资源，实现了土地资源的跨区域流动，使宅基地退出复垦成耕地产生的建设用地指标跨区域转移至城市化地区，平衡区域土地利用率，缓解城市化地区用地紧张的问题。

我国幅员辽阔，人口众多，各地区自然资源差异大，统筹协调区域发展一直以来都是难题。当前我国的经济区域布局还存在区域经济发展水平差异过大的情况，尤其是城市化地区与农村地区。2019 年，习近平总书记提出，要正确认识各个地区的资源优势和短板，充分发挥各个地区的优势，促进创新产业，增强中心城市和城市群等经济发展优势区域的经济与人口承载能力，增强其他地区在保障粮食安全、生态安全、边疆安全等方面的功能，形成优势互补、高质量发展的区域经济布局[165]，当前经济地理条件下，城市群是经济发展和资源配置的基础性区域单位。我国经济地理的再布局能够通过优化资源配置和人口集聚效应显著提升经济增长潜力，促进人口集聚的城市群“做大做强”。同时，在合适的政策导向和财政支持下，人口流出地区能够“做好做精”，实现人均收入水平的显著提升。因此，宅基地所有权、资格权、使用权跨区域三层次配置与转移的实现形式，正好是符合这一需求的，既能增强城市化地区的经济与人口承载能力，又能增强农业主产区的粮食供应能力。有利于形成优势互补、高质量发展的区域经济布局，有利于拓展市场空间、优化和稳定产业链和供应链，构建以国内大循环为主体、国内国际双循环相互促进的新发展格局。

根据中共中央、国务院 2020 年 3 月《关于构建更加完善的要素市场化配置体制机制的意见》，土地要素市场化改革主要涉及四个方面的内容：建立健全城乡统一的建设用地市场(农村土地征收制度改革、集体经营性建设用地入市、扩大国有土地有偿使用范围)、产业用地市场化配置(健全长期租赁、先租后让、弹性年期供应、作价出资等工业用地市场供应体系)、盘活存量建设用地(以多种方式推进国有企业存量用地盘活利用、深化农村宅基地制度改革、完善城乡建设用地增减挂钩政策)、完善土地管理体制(实施年度建设用地总量调控制度、城乡建设用地指标使用更多由省级政府负责、建立全国性的建设用地、补充耕地指标跨区域交易机制)。

在“建立健全城乡统一的建设用地市场”市场化改革方面，农村集体经营性建设用地改革与农村征地制度改革自 2015 年启动以来已取得成效，2020 年 1 月 1 日，新修订的《中华人民共和国土地管理法》施行，割破了城乡土地二元体制的口子，新《中华人民共和国土地管理法》通过缩小征地范围、提高征地补偿标准、完善征地程序，改变了地方政府征收土地的旧做法，农村集体经营性建设用地转变为与国有土地同权，可以直接入市。新修订的《中华人民共和国土地管理法》集中体现了农村集体经营建设用地改革和征地制度改革的成果。扩大国有土地有偿使用范围的工作，在政府职能部门主导下正稳步推进。

在“产业用地市场化配置”市场化改革方面，目标是健全长期租赁、先租后让、弹性年期供应、作价出资等工业用地市场供应体系。由于大部分的工业用地属于国有土地，农村集体经营建设用地转变为工业用地的与国有土地同权，可以直接入市。2021 年 9 月 1 日实施的新的《中华人民共和国土地管理法实施条例》首次从行政法规层面确立了挂牌出让方式的法律地位，未来工业用地的市场化配置基本采用挂牌出让方式，长期租赁、先租后让、弹性年期供应、作价出资等工业用地市场供应体系将会在很短时间内形成。

在“盘活存量建设用地”市场化改革方面，目标之一为“以多种方式推进国有企业存量用地盘活利用”，由于国有企业存量用地本身是属于国有的，伴随着新修订的《中华人民共和国土地管理法实施条例》的实施，挂牌方式成为国有建设用地使用权出让的主要方式，随着“放管服”改革的推进，国有企业存量用地市场化配置的步伐日益加快。

在“完善土地管理体制”改革方面，2020 年 1 月 1 日实行的新修订的《中华人民共和国土地管理法》和 2021 年 9 月 1 日实施的国务院新修订的《中华人民共和国土地管理法实施条例》，确立了耕地保护的责任主体是省级人民政府，确立了年度建设用地总量调控制度，落实了城乡建设用地指标使用更多由省级政府负责的管理体制。

土地要素市场化改革进入了“深水区”，在上述已有的土地要素市场化改革的基础上，国土空间规划体系下土地要素市场化改革下一步的重点内容是盘活“存量建设用地”中的“深化农村宅基地制度改革、完善城乡建设用地增减挂钩政策”和“完善土地管理体制”中的“建立全国性的建设用地、补充耕地指标跨区域交易机制”。

国土空间规划体系下土地要素市场化改革的深层次问题和主要任务是深化农村宅基地制度改革、完善城乡建设用地增减挂钩政策和建立全国性的建设用地、补充耕地指标跨区域交易机制。

本书是在国土空间规划体系下，立足于宅基地使用权、资格权和所有权“三权分置”理论，从深化农村宅基地制度改革着手，建立农村宅基地成本价格测算机制；通过“宅基地复垦票”政策工具设计，完善城乡建设用地增减挂钩政策；通过构建“宅基地复垦票”跨区域交易的一级市场和二级市场，建立全国性的建设用地、补充耕地指标跨区域交易机制，从而实现我国土地要素市场化改革。

参 考 文 献

[1]甘琲，陈文贤，李敬轩. 我国城市化发展现状及其问题分析[J]. 绥化学院学报，2016，36(2)：6-9.

[2]方创琳. 中国城市群研究取得的重要进展与未来发展方向[J]. 地理学报，2014，69(8)：1130-1144.

[3]佚名. 第七次全国人口普查主要数据公布　人口总量保持平稳增长[J]. 西北人口，2021，42(3)：127.

[4]姚洋. 我国未来城市化的两个趋势[N]. 北京日报，2021-04-26(011).

[5]郭晓杰. “千年大计”之下省会城市经济如何崛起？——一个空间经济学的视角[J]. 经济论坛，2018，580(11)：11-14，155.

[6]国务院. 国务院关于印发全国国土规划纲要(2016—2030年)的通知[Z]. 2017.

[7]陈玉和，孙作人. 加速城市化：中国“十二五”规划的重大战略抉择[J]. 中国软科学，2010(7)：21-27.

[8]张俊峰，张安录. 中国土地资源错配效率损失与纠正策略[J]. 华南农业大学学报(社会科学版)，2020，19(1)：55-65.

[9]朱博. 新型城镇化背景下耕地保护问题及对策[J]. 现代农业研究，2021，27(4)：25-26.

[10]郭树斌. 新常态背景下关于耕地后备资源开发利用思考[J]. 资源节约与环保，2019(3)：137-138.

[11]高志强，刘纪远，庄大方. 我国耕地面积重心及耕地生态背景质量的动态变化[J]. 自然资源学报，1998(1)：92-96.

[12]顾汉龙，冯淑怡，张志林，等. 我国城乡建设用地增减挂钩政策与美国土地发展权转移政策的比较研究[J]. 经济地理，2015，35(6)：143-148，183.

[13]时磊. 乡村振兴背景下城乡建设用地增减挂钩政策研究——基于农村宅基地性质[J]. 北京农业职业学院学报，2020，34(5)：33-38.

[14]宋婷婷. 农村宅基地闲置原因及解决路径的探索[J]. 现代化农业，2021(4)：49-53.

[15]郭图新. 关于农村宅基地使用权问题的若干思考[J]. 当代经济，2010(8)：10-12.

[16]丁关良. 中国农村法治基本问题研究[M]. 北京：中国农业出版社，2001.

[17]姜爱林，陈海秋. 新中国50多年来宅基地立法的历史沿革[J]. 重庆工商大学学报(社会科学版)，2007，24(2)：91-95.

[18]田猛，袁曦. 《五四指示》形成的原因探析[J]. 唐都学刊，2019，35(2)：109-112.

[19]郑国瑞. “打倒大树有柴烧”：从《五四指示》到《中国土地法大纲》的过渡[J]. 许昌学院学报，2021，40(1)：101-105.

[20]耿磊. 延续与转变：1945-1949年中共解放区乡村工作研究[J]. 聊城大学学报(社会科学版)，2018(2)：1-13.

[21]中共中央工作委员会. 中国土地法大纲[M]. 山西：晋绥分局，1947.

[22]丁关良. 1949年以来中国农村宅基地制度的演变[J]. 湖南农业大学学报(社会科学版)，2008(4)：9-21.

[23]新华社. 新中国的土地改革运动[J]. 晚晴，2020(6)：44-45.

[24]邢乐勤. 新民主主义革命时期中共农业互助合作运动的实践与理论[J]. 浙江工业大学学报，2002(6)：108-114.

[25]柏颖.《邓子恢传》出版[J]. 福建党史通讯，1986(8)：44.

[26]窦祥铭. 人民公社阶段农村土地产权制度的实证研究——以皖西北太和县为例[J]. 黑河学刊，2016(5)：12-13.

[27]董祚继. 新中国70年土地制度的演进及其经验[J]. 中国土地，2019(10)：4-15.

[28]国务院办公厅. 关于加强土地转让管理严禁炒卖土地的通知[J]. 中华人民共和国国务院公报，1999(17)：680-684.

[29]Schröder J, Schroder J, Sandén T, et al. Multi-functional land lise is not self-evident for european farmers：a critical review[J]. Frontiers in，Schroder J，Sandén T，Environmental Science，2020，8：1-9.

[30]Tura H A . Land rights and land grabbing in Oromia，Ethiopia[J]. Land Use Policy，2018，70(3)：247-255.

[31]Asiama K，Bennett R M，Zevenbergen J A. Participatory land administration on customary lands：a practical VGI experiment in Nanton，Ghana[J]. International Journal of Geo-Information，2017，6(7)：186.

[32]Egbu A U，Olomolaiye P，Gameson R . A neo-institutional economic critique of the system for allocating urban land and development rights in Nigeria[J]. Habitat International，2008，32(1)：121-135.

[33]Potrick M. Mapping farm size globally：benchmarking the smallholders debate[J]. Environmental Research Letters，2017，12(3)：031002.

[34]Castaeda Douer P，Pfutze T. Land titles and violent conflict in rural Mexico[J]. Journal of Development Economics，2020，144：102431.

[35]Bambio Y，Bouayad Agha S. Land tenure security and investment：does strength of land right really matter in rural Burkina Faso?[J]. World development，2018，111：130-147.

[36]Ben C，Gounder N . Property rights：Principles of customary land and urban development in Fiji[J]. Land Use Policy，2019，87：105-111.

[37]Brodersta E G，Hausner V，Josefsen E，et al. Local support among arctic residents to a land tenure reform in Finnmark，Norway[J]. Land Use Policy，2020，91：251-270.

[38]Kim M. Upzoning and value capture：how U. S. local governments use land use regulation power to create and capture value from real estate developments[J]. Land Use Policy，2020，95：25-33.

[39]Klaus J . Sharing property value losses：the spatial concentration of development rights as a way to limit urban sprawl[J]. Land Use Policy，2020，94：78-89.

[40]Ayambire R A，Amponsah O，Peprah C，et al. A review of practices for sustaining urban and peri-urban agriculture：implications for land use planning in rapidly urbanising Ghanaian cities[J]. Land Use Policy，2019，84：260-277.

[41]Deegen P，Halbritter A . The pure market allocation of land between forestry and agriculture[J]. Forest Policy and Economics，2018，97：122-131.

[42]Schurmann D，Willers B，Eckert S . Experimental study on the behaviour of the submerged jet in a cold liquid metal model for continuous casting of round blooms under the influence of rotating magnetic fields[J]. IOP Conference Series：Materials Science and Engineering，2018，424(1)：012005.

[43]Kubitza C，Krishna V，Urban K，et al. Land property rights，agricultural intensification，and deforestation in Indonesia[J]. Ecological Economics，2018，147：312-321.

[44]Ansah B O，Chigbu U E. The nexus between peri-urban transformation and customary land rights disputes：effects on peri-urban development in Trede，Ghana[J]. Land，2020，9：8-15.

[45]Faguet J P，Sánchez F，Villaveces Niño M. The perversion of land reform by landed elites：power，inequality and development in colombia[J]. SSRN Electronic Journal，2018，11：85-91

[46]Ben C，Gounder N . Property rights：Principles of customary land and urban development in Fiji[J]. Land Use Policy，2019，87：101-110.

[47]Uyan M，Tongur V，Ertunc E . Comparison of different optimization based land reallocation models[J]. Computers and Electronics in Agriculture，2020，173：53-61.

[48]许经勇. “三农问题”与资本原始积累[J]. 南京财经大学学报，2004(6)：1-6.

[49]张先贵. 土地开发权与我国集体经营性建设用地入市[J]. 北方法学，2017，11(2)：110-119.

[50]刘守英. 以地谋发展模式的风险与改革[J]. 国际经济评论，2012(2)：92-109.

[51]祝天智. 集体经营性建设用地入市与征地制度改革的突破口[J]. 现代经济探讨，2014(4)：8-12.

[52]夏柱智. 国家治理视域中的土地制度改革[J]. 求索，2020(2)：143-150.

[53]刘书林. 城镇化背景下农民的土地权利保障研究[J]. 法制博览，2018(24)：58-59.

[54]贺雪峰. 地权的逻辑：中国农村土地制度向何处去[M]. 北京：中国政法大学出版社，2010.

[55]杜玫娟. 中国国情下的土地权利——评《地权的逻辑——中国农村土地制度向何处去》[J]. 广东经济，2017(8)：260.

[56]徐勇，赵燊，段健. 国土空间规划的土地利用分类方案研究[J]. 地理研究，2019，38(10)：2388-2401.

[57]廖琦，苏墨，罗罡辉，等. 面向规划国土数据融合的深圳市土地利用分类体系研究[J]. 中国土地科学，2014，28(5)：58-64.

[58]龚健，李靖业，韦兆荣，等. 面向自然资源统一管理的国土空间规划用地分类体系及用途管制探索[J]. 规划师，2020，36(10)：42-49.

[59]张红旗，许尔琪，朱会义. 中国“三生用地”分类及其空间格局[J]. 资源科学，2015，37(7)：1332-1338.

[60]邓红兵，陈春娣，刘昕，等. 区域生态用地的概念及分类[J]. 生态学报，2009，29(3)：1519-1524.

[61]黄宏源，蔡玉梅，王国力，等. 省级国土空间综合功能区划研究——以湖南省为例[J]. 国土与自然资源研究，2014(3)：36-39.

[62]刘平辉，郝晋珉. 土地利用分类系统的新模式——依据土地利用的产业结构而进行划分的探讨[J]. 中国土地科学，2003，17(1)：16-26.

[63]张合兵，李铭辉，张青磊. 基于多源数据的国土空间规划用地分类体系构建和土地类型识别[J]. 农业工程学报，2020，36(5)：261-269.

[64]宋光飞. 浅谈农村土地流转中存在的问题与政府行为[J]. 农家参谋，2019(21)：27-27.

[65]马宁. 关于农村土地流转中农民权益的法律保障问题研究[J]. 法制博览，2019(30)：97-98.

[66]郑娜娜. 基于制度经济学角度探析土地流转问题[J]. 中国市场，2020(17)：40.

[67]胡爱华. 我国土地制度状况及对经济增长的影响分析[J]. 科技经济市场，2020(2)：56-58.

[68]王晓盈. 宅基地“三权分置”改革研究[J]. 合作经济与科技，2020，641(18)：192-194.

[69]刘稳，詹庆明，赵中元，等. 面向国土空间规划的不同用地分类体系差异与融合[J]. 城市发展研究，2020，27(6)：9-18.

[70]金浩然，马萍萍，戚伟，等. 城市规划和土地规划对城市建设用地扩张的影响研究[J]. 干旱区资源与环境，2017，31(7)：22-27.

[71]乔伟峰，吴菊，戈大专，等. 快速城市化地区土地利用规划管控建设用地扩张成效评估——以南京市为例[J]. 地理研究，2019，38(11)：2666-2680.

[72]马丹驯，李满春，金晓龙，等. 面向土地利用总体规划的建设用地空间管制潜在冲突检测[J]. 水土保持通报，2018，38(6)：298-303.

[73]张绍阳，刘琼，欧名豪. 地区间策略互动与建设用地指标管控失灵[J]. 资源科学，2019，41(2)：268-276.

[74]林坚，周琳，张叶笑，等. 土地利用规划学 30 年发展综述[J]. 中国土地科学，2017，31(9)：24-33.

[75]陈银蓉，梅昀，汪如民，等. 城市化过程中土地利用总体规划与城市规划协调的思考[J]. 中国人口・资源与环境，2006，16(1)：30-34.

[76]冯健，苏黎馨. 城市规划与土地利用规划互动关系演进机制及融合策略——基于行为主体博弈分析[J]. 地域研究与开发，2016，35(6)：134-139.

[77]吕维娟，杨陆铭，李延新. 试析城市规划与土地利用总体规划的相互协调[J]. 城市规划，2004(4)：58-61.

[78]沈兵明，王渊，曾志强. 基于 ArcGIS 的城市规划与土地利用总体规划协调——以浙江省龙泉市金沙新区为例[J]. 经济地

理，2007(1)：93-98.

[79]方创琳. 城市多规合一的科学认知与技术路径探析[J]. 中国土地科学，2017，31(1)：28-36.

[80]高菠阳，李铭，易成栋. 市县空间规划改革探索的演进脉络——基于试点城市案例的回顾[J]. 城市发展研究，2019，26(7)：75-80.

[81]林坚，乔治洋，吴宇翔. 市县“多规合一”之“一张蓝图”探析——以山东省桓台县“多规合一”试点为例[J]. 城市发展研究，2017，24(6)：47-52.

[82]陶岸君，王兴平. 市县空间规划“多规合一”中的国土空间功能分区实践研究——以江苏省如东县为例[J]. 现代城市研究，2016(9)：17-25.

[83]夏方舟，张东昇，严金明. 融合精准扶贫诉求的“多规合一”规划结构耦合模型研究：以昆明市寻甸县为例[J]. 中国土地科学，2019，33(6)：18-27.

[84]朱喜钢，崔功豪，黄琴诗. 从城乡统筹到多规合一——国土空间规划的浙江缘起与实践[J]. 城市规划，2019，43(12)：27-36.

[85]蔡莉丽，魏立军. 从规划体系构建到规划实施管理——厦门“多规合一”立法的实践与思考[J]. 城市规划学刊，2018(S1)：42-46.

[86]黄滢冰，徐启恒，苏盼盼，等. 国土空间治理视角下“多规合一”平台模式探讨[J]. 世界地理研究，2019，28(6)：88-97.

[87]金兵兵，马桂云，刘洋，等.“多规合一”信息平台设计及关键技术研究[J]. 测绘工程，2017，26(7)：52-56.

[88]席广亮，甄峰，罗亚，等. 智慧城市支撑下的“多规合一”技术框架与实现途径探讨[J]. 科技导报，2018，36(18)：63-70.

[89]周江梅，黄启才，曾玉荣.“三权分置”背景下农户宅基地使用权流转的改革思考[J]. 重庆社会科学，2020(1)：28-37.

[90]杜宇能，徐友谅. 城乡融合视角下宅基地流转范围的改革路径研究[J]. 农业经济，2019(7)：3.

[91]丁鹏，孙放. 实现我国农村宅基地使用权抵押贷款的路径研究[J]. 农业经济，2022(8)：109-110

[92]许经勇. 深化农村宅基地制度改革赋予农户用益物权[J]. 农业经济与管理，2019(1)：38-44.

[93]陈小君. 我国农民集体成员权的立法抉择[J]. 清华法学，2017(2)：46-55.

[94]韩楠. 论农村宅基地使用权继承制度改革的风险防范[J]. 农业经济，2018，380(12)：81-82.

[95]陈广华，罗亚文. 乡村振兴背景下宅基地资格权研究[J]. 安徽大学学报(哲学社会科学版)，2019，43(5)：122-128.

[96]张雨榴，杨雨濛，严金明. 福利多元主义视角下宅基地资格权的性质与实现路径——以北京市魏善庄镇试点为例[J]. 中国土地科学，2020，34(1)：17-24.

[97]卢江海，钱泓澎. 制度变迁视角下宅基地使用权流转市场研究——基于义乌市宅基地“三权分置”改革实践[J]. 财经论丛，2019(11)：102-112.

[98]马智利，先静. 基于城乡统筹背景下宅基地置换住房券制度设计[J]. 农村经济，2012(1)：67-69.

[99]钱龙，陈方丽，卢海阳，等. 城市人“身份认同”对农村宅基地使用权流转的影响研究——基于浙江温州农户的调查[J]. 农业技术经济，2019(8)：40-52.

[100]刘蕾. 农户宅基地使用权流转参与意愿研究——基于定州市农户的调查[J]. 社会科学家，2019(7)：63-69.

[101]杨卫忠. 农户宅基地使用权流转中的羊群行为：私人信息还是公共信息？[J]. 中国土地科学，2017，31(4)：43-51.

[102]张占录，张雅婷，姚艳，等. 土地发展权配置与转移理论对我国宅基地改革的启示[J]. 学习与实践，2019(5)：33-41.

[103]陈悦，陈超美，刘则渊，等. CiteSpace 知识图谱的方法论功能[J]. 科学学研究，2015，33(2)：242-253.

[104]印子. 农村宅基地地权实践及其制度变革反思——基于社会产权视角的分析[J]. 中国农村观察，2014(4)：52-62.

[105]董新辉. 新中国 70 年宅基地使用权流转：制度变迁、现实困境、改革方向[J]. 中国农村经济，2019(6)：2-27.

[106]邱宗江. 乡村振兴战略背景下农村宅基地使用权流转问题研究[J]. 农村经济与科技，2019，30(11)：14-15.

[107]田逸飘，廖望科.“三权分置”背景下农村宅基地相关主体性关系变化与重构[J]. 农村经济，2020(3)：89-91.

[108]王竹，孙佩文，钱振澜，等. 乡村土地利用的多元主体“利益制衡”机制及实践[J]. 规划师，2019(11)：11-17，23.

[109]尹晓波，朱永倩. 乡村振兴战略背景下宅基地农户资格权主体认定[J]. 巢湖学院学报，2019(5)：49-53.

[110]刘亚光. 我国农村宅基地问题研究综述[J]. 东南学术，2011(2)：55-65.

[111]Feng G，Chen G J. The object study of the use rights transfer of the collective construction land[J]. Wuhan University Journal(Philosophy & Social Sciences)，2013，66(6)：21-26.

[112]陆剑，陈振涛. 集体经营性建设用地入市改革试点的困境与出路[J]. 南京农业大学学报(社会科学版)，2019，19(2)：117-127，164.

[113]屠世超. 农村集体建设用地产权的有效实现形式——兼论农村集体经济组织的运行机制[J]. 福建论坛：人文社会科学版，2016(6)：22-27.

[114]宋志红. 宅基地“三权分置”的法律内涵和制度设计[J]. 法学评论，2018，36(4)：142-153.

[115]徐忠国，卓跃飞，吴次芳，等. 农村宅基地问题研究综述[J]. 农业经济问题，2019(4)：28-39.

[116]胡佳. 农村宅基地“三权分置”之权利内容与实现形式[J]. 重庆文理学院学报(社会科学版)，2020(1)：20-29.

[117]许经勇. 深化农村宅基地制度改革赋予农户用益物权[J]. 农业经济与管理，2019(1)：38-44.

[118]李爱荣. 集体经济组织成员权中的身份问题探析[J]. 南京农业大学学报：社会科学版，2016，16(4)：12-20.

[119]陈小君. 我国农民集体成员权的立法抉择[J]. 清华法学，2017(2)：46-55.

[120]韩楠. 论农村宅基地使用权继承制度改革的风险防范[J]. 农业经济，2018，380(12)：81-82.

[121]朱新华，吴舒心，韩沛岑.农户宅基地资格权何以保障：分置还是错配—— L 市宅基地资格权择位竞价的案例研究[J/OL]. 农业经济问题 2021. DOI: 10.13246/j. cnki.iae.20211110.001.

[122]申建平. 宅基地“资格权”的法理反思[J]. 学习与探索，2019(11)：73-80.

[123]张雨榴，杨雨濛，严金明. 福利多元主义视角下宅基地资格权的性质与实现路径——以北京市魏善庄镇试点为例[J]. 中国土地科学，2020，34(1)：17-24.

[124]刘宇晗，刘明. 宅基地“三权分置”改革中资格权和使用权分置的法律构造[J]. 河南社会科学，2008(8)：80-86.

[125]胡银根，张曼，魏西云，等. 农村宅基地退出的补偿测算——以商丘市农村地区为例[J]. 中国土地科学，2013，27(3)：29-35.

[126]韦加庆. 国外土地制度变革对我国的启示[J]. 河北农业科学，2010，14(6)：129-132.

[127]孙弘. 中国土地发展权研究：土地开发与资源保护的新视角[M]. 北京：中国人民大学出版社，2004.

[128]朱晓刚. 发展权视角下农地征收补偿研究[J]. 农业经济问题，2014，35(7)：36-43.

[129]李南洁. 地票价格探析：基于耕地价格的思考[J]. 西部论坛，2013，23(3)：7-11.

[130]朱从谋，苑韶峰，李胜男，等. 基于发展权与功能损失的农村宅基地流转增值收益分配研究——以义乌市“集地券”为例[J]. 中国土地科学，2017，31(7)：37-44.

[131]马智利，郝猛. 城乡统筹背景下的农民工住房券机制[J]. 江苏农业科学，2014，42(1)：386-389.

[132]王培元. 关于我国住房制度改革的探索[J]. 深圳大学学报(人文社会科学版)，1989(3)：39-45.

[133]陈宪. 建议实施房屋券制度[J]. 沪港经济，2009(4)：20.

[134]胡丕勇. 基于住房券政策的保障性住房体系构想及情景模拟[D]. 杭州：浙江大学，2011.

[135]赵学刚. 租房券在廉租房中的应用[J]. 中国房地产，2011(5)：74-75.

[136]董德标. 政协委员建议：海南推行住房券 鼓励房屋出租[EB/OL]. [2021/5/10]. http：//www. hainanfz. com/news/18361.

[137]马智利，吴梦琳. 宅基地使用权自愿有偿退出“住房券”交易制度设计[J]. 武汉金融，2017(11)：12-17.

[138]马智利，刘李秋，马敏达. 基于农村宅基地确权研究背景下的“住房券”兑换模式研究[J]. 武汉金融，2016(3)：67-69.

[139]马智利，魏东. 宅基地住房券价格补偿机制研究[J]. 中国房地产，2019(30)：43-48.

[140]马智利，周利. 宅基地住房券跨区域流转机制研究[J]. 浙江金融，2018(10)：50-57.

[141]马智利，焦会娜. 宅基地住房券跨区域交易机制设计[J]. 中国房地产，2019(24)：38-42.

[142]深圳市规划和自然资源局. 深圳市关于加快培育和发展住房租赁市场的实施意见(征求意见稿)[EB/OL]. [2021/5/10]. http://pnr. sz. gov. cn/wzazl/myzj/content/post_5838888. html.

[143]马智利，韩冰洋. 农业转移人口住房需求的支持机制研究[J]. 农村经济，2017(9)：110-115.

[144]马敏达，魏琴琴，马智利. 重庆农村宅基地确权与总体流转机制设计研究[J]. 合作经济与科技，2014(13)：42-44.

[145]李强. 影响中国城乡流动人口的推力与拉力因素分析[J]. 中国社会科学，北京市：中国社会科学杂志社，2003(1)：125-136.

[146]王美艳，蔡昉. 户籍制度改革的历程与展望[J]. 广东社会科学，2008(6)：19-26.

[147]李妍. 城乡两栖农民思想动态及其对农村发展的影响[J]. 农业经济，2016(3)：91-93.

[148]赵燕菁，宋涛. 从土地金融到土地财政[J]. 财会月刊，2019(8)：155-161.

[149]赵静. 对新时代土地资源管理与土地利用综合分析[J]. 智库时代，2019(26)：235-235.

[150]宋小青. 论土地利用转型的研究框架[J]. 地理学报，2017，72(3)：471-487.

[151]田俊峰，王彬燕，王士君. 东北地区土地利用转型特征测度与机制探索[J]. 经济地理，2020，40(9)：184-195.

[152]卢弘旻，朱丽芳，闫岩，等. 基于政策设计视角的新型产业用地规划研究[J]. 城市规划学刊，2020(5)：39-46.

[153]金贵，邓祥征，赵晓东，等. 2005-2014 年长江经济带城市土地利用效率时空格局特征[J]. 地理学报，2018，73(7)：1242-1252.

[154]周一星，史育龙. 建立中国城市的实体地域概念[J]. 地理学报，1995，50(4)：289-301.

[155]戚伟，王开泳. 中国城市行政地域与实体地域的空间差异及优化整合[J]. 地理研究，2019，38(2)：207-220.

[156]王梅. 区域发展中土地利用政策再探讨[N]. 中国自然资源报，2021-04-09(003).

[157]李伟，伍毅敏. 以世界城市为鉴，论北京都市圈空间发展战略[J]. 北京规划建设，2018(1)：9-14.

[158]张小东，韩昊英，陈宇. 2003—2018 年中国地级城市土地出让交易状况及时空动态特征[J]. 地球信息科学学报，2020，22(9)：1823-1836.

[159]李为明，方俊才，赵志超. 我国耕地现状及保护措施[J]. 辽宁公安司法管理干部学院学报，2013(3)：103-104.

[160]鲍宜周. 农业资源环境与区域经济协调发展机制研究[J]. 农业经济，2021(1)：33-34.

[161]胡静林. 推动农业综合开发工作再上新台阶[J]. 中国科技投资，2016(20)：13-16.

[162]马智利，高丽，李亦婷. 城市租赁住房土地供给模式设计——基于农业转移人口[J]. 中国房地产，2020(24)：41-46.

[163]马智利，熊俊臣. 城市用地指标市场化配置机制研究——以落户条件放开为背景[J]. 中国房地产，2019(27)：52-57.

[164]孙早，谢慧莹，刘航. 国内国际双循环新格局下的西部高水平开放型经济发展[J]. 西安交通大学学报(社会科学版)，2021，41(1)：1-7.

[165]习近平. 推动形成优势互补高质量发展的区域经济布局[J]. 共产党人，2020(1)：4-8.